工业和信息化普通高等教育
"十三五"规划教材立项项目

高等院校
市场营销
新形态
系列教材

U0692176

客户关系管理实务

微课版

盛强 王志峰 / **主编**

喻萌 秦博 / **副主编**

$$\underset{\text{M}}{\text{M}}\text{ARKETING}$$
$$\underset{\text{M}}{\text{ANAGEMENT}}$$

人民邮电出版社

北 京

图书在版编目（ＣＩＰ）数据

客户关系管理实务：微课版 / 盛强，王志峰主编
. — 北京：人民邮电出版社，2022.4
高等院校市场营销新形态系列教材
ISBN 978-7-115-57683-5

Ⅰ．①客… Ⅱ．①盛… ②王… Ⅲ．①企业管理－供
销管理－高等学校－教材 Ⅳ．①F274

中国版本图书馆CIP数据核字(2021)第210628号

内 容 提 要

本书借鉴和吸收了国内外客户关系管理实务的最新研究成果，着重阐述了客户关系的建立、客户关系的维护、客户关系的挽救三大关键问题，并融入互联网、大数据、人工智能时代下客户关系管理实务的新思想、新举措。其内容包括客户关系管理概论、客户的选择、客户的开发、客户信息管理、客户分级管理、客户沟通管理、客户满意管理、客户忠诚管理、客户流失管理等。

本书内容深入浅出，并且与工商企业的活动紧密联系，做到了理论与实务相结合。书中援引了大量典型的案例与章节内容相匹配，便于读者更好地领会客户关系管理实务的真谛。

为了更好地服务于教学，本书向教师提供 PPT 课件、课后思考题答案、模拟试卷等相关教学资源，教师可登录人邮教育社区网站下载。

本书可作为高职高专院校市场营销等工商管理类专业的教材，也适合相关从业人员阅读与参考。

◆ 主　编　盛　强　王志峰
　　副主编　喻　萌　秦　博
　　责任编辑　孙燕燕
　　责任印制　李　东　胡　南

◆ 人民邮电出版社出版发行　北京市丰台区成寿寺路 11 号
　　邮编 100164　电子邮件 315@ptpress.com.cn
　　网址 https://www.ptpress.com.cn
　　大厂回族自治县聚鑫印刷有限责任公司印刷

◆ 开本：700×1000　1/16
　　印张：14.25　　　　　　　2022 年 4 月第 1 版
　　字数：280 千字　　　　　2022 年 4 月河北第 1 次印刷

定价：46.00 元

读者服务热线：(010)81055256　印装质量热线：(010)81055316
反盗版热线：(010)81055315
广告经营许可证：京东市监广登字 20170147 号

　　我们知道，尽管当前企业间的竞争表现为品牌竞争、创新竞争、服务竞争等方面，但实质上都是在争夺客户。一个企业无论有多好的设备、多好的技术、多好的品牌、多好的机制、多好的团队，但如果没有客户，一切都将为零。例如，品牌是吸引客户的有效工具之一，但是，再强势的品牌如果没有客户的认可，同样是站不住脚的。可见，企业要想在激烈的市场竞争中获得长期稳定的发展，就必须依赖客户，就必须重视客户关系管理。

　　客户关系管理是建立在营销思想和信息技术基础之上的先进的管理理念与策略，是专门研究如何建立客户关系、如何维护客户关系、如何挽救客户关系的科学，它将管理的视野从企业的内部延伸到企业的外部，是企业管理理论的新领域。客户关系管理的目标是通过建立客户关系、维护客户关系、挽救客户关系来帮助企业拥有大量的、优质的、忠诚的客户。

　　企业管理好客户关系可以降低维系老客户和开发新客户的成本，降低与客户的交易成本，促进客户的增量购买和交叉购买，提高客户的满意度和忠诚度，整合企业对客户服务的各种资源，给企业带来源源不断的利润。

　　企业的命运是建立在与客户保持长远利益关系的基础之上的，企业要想在激烈的市场竞争中保持优势，保持长久的竞争力，保证企业的稳定发展，就必须积极培养和建立客户关系，巩固和发展客户关系，把良好的客户关系作为企业的宝贵资产和战略资源来进行有效的经营和管理。

　　本书顺应时代发展的需要，理论联系实际，以培养学生的客户关系管理能力为目标，具有以下鲜明的特点。

　　1. 理论与案例相结合，内容丰富

　　本书以项目为主线并结合任务式结构编写，系统阐述了客户关系管理的基本理论与实务知识，内容包括导论、客户关系的建立、客户关系的维护、客户关系的挽救四个模块，并且配有大量典型的案例。

　　2. 注重应用客户关系管理的技能，实战性强

　　客户关系管理是应用性很强的一门课程，培养学生的应用能力是其重要目标。本书九个项目下面都设置了项目目标、引例、任务讨论、项目练习题、项目实训等内容，可帮助读者在理解相关理论知识基础上进行有效学习和实训，突出应用型人才培养的特点。

　　3. 资源丰富，方便教学

　　为了方便教师教学，本书提供了丰富的教学资源，包括 PPT 课件、课后思考

题答案、教学大纲、模拟试卷等，并且每学期更新教学资源。用书老师可在人邮教育社区（www.ryjiaoyu.com）注册账户后下载使用。

本课程的教学可以安排 36-54 学时，学时分配详见下表。

学时分配表

项目	课程内容	学时
项目一	客户关系管理概论	4～6
项目二	客户的选择	4～5
项目三	客户的开发	4～5
项目四	客户信息管理	3～5
项目五	客户分级管理	3～5
项目六	客户沟通管理	3～5
项目七	客户满意管理	4～6
项目八	客户忠诚管理	4～6
项目九	客户流失管理	3～5
实训汇报		4～6
学时总计		36～54

本书可作为高职高专院校市场营销等工商管理类专业的教材，也适合相关从业人员阅读与参考。书中的案例资料来源已尽可能列出，如有遗漏，在此深表歉意。由于编者水平有限，书中难免有疏漏和不妥之处，敬请读者批评指正！

编者

2022 年 1 月

模块一　导论 …………………… 1

项目一　客户关系管理概论 ……… 3
　任务一　客户关系管理的产生 … 4
　　一、需求的拉动 ………………… 4
　　二、技术的推动 ………………… 9
　任务二　客户关系管理的
　　　　　　内涵 ………………… 10
　　一、关于客户关系管理的
　　　　认识误区 ………………… 10
　　二、关于客户关系管理的
　　　　再认识 …………………… 12
　　三、客户关系管理的内涵与目标
　　　　………………………………… 14
　任务三　客户关系管理的思路
　　　　　　………………………… 15
　　一、必须以营销思想与信息
　　　　技术为两翼 ……………… 15
　　二、主动、有选择地建立客户
　　　　关系 ………………………… 15
　　三、切实维护客户关系 ……… 16
　　四、及时挽救客户关系 ……… 17
　习题 ……………………………… 20
　实训 ……………………………… 22

模块二　客户关系的建立 ……… 23

项目二　客户的选择 …………… 24
　任务一　为什么要选择客户 … 25
　　一、不是所有的购买者都会是
　　　　企业的现实客户 ………… 25
　　二、不是所有的客户都能给企业
　　　　带来收益 ………………… 26

　　三、不选择客户可能造成
　　　　企业定位模糊 …………… 28
　　四、正确选择客户是成功开发
　　　　及实现客户忠诚的前提 … 28
　任务二　"好客户"与
　　　　　　"坏客户" …………… 30
　　一、什么样的客户是
　　　　"好客户" ………………… 30
　　二、大客户不等于"好客户"
　　　　………………………………… 32
　　三、小客户有可能是
　　　　"好客户" ………………… 33
　　四、什么样的客户是
　　　　"坏客户" ………………… 34
　任务三　选择客户的指导思想
　　　　　　………………………… 36
　　一、选择与企业定位一致的
　　　　客户 ………………………… 36
　　二、选择"好客户" …………… 38
　　三、选择有潜力的客户 ……… 39
　　四、选择"旗鼓相当"的
　　　　客户 ………………………… 40
　　五、选择与现有忠诚客户具有
　　　　相似特征的客户 ………… 43
　习题 ……………………………… 44
　实训 ……………………………… 47

项目三　客户的开发 …………… 48
　任务一　营销导向的开发 …… 49
　　一、有吸引力的产品策略 …… 49
　　二、有吸引力的价格策略 …… 54
　　三、有吸引力的分销策略 …… 58
　　四、有吸引力的促销策略 …… 60

目录

任务二　推销导向的开发策略
················· 66
一、如何寻找客户 ······ 66
二、如何接近客户 ······ 72
三、如何说服客户 ······ 73
习题 ················· 76
实训 ················· 78

模块三　客户关系的维护 ······ 81

项目四　客户信息管理 ······ 82
**任务一　客户信息的重要性及
内容** ············· 83
一、客户信息的重要性 ··· 83
二、客户信息的内容 ····· 85
**任务二　收集客户信息的
渠道** ············· 87
一、直接渠道 ··········· 87
二、间接渠道 ··········· 90
**任务三　数据库在客户关系
管理中的作用** ····· 91
一、客户数据库 ········· 92
二、运用客户数据库可以深入
分析客户的购买行为 ··· 92
三、运用数据库可以对客户
开展精准营销 ······· 93
四、运用客户数据库可以实现
客户服务及管理的
自动化 ············· 93
五、运用客户数据库可以实现对
客户的动态管理 ····· 94
六、客户数据库的管理 ··· 96
**任务四　数据挖掘及大数据在客户
关系管理中的应用** ··· 96

一、数据挖掘在客户关系管理中的
应用 ··············· 96
二、大数据在客户关系管理中的
应用 ··············· 98
习题 ················· 100
实训 ················· 101

项目五　客户分级管理 ······ 103
**任务一　为什么要对客户
分级** ············· 103
一、不同客户带来的价值
不同 ··············· 103
二、企业有限的资源不能平均
分配 ··············· 104
三、客户分级是与客户沟通、
实现客户满意的基础 ··· 105
任务二　怎样对客户分级 ··· 106
一、关键客户 ··········· 106
二、普通客户 ··········· 107
三、小客户 ············· 107
任务三　怎样分级管理客户 ··· 108
一、关键客户的管理 ····· 108
二、普通客户的管理 ····· 112
三、小客户的管理 ······· 114
四、坚决淘汰劣质客户 ··· 116
习题 ················· 117
实训 ················· 121
项目六　客户沟通管理 ······ 123
任务一　客户沟通概述 ······ 124
一、客户沟通的作用 ····· 124
二、客户沟通的内容 ····· 125
三、客户沟通的策略 ····· 125
四、客户沟通的形式 ····· 126
任务二　客户沟通的途径 ··· 127

一、通过人员与客户沟通……… 127

二、通过开展活动与客户
沟通 ……… 129

三、通过热线电话及呼叫中心与
客户沟通 ……… 130

四、通过互联网、新媒体与客户
沟通 ……… 131

五、通过广告与客户沟通……… 133

六、通过宣传与客户沟通……… 133

七、通过包装与客户沟通……… 134

任务三　如何处理客户投诉 … 135

一、产生客户投诉的原因……… 135

二、为什么要重视客户的
投诉 ……… 136

三、处理客户投诉的四部曲… 137

四、提高处理客户投诉的质量

……… 140

习题 ……… 141

实训 ……… 143

项目七　客户满意管理……… 145

任务一　客户满意概述……… 145

一、客户满意的概念……… 145

二、客户满意的判断……… 146

三、客户满意的意义……… 147

任务二　影响客户满意的
因素 ……… 148

一、客户感知价值……… 149

二、客户预期 ……… 153

任务三　如何实现客户满意 155

一、把握客户预期……… 156

二、让客户感知价值超出客户
预期 ……… 159

习题 ……… 166

实训 ……… 169

项目八　客户忠诚管理……… 170

任务一　客户忠诚概述……… 171

一、客户忠诚的含义……… 171

二、客户忠诚的判断……… 171

三、客户忠诚的意义……… 172

任务二　影响客户忠诚的
因素 ……… 176

一、客户是否满意……… 176

二、客户因忠诚能够获得多少
利益 ……… 178

三、客户的信任和情感……… 179

四、客户是否有归属感……… 179

五、客户的转换成本……… 180

六、企业与客户联系的紧密
程度 ……… 180

七、企业对客户的忠诚度……… 181

八、员工对企业的忠诚度……… 181

九、客户自身因素……… 182

任务三　如何实现客户忠诚

……… 182

一、努力实现客户完全满意… 182

二、奖励客户的忠诚……… 183

三、增强客户的信任与感情… 186

四、建立客户组织……… 189

五、提高客户的转换成本……… 190

六、加强业务联系提高不可（易）
替代性 ……… 193

七、以自己的忠诚换取客户的
忠诚 ……… 196

八、加强员工忠诚的管理……… 198

3

目 录

习题 ·········· 200

实训 ·········· 203

模块四 客户关系的挽救 ········· 205

项目九 客户流失管理 ········· 206

任务一 客户流失的原因 ······· 206

一、企业的原因 ········· 207

二、客户的原因 ········· 208

任务二 如何看待客户流失

········· 209

一、客户流失会给企业带来
很大的负面影响 ········· 209

二、有些客户的流失是不可
避免的 ········· 209

三、流失客户有被挽回的
可能 ········· 210

四、挽回流失客户的重要性 ··· 210

任务三 区别对待不同的流失
客户 ········· 211

一、对流失的"关键客户"要
极力挽回 ········· 211

二、对流失的"普通客户"要
尽力挽回 ········· 211

三、对流失的"小客户"可见机
行事 ········· 211

四、彻底放弃根本不值得挽回的
劣质客户 ········· 211

任务四 挽回流失客户的
策略 ········· 212

一、调查原因 ········· 212

二、对症下药 ········· 213

习题 ········· 215

实训 ········· 216

综合实训 ········· 218

参考文献 ········· 219

音频课导学

　　"客户"是指购买或使用产品或服务的个人或组织。

　　企业可以将客户分为直接客户和间接客户。直接客户是指购买产品或服务且直接给企业带来利润的客户，间接客户是指使用产品或服务但不直接给企业带来利润的客户。

　　例如，一家专门从事家具制造的企业不直接销售自己的产品，与它建立客户关系的多是家具销售商，那么，这些家具销售商就是这一家具制造企业的直接客户，而家具的最终用户则是它的间接客户。

　　要清楚的是，有时候间接客户虽然没有直接给企业带来利润，但是企业如果没有间接客户，那么直接客户也很可能不愿意给企业带来利润。例如，许多互联网公司为间接客户，即网民提供免费服务，而其利润则来自直接客户，即广告主。广告主正是看中了互联网公司的人气才愿意在其网站做投放广告，如果没有众多网民的捧场，广告主很可能不愿意在其网站做投放广告。

　　客户关系管理是一个既古老又新鲜的话题。

　　之所以说它是古老的话题，是因为实际上自从人类有商务活动以来，客户关系管理就一直是商务活动中的核心问题之一，也是决定商务活动成功与否的关键因素之一。例如，古时候的货郎、商人都意识到，对于那些常来常往的客人，如果能熟记他们的名字、爱好和购买习惯，给予他们朋友般的亲切接待，并且投其所好地满足他们的需要，就容易使其成为自己的忠诚客户。

而说它是新鲜的话题，是因为现代的客户关系管理不同于传统的客户关系管理，现代客户关系管理的产生，源于当前市场需求的拉动和技术的推动带来的新挑战、新思维。

项目一

客户关系管理概论

【项目目标】

1. 了解客户关系管理是怎么产生的。
2. 明确什么是客户关系管理。
3. 掌握客户关系管理的思路。

音频课导学

引 例

宝洁与沃尔玛的合作实现了双赢

宝洁是美国最大的日用洗涤用品、护肤品制造公司。沃尔玛曾经要求宝洁降低商品价格，否则就不再销售它的产品，宝洁却认定：没有它的产品，沃尔玛会经营不下去。沃尔玛的采购主管回应说："那你们就等着瞧好了，我会把高露洁的产品摆在你们的产品旁边，而且他们的每样产品都会比你们的便宜一点，看最后是谁撑不下去。"最后，两家公司的高层主管经过会晤，就建立全新的供应商与零售商关系达成了协议，提出双方的主要目标和关注焦点始终应该是不断改进工作，提供良好的服务和丰富优质的商品，保证客户满意。

此后，宝洁安排了一个战略性的客户管理小组与沃尔玛总部的工作人员一起工作，两家公司制定了长期合约。宝洁还向沃尔玛透露了各类产品的成本价，保证沃尔玛既有稳定的货源，又能享受尽可能低的价格。双方还讨论了运用计算机交换每日信息的方法：宝洁每天将各类产品的价格信息和货源信息通过计算机传给沃尔玛，而沃尔玛每天也通过计算机把连锁店的销售信息和存货信息传给宝洁。

宝洁与沃尔玛的这种合作关系，一方面让宝洁能更加高效地管理存货，因而节约了300亿美元左右的资金，而且增加了约11%的毛利；另一方面，也使沃尔玛销售的产品价格低廉、种类丰富，从而使沃尔玛的客户受益。

启 示

宝洁与沃尔玛的亲密合作是建立在先进的信息技术和统一的营销思想的基础上的。可见，企业借助先进的技术手段和营销理念可以有效地建立和维护客户关系。

任务一　客户关系管理的产生

客户关系管理的产生，源于市场对客户关系管理的需求的拉动，以及以信息技术为代表的技术的推动。

一、需求的拉动

客户关系管理的产生，首先源于市场对客户关系管理需求的拉动。这体现在两个方面，一方面是客户的重要性，另一方面是客户关系管理的重要性。

（一）客户的重要性

客户的重要性体现在客户对企业的价值上，它不仅指客户的购买为企业带来的利润贡献，也指客户为企业创造的所有价值的总和，具体表现在以下几个方面。

1. 利润源泉

客户可以给企业带来利润，使企业兴旺发达，同时也可以使企业破产倒闭。只有客户购买了企业的产品或服务，企业才能获得利润，因此客户是企业利润的源泉，是企业的"摇钱树"，是企业的"财神"，企业管理好了客户就等于管理好了"钱袋子"。

企业利润的来源不是品牌，品牌只是吸引客户的有效工具。再强势的品牌如果没有客户"追捧"，同样是站不住脚的。这可以解释为什么有些知名品牌在异地发展会遭遇挫折——不是品牌本身出了问题，而是品牌没有被异地的客户接受。

正因为如此，组织通用电气变革的带头人杰克·韦尔奇（Jack Welch）说："公司无法提供职业保障，只有客户才行。"著名的管理学专家彼得·德鲁克（Peter Drucker）说："企业的首要任务是'创造客户'。"沃尔玛的创始人山姆·沃尔顿（Sam Walton）说："实际上只有一个真正的老板，那就是客户。他只要用'把钱花在别处'的方式，就能将公司的董事长和所有雇员全部'炒鱿鱼'。"

2. 聚客效应

自古以来，有人气是商家发达的生意经。一般来说，人们的从众心理都很强，总是喜欢追捧那些"热门"企业。如果企业拥有庞大的忠诚客户群，这本身就是很好的广告、很有力的宣传、很有效的招牌，在人们被从众心理驱使的情况下，企业能够吸引更多的新客户。

所以，形象地说，客户是"播种机"，因为满意和忠诚的客户会带来其他新客户。也就是说，已经拥有较多客户的企业更容易吸引新客户，从而使企业的客户规模不断壮大。

3. 信息价值

客户的信息价值是指客户为企业提供信息，从而使企业能更有效、更有的放矢地开展经营活动的价值。这些信息的主要来源是：企业在建立客户档案时由客户无偿提供的信息；企业与客户沟通的过程中，客户以各种方式（如抱怨、建议、要求等）向企业提供的各类信息。这些信息包括：客户需求信息、竞争对手信息、客户满意程度信息等。

企业是为客户服务的，检验服务优劣的唯一标准就是客户的评价。所以，形象地说，客户是"整容镜"，客户的意见、建议为企业的经营活动指明了方向，为企业制定营销策略提供了真实、准确的一手资料。

4. 口碑价值

客户的口碑价值是指对企业满意的客户向他人宣传企业的产品或服务，从而为企业吸引到更多新客户，使企业的销售增长、收益增加的价值。所以，形象地说，客户是"宣传队"，他们会对其他人诉说自己的正面评价或负面评价，从而影响他人对企业的兴趣和预期。

研究表明，在影响客户购买决策的信息来源中，口碑传播的可信度最高，远胜过商业广告和公共宣传对客户购买决策的影响。因此，客户的主动推荐和口碑传播会使企业的知名度和美誉度迅速提升，另外还可以降低企业的广告费用和宣传费用。

5. 对付竞争的利器

在产品与服务供过于求、买方市场日渐形成的今天，客户选择的自由度越来越高。尽管当前企业间的竞争更多地表现为品牌竞争、价格竞争、服务竞争等，但其实质都是在争夺有限的客户资源。

另外，技术、资金、管理、服务、土地、人力、信息等，很容易被竞争对手模仿或者购买。然而，企业拥有的客户却很难被竞争对手模仿或购买。客户忠诚一旦形成，竞争者往往要用数倍的代价来"挖墙脚"（挖客户）。因此，从根本上说，要判断一个企业的竞争力有多强，不仅要看其技术、资金、管理，更为关键的是要看它到底拥有多少忠诚客户，特别是拥有多少优质忠诚客户。

我们在小咖啡店买杯咖啡只要十几元，而在星巴克却要三十几元。这是为什么？谁也没有强迫购买者购买，愿意以高价购买产品或服务的购买者都是心甘情愿的，因为他们觉得那样做值得。所以，企业如果能够拥有较多的、乐意以较高价格购买的客户，就能在激烈的竞争中站稳脚跟，立于不败之地。

此外，企业拥有的客户越多，就越可能获得规模效应，从而降低企业为客户提供产品或服务的成本，为客户提供价值更高的产品或者服务。同时，企业拥有的客户较多，还会给其他企业带来较高的进入壁垒——"蛋糕"（市场份额）就那么大，你拥有的客户多了，就意味着其他企业拥有的客户少了，如此你的企业就能在激烈的竞争中处于优势地位。可以说，忠诚、庞大的客户队伍是企业从容面对市场风云变幻的基石。

案例链接："客户，您是总裁"——创维集团的经营理念

正当一些企业还让"客户是上帝"流于口头禅、宣传口号，以至于客户和舆论对其失去信任之时，创维集团隆重推出了"客户，您是总裁"的全新理念，提出了"大服务"的概念，即"将售前、售中、售后，乃至企业的研发、生产、销售、维修整合起来看作一个大服务链条，而客户就是这一大服务链条的连接对象和价值实现的终极目标"。

创维集团的"客户，您是总裁"理念之所以比"客户是上帝"更深刻、更符合新经济时代的要求，原因有3个。首先，立场的转变。客户从"上帝"变为"总裁"，完成了客户客体地位的主体化，这也是营销理念从4P到4C变化的根本。其次，形成利益共同体。客户作为"总裁"是内部人，和企业是利益共同体，这就解决了利益的对立问题。最后，员工从对总裁负责转变为对客户负责。以前是总裁发工资，所以对总裁负责，现在意识到客户才是衣食父母，因此必须首先满足客户的需要，对客户负责。

总之，客户是企业的衣食父母，是企业的命脉，是企业永恒的宝藏，是企业生存和发展的基础。一个企业不管有多好的设备、多好的技术、多好的品牌、多好的机制、多好的团队，如果没有客户，那么一切都将等于零。企业好比船，客户好比水，水能载舟，也能覆舟。企业要获得赢利，必须依赖客户。没有客户，企业就会垮台。

（二）客户关系管理的重要性

1. 降低企业维系老客户和开发新客户的成本

客户关系管理可使企业与老客户保持良好、稳定的关系，这就为企业节省了一大笔向老客户进行宣传等活动的费用。

此外，好的客户关系会使老客户主动为企业进行有利的宣传。通过老客户的口碑效应，企业能更有效地吸引新客户，同时减少为吸引新客户所需支出的费用，从而降低开发新客户的成本。

例如，可口可乐曾经扬言："如果今天工厂被一把火烧了，第二天公司可另起炉灶，接着生产，继续供应可口可乐。"可口可乐为什么这么"牛"？不就是因为它有数以亿计的忠诚客户在翘首以盼吗？也正因为如此，可口可乐用于维系老客户和开发新客户的成本相当低。

2. 降低企业与客户的交易成本

客户关系管理还使企业和客户之间较易形成稳定的伙伴关系和信用关系，这样交易就容易实现，并且可以由过去逐次逐项的谈判交易发展成为例行的程序化交易，从而大大降低搜寻成本、谈判成本和履约成本，最终降低企业与客户的交易成本。

3. 促进增量购买和交叉购买

客户关系管理可以提高客户对企业的信任度，使客户增量购买（即客户增加购买产品的数量）的可能性就增加。

例如，一位客户在银行办理了活期存款账户。对银行来说，客户办理活期存款账户通常是不赚钱的，但银行仍然为客户提供了良好的服务。后来，这位客户又来银行申请了一个定期存款账户，不久又申请了汽车消费贷款，再后来又申请了购房贷款……显然，促使其增量购买银行服务的原因是银行与这位客户建立的良好关系。

此外，客户关系管理还可以使客户交叉购买（即客户购买该企业生产的其他产品或拓展与企业的业务范围）的可能性增加。例如，购买海尔冰箱的客户，如果与海尔的关系好，当需要购买电视、洗衣机、手机、计算机时，就比较容易接受海尔的这些产品。

4. 给企业带来源源不断的利润

传统的管理理念，乃至现行的财务制度中，只把厂房、设备、资金、股票、债券等视为资产，后来又把技术、人才也视为资产。如今，人们逐渐认识到，虽然"客户"及"客户关系"不具备实物形态，但也是企业的重要资产，能为企业带来实实在在的利润。

例如，斯堪的纳维亚航空公司的前首席执行官杰恩·卡尔森（Jan Carlson）认为，公司资产负债表的"资产"栏记录了几十亿美元的飞机价值，这是不对的，"资产"栏里应该记录：企业拥有多少满意和忠诚的客户，因为企业唯一的资产是对企业的服务满意并且愿意再次成为客户的客户。

又如，美国柯达公司为了打开南美市场，曾斥资 500 万美元与以色列的鸡蛋公司签订协议，要求在其出口南美的鸡蛋上印上"柯达"商标——柯达看中的是以色列鸡蛋公司庞大的、忠诚的客户群，而以色列鸡蛋公司由于善于将其"客户关系"作为一项资产来经营，因此将 500 万美元广告费尽收腰包。

同样，国际足联也利用其拥有的"客户关系"——亿万球迷，而大发横财。

可见，客户关系管理可使企业拥有相对稳定的客户群和客户关系，让企业能够稳定销售、降低经营风险，并且提高效率、促进销售、扩大市场占有率，从而给企业带来源源不断的利润。此外，好的客户关系，使客户对企业抱有好感，这样客户就会降低对产品价格或服务价格的敏感度，从而使企业能够获得较高的利润。

综上所述，管理好客户关系可以降低企业维系老客户和开发新客户的成本，降低企业与客户的交易成本，促进增量购买和交叉购买，给企业带来源源不断的利润。企业的命运是建立在与客户保持长远利益关系基础上的，企业要想在激烈的市场竞争中保持优势，保持强大的竞争力，保证稳定发展，就必须积极培养和建立客户关系，巩固和发展客户关系，并把良好的客户关系作为自身的宝贵资产和战略资源来进行有效的经营和管理，一句话，客户关系管理意义重大。

相反，不重视客户关系管理将阻碍企业正常经营活动的开展。例如，像 IBM 这样具有强大技术实力与经济实力的公司，当年推出业界期待已久的家用计算机 PC Jr. 时，尽管花费了几千万美元的广告与促销费用，但由于没有得到零售商客户的支持，而不得不宣布该款计算机停产。

知 识 链 接

客户资产与客户的终生价值

客户资产（customer equity，CE）是指将企业与客户的关系视作企业的一项可经营的资产。企业的客户资产也可以理解为企业所有客户的终生价值的折现价值的总和。客户资产还包括企业与客户、分销商和合作伙伴所形成的相互信任、合作的关系，是一种能为企业运用、产生长期现金流量的风险资产。

客户的终生价值（customer lifetime value，CLV）是指一个客户一生能给企业带来的价值，它以客户带来的收益减去企业为吸引、推销、维系和服务该客户所产生的成本来计算的，并且要将这个现金量折为现值。

客户带来的收益包括客户初期购买给企业带来的收益，客户重复购买带来的收益，客户增量购买及交叉购买给企业带来的收益，由于获取与保持客户的成本降低及提高营销效率给企业带来的收益，客户向朋友或家人推荐企业的产品或者服务给企业带来的收益，客户因对价格的敏感度降低而给企业带来的收益等。例如，可口可乐公司预测其一位忠诚客户在 50 年间能给公司带来的收益是 1.1 万美元，AT&T 预测其一位忠诚客户在 30 年间能给公司带来的收益是 7.2 万美元，等等。

客户的终生价值既包括历史价值，又包括未来价值，它随着时间的推移而增长。因此，企业不应该在意客户一次花了多少钱，购买了多少产品或者服务，而应该考虑他们一生可能给企业带来多少财富。现实中，有的老客户因为心愿没有得到企业的满足而不再光顾该企业，暂且不论因老客户离去而产生的各种负面效应或其他间接损失，单单是失去一位老客户的直接损失就非常大。正因为如此，某企业评估其一位忠诚客户 10 年的终生价值是 8000 美元，并以此来教育员工，失误一次很可能就会失去全部，要以 8000 美元的价值而不是一次 20 美元的营业额来接待每一位客户，提醒员工要时时刻刻让客户满意，这样才能确保企业得到客户的终生价值。

二、技术的推动

客户关系管理的产生还源于信息技术的迅猛发展，这使企业得以借助先进的技术手段去充分了解和掌握客户信息、发现与挖潜市场机会、规避风险，提高客户满意度与忠诚度。

客户关系管理起源于 20 世纪 80 年代初的"接触管理"，即专门收集和整理客户与企业相互联系的所有信息，借以改进企业经营管理，提高企业营销效益。后来，企业在处理与外部客户的关系时，越来越感到没有信息技术支持的客户关系管理往往力不从心。因而，自 20 世纪 90 年代以来，美国许多企业为了满足市场竞争的需要，相继开发了诸如销售自动化系统、客户服务系统等软件系统。

20 世纪 90 年代中期，接触管理逐渐演变为包括呼叫中心和数据分析在内的"客户服务"。1996 年后，一些公司开始加入营销策划和现场服务的思想，其不仅包括软件，还包括硬件、专业服务和培训，以及为公司雇员提供全面、及时的数据，让他们清楚地了解每位客户的需求和购买历史，从而提供相应的服务。

为了抓住商机，许多软件公司及时地推出了针对客户关系管理的软件，这在一定程度上促进了客户关系管理的推广。但许多企业一度对客户关系管理过度投资并有过高的预期，而成功率和回报率却非常低，理论界和企业界开始更为理性地思考客户关系管理的适用性。这促使客户关系管理的研究更为深入、务实，研究的侧重点放在客户关系管理的实施策略以及客户关系管理系统的分析功能上。

20 世纪 90 年代末，由于信息技术的引入，客户关系管理的营销模式在技术解决方案方面得到了很大的充实和快速的发展，企业能够有效地分析客户数据，积累和共享客户信息，根据不同客户的偏好和特性为其提供相应的服务，从而提高客户价值。同时，信息技术也可以辅助企业识别不同的客户关系，让企业针对不同的客户关系采用不同的策略。信息技术突飞猛进的发展为客户关系管理的实现和功能的扩张提供了前所未有的手段，如数据挖掘、数据库、商业智能、知识发现、基于浏览器的个性化服务系统等技术的发展，使企业收集、整理、加工和利用客户信息的质量大大提高，也使企业与客户进行交流的渠道越来越多。

信息技术对客户关系管理的影响分为自动化、信息化和理念变革 3 个层次。自动化层次是指用计算机技术替代手工劳动，主要目的是提高客服人员的工作效率，如用一些管理软件自动进行数据统计、自动生成数据分析报表等。信息化层次是指利用现代信息技术，将数据、知识、经验和软件整合起来，及时为客服人员提供决策信息，以支持营销决策，也就是营销工程。理念变革层次是指应用信息技术促进客户关系管理理论和实践的创新，如数据库营销、网络营销、关系营销等，这些营销理念已日益为企业所接受和应用。

此外，由于互联网是非常好的信息平台和互动手段，它提供了一个低成本的信息获取渠道，同时也实现了供应商和客户的无缝连接。因此，互联网推动了客户关系管理的发展。

总之，在需求拉动和技术推动下，客户关系管理不断演变发展，逐渐形成了一套管理理论体系和应用技术体系。

任务讨论

请讨论企业进行客户关系管理的重要性。

任务二　客户关系管理的内涵

一、关于客户关系管理的认识误区

许多人认为"关系"是个令人费解、难以言传，甚至难以启齿的词语，因而不屑于讨论"关系"，而更愿意讨论战略、创新这样的话题。之所以这样，是因为他们将"关系"简单地理解为"搞关系""走后门"，认为只要多"献殷勤"就可以建立客户关系、维护客户关系——这是对客户关系管理的误解。

其实，正常的客户关系本质上是买卖关系、交易关系、服务关系、利益关系。因此，客户关系管理不可以"务虚"，而必须"务实"，必须是建立在提供坚实的利益基础上的——一方面，企业要利润；另一方面，客户要价值、要收获、要物美价廉。如果企业提供的产品或服务不能满足客户的需要，那么企业无论怎么"请客""送礼""赔笑脸""走后门""搞关系""献殷勤"也无济于事。

还有不少人认为，客户关系管理就是安装客户关系管理软件，或者客户关系管理就是数据库管理——这也是对客户关系管理的误解。我们最初看到的客户关系管理是与客户关系管理软件、客户数据库联系在一起的，所以人们产生了一个错觉，似乎引进了客户关系管理软件、建立了客户数据库就是在进行客户关系管理。事实上，客户关系管理可能需要客户关系管理软件，但这些软件只是为企业进行客户关系管理提供了一种手段，并不能代表客户关系管理。数据库也只是帮助企业更有效地管理客户信息的工具，它同样不能替代客户关系管理。

从根本上说，企业与客户的关系是利益关系、协作关系、双赢关系。只有企业与客户都愿意交往、愿意合作，这种关系才能建立、保持与增强。

总之，企业与客户间关系的建立与维护靠的是企业为客户创造的利益、情感和价值，而这些仅凭人际交往、计算机软件或数据库技术是无法实现的。此外，从本质上说，客户关系管理还应当是一种企业文化，企业不能把客户关系管理变成"个别人"的事情，因为只有所有部门和所有员工都认识到自己与客户之间的利益关系、利害关系，他们才能更好地贯彻客户关系管理思想。

案例链接：泰国东方饭店的客户关系管理

泰国东方饭店十分出名，几乎天天客满，客人如果不提前一个月预订很难有入住机会。为什么泰国东方饭店会如此"诱人"呢？我们不妨通过实例来看一下。

于先生因公务经常到泰国出差，并下榻泰国东方饭店。在第一次入住时，饭店良好的环境和服务就给他留下了深刻的印象，在第二次入住时，几个细节更使他对饭店的好感迅速升级。

在第二次入住的某天早上，当他走出房门准备去餐厅的时候，楼层服务生恭敬地问道："于先生是要用早餐吗？"他很奇怪，反问："你怎么知道我姓于？"服务生说："我们饭店规定，晚上要背熟所有客人的姓名。"这令于先生大吃一惊，因为他频繁往返于世界各地，入住过无数高级酒店，但这种情况还是第一次碰到。

于先生高兴地乘电梯到餐厅所在的楼层，刚刚走出电梯门，餐厅的服务生就说："于先生，里面请！"他更加疑惑，因为服务生并没有看到他的房卡，就问："你知道我姓于？"服务生答："上面刚刚打电话下来，说您已经下楼了。"这让于先生再次大吃一惊。

于先生走进餐厅，服务生微笑着问："于先生还要老位置吗？"于先生的惊讶再次升级，心想："尽管我不是第一次在这里吃饭，但距离上一次也过了一年多了，难道这里的服务生记忆力这么好？"看到于先生惊讶的表情，服务生主动解释说："我刚刚查过计算机记录，您于去年的6月8日在靠近第二个窗口的座位上用过早餐。"于先生听后兴奋地说："老位置！老位置！"服务生接着问："老菜单？一个三明治，一杯咖啡，一个鸡蛋？"现在于先生已经不再惊讶："老菜单，就要老菜单！"

餐厅赠送了一碟小菜，这种小菜于先生第一次见，他问服务生："这是什么？"服务生后退两步说："这是我们特有的小菜。"服务生为什么要后退两步呢？他是怕自己说话时喷出的口水不小心落在客人的食物上，这种细致的服务在其他饭店很少见。这一次用早餐的经历给于先生留下了终生难忘的印象。

后来，由于业务调整，于先生有3年的时间没有再到泰国，在于先生生日这天，他突然收到了一封来自泰国东方饭店的信，里面有一张生日贺卡，还附了一封短信：

"亲爱的于先生，您已经有 3 年没有来过我们这里了，我们全体人员都非常想念您，希望能再次见到您！今天是您的生日，祝您生日愉快！"于先生当时激动得热泪盈眶，心想如果再去泰国，绝对不会去其他饭店，一定要住泰国东方饭店，而且要说服所有去泰国的朋友也住泰国东方饭店。就这样，一封信赢得了一颗心，这就是客户关系管理的魅力。

泰国东方饭店非常重视培养忠实的客户，并且建立了一套完善的客户关系管理体系，使客户入住后可以得到无微不至的人性化服务。这就是泰国东方饭店成功的秘诀。

二、关于客户关系管理的再认识

（一）客户关系管理首先是一种"管理"

"管理"是指有目的的活动，是计划、组织、指挥、协调、控制。

那么，客户关系管理就是企业对客户关系进行计划、组织、指挥、协调、控制，这就意味着客户关系管理绝不仅仅是使用一套软件、建立一个数据库那么简单，而是涉及企业的定位、战略、业务、流程、管理、营销、文化等一系列问题。

（二）客户关系管理是关于"关系"的管理

《现代汉语词典（第 7 版）》对"关系"的解释包括：①事物之间相互作用、相互影响的状态；②人和人或人和事物之间的某种性质的联系；③关联或牵涉；等等。此外，"关系"是有生命周期的，即关系的建立、发展、保持与破裂。

由此可见，客户关系是企业与客户之间的相互作用、相互影响、相互联系的状态。

（三）客户关系管理是关于"客户关系"的管理

企业与客户之间既是买卖关系，又是利益关系，还是伙伴关系。企业的销售和客户的购买使企业赢得利润、客户获得价值，企业与客户都从对方获得利益。只要关系不断，这种"交换"就可以持续下去。可见，客户关系管理要注重研究客户关系的建立、维护、挽救等问题。从关系的持久性来看，企业实施客户关系管理必须实现客户与企业的"双赢"，保持客户价值最大化和企业收益最大化的平衡。

此外，管理社会关系的一些基本准则也适用于管理客户关系，因为从本质上说，企业、客户的背后都是人，客户关系本质上是人与人的关系。当然，客户关系侧重于社会关系与人际关系中的商业关系，因而管理客户关系的一些做法并不适用于管理社会关系与人际关系。

知 识 链 接

客户的状态

按照客户的状态，我们可将客户划分为潜在客户、目标客户、现实客户、流失客户、非客户等。

1. 潜在客户

潜在客户是指对企业的产品或服务有需求并有购买动机，有可能购买但还没有产生购买的人群。例如，已经怀孕的母亲很可能就是婴幼儿产品的潜在客户。

2. 目标客户

目标客户是指企业经过挑选后确定的，力图开发为现实客户的人群。例如，劳斯莱斯就把具有很高地位或取得巨大成就的人士作为自己的目标客户。

潜在客户与目标客户的区别在于，潜在客户是有可能购买但还没有购买的客户，目标客户则是企业主动"瞄上"的尚未产生购买行为的客户，属于企业"单相思"的对象。当然，客户与企业可能一见钟情、相互欣赏、两情相悦，也就是说，潜在客户和目标客户可能是重叠或者部分重叠的。

3. 现实客户

现实客户是指已经购买了企业的产品或服务的人群。

按照客户与企业之间关系的疏密，我们可以将"现实客户"分为：初次购买客户（新客户）、重复购买客户和忠诚客户 3 类。

（1）初次购买客户（新客户）是对企业的产品或服务进行第一次尝试性购买的客户。

（2）重复购买客户是对企业的产品或服务进行了第二次及第二次以上购买的客户。

（3）忠诚客户是对企业的产品或服务进行持续的、指向性的重复购买的客户。忠诚客户是企业最可以信赖的客户，他们是企业的产品或服务的长期、持续、重复的购买者，他们的忠诚也表明企业现有的产品或服务对他们是有价值的。

理想的客户发展链是：头回客——回头客——常来客——永久客。

4. 流失客户

流失客户是指曾经购买了企业的产品或服务，但由于种种原因，现在不再购买企业的产品或服务的人群。

以上几种客户是可以相互转化的。例如，潜在客户或目标客户一旦产生购买行为，就变成企业的初次购买客户，初次购买客户如果经常购买同一企业的产品或服务，就可能发展成企业的重复购买客户，甚至成为忠诚客户；但是，初次购买客户、重复购买客户、忠诚客户也会因其他企业有更具诱惑性的条件，或因对企业不满而成为流失客户；而流失客户如果被成功挽回，又可能直接成为现实客户。

5. 非客户

非客户是指那些与企业的产品或服务无关，或者因种种原因不可能购买企业的产品或服务的人群。

客户的状态及其转化如图 1-1 所示。

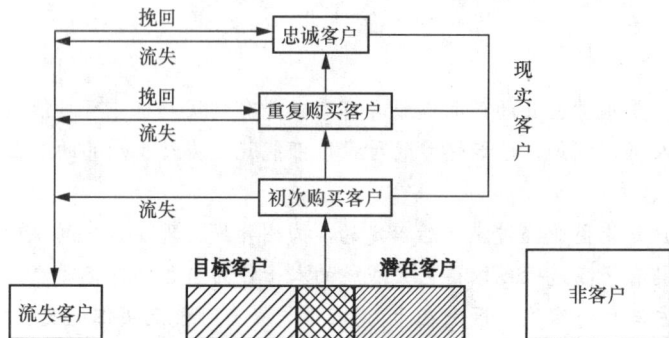

图 1-1　客户的状态及其转化

三、客户关系管理的内涵与目标

客户关系管理是建立在营销思想和信息技术基础上的先进的管理理念与策略，是专门研究如何建立客户关系、如何维护客户关系、如何挽救客户关系的科学。它将管理的视野从企业的内部延伸、扩展到企业的外部，是企业管理理论的新领域。

客户关系管理的任务与目标是通过建立客户关系、维护客户关系、挽救客户关系来帮助企业获得大量、优质、忠诚的客户。

知 识 链 接

"客户关系管理"课程思政教学核心内容

在向学生传授客户关系管理理论及最新研究成果的同时，教导学生树立正确的人生观、价值观、世界观，正确认识与看待企业与客户之间的协作关系、双赢关系，从而激发学生的创新、创造、创业精神——

以人为本、服务群众、诚实守信、奉献社会；

平等合作、平等协商、经常沟通、互动交往；

"诚信为本""人无信不立""诚者天之道也，诚者人之道也"，言必信、行必果，践守诺言；

塑造开放包容的个性及求同存异的胸怀，宽容理解社会与他人，设身处地为对方着想，以心换心，雪中送炭、送温暖、送友善；

"礼尚往来""往而不来非礼也，来而无往非礼也""投之以桃，报之以李""受人点滴之恩，须当涌泉以报"；

积极探索、勇于创新、追求进步、助人为乐。

任务讨论

什么是客户关系管理？客户关系管理的目标是什么？

任务三 客户关系管理的思路

一、必须以营销思想与信息技术为两翼

第一，客户关系管理必须以营销思想为支撑。无论时代怎么发展、科学技术如何进步，客户关系管理都必须以客户为中心，以营销思想为支撑，通过了解和掌握客户的需求，为客户提供个性化的优质服务，以满足客户的需要，并且不断提高客户的满意度和忠诚度，从而提高企业的经营效率，实现销售收入的增长、市场份额的增加，以及企业赢利能力和竞争能力的增强。

第二，客户关系管理必须以信息技术为支撑。虽然过去传统的客户关系管理可以不依赖信息技术，但在信息技术如此发达和重要的今天，客户关系管理必须以信息技术为支撑，充分利用数据库、数据挖掘、人工智能、应用集成、移动互联网等现代技术手段，不断改进和优化与客户相关的全部业务流程，实现电子化、自动化运营。

二、主动、有选择地建立客户关系

当没有客户关系时，企业就要主动、努力地去建立关系，守株待兔的思想是不可行的。客户关系的建立就是要让潜在客户和目标客户产生购买欲望并付诸行动，促使他们尽快成为企业的现实客户。

为了使建立客户关系不太难，也为了使日后维护客户关系不太难，企业在建立客户关系前必须有选择地建立关系，而不能盲目地建立客户关系。

案例链接：麦德龙选择的 3 类目标客户

麦德龙是世界知名的零售批发超市集团。麦德龙选择的目标客户分为以下 3 类。

（1）伙食团，包括酒店或宾馆、餐厅、酒吧或咖啡厅、伙食提供者或食堂。这类客户对价格敏感，服务要求高。

（2）企事业服务商，包括行政单位、公共机构等企事业单位。这类客户对价格不敏感，但对服务要求高。他们主要在麦德龙采购劳保用品和福利用品，采购频率较低，但每次采购额较大，尤其是在过节时，采购额特别大。

（3）专业批发商和零售商。这类客户对价格十分敏感，对服务要求也高，因此价格的高低往往决定了这类客户在麦德龙的采购额的大小。

三、切实维护客户关系

在建立客户关系后，企业还必须维护客户关系。

建立客户关系已经不容易，但维护客户关系更难。这是因为，随着科学技术的发展，企业的生产技术和生产效率得到了很大的提高，产品及服务极大丰富，相互之间的差别也越来越小，市场已经开始由卖方市场向买方市场发展，所以客户的选择余地越来越大，客户流失也变得越来越常见，因而企业越来越难留住客户。

客户关系维护是企业通过努力来巩固及进一步发展与客户的长期、稳定关系的动态过程和策略。客户关系维护的目标，就是要实现客户的忠诚，特别是要实现优质客户的忠诚，避免优质客户流失。

案例链接：出租车司机的客户关系管理

台湾出租车司机周春明开了一辆车龄已经三年半的福特，车的内饰有些陈旧，比不上配置豪华的同行的车。然而，一般的个体出租车，每天至少开 12 小时，一个月平均做 6 万元的生意。但是没有华丽的配备、每天工作 8～10 小时的周春明，每月能做超过 12 万元的生意！

他的秘诀是什么呢？

周春明将自己定位为"一群人的私家司机"，以形成差异化。

周春明有一张写得密密麻麻的熟客名单，包括教授和中小企业老板等 200 多人。要坐周春明的车，最晚必须提前一星期预订。当其他出租车司机还在路上焦急地寻找下一位客户时，他烦恼的却是挪不出时间照顾老客户。

周春明做的第一件和别人不同的事，是不计成本提供长途载客服务。一般的出租车载客户到新竹、台中，要冒开空车回来的风险，等于跑两趟只赚一趟钱。于是约定俗成地将成本转嫁给客户。但周春明观察到，这群人才是含金量最高的商务旅客，为了稳住他们，他只加价 17%。表面上，他每趟的收入比同行低，但赢得了客户的好感与信任，开始接到许多长途订单。

在他开出租车的第四年，他从科学园区载了一位企管顾问公司的经理。对方被他贴心的服务打动，把载企管顾问公司讲师到外县市的长途生意全包给他，他因而获得关键性的长途客源。从那年起，他的客户由街头散客逐渐转为可预期的长途商务旅客，空车率大为降低。

周春明总结出了出租车行业的客户关系管理方法。

在客户上车前，周春明要先了解他是谁，关心的是什么，打听客人的专长、个性，甚至早餐、喜好都问清楚。隔天早上，他会穿着西装，提早十分钟在楼下等客人，扶着车顶，协助客人上车，这时后座保温袋里已放着其自掏腰包买来的早餐。

如果是生客，他不随便搭讪，等客户用完餐后，他才会问对方是要小睡一下、听音乐，还是聊天，从客户的选择看出他今天心情如何。如果对方选择聊天，周春明就会提出事前准备的跟客户专长相关的有趣话题。如果是送老师到外县市讲课，他便在车上放好当地名产和润喉的金桔、柠檬茶，这些都是他自掏腰包准备的。

周春明还有一本客户关系管理的"秘籍"，里面详记了所有熟客的喜好，如每个客户爱听什么音乐，爱吃什么小吃，关心什么。他对每个客户都尽力提供个性化服务，就像客户专属的私人司机，而一般租车公司是无法提供这样的服务的。

渐渐地，越来越多的人指名他来服务。周春明越来越忙，他开始把服务的标准作业流程复制到其他司机身上，用企业化的方法经营车队。一旦周春明有约不能提供服务，他会推荐一个司机朋友来载客户。虽然换了司机，但是该准备什么，周春明服务的方法，都丝毫不差地重现在新司机身上。

现在，周春明的客户多到有七八辆合作的出租车才载得完。他不只是一个载客人的司机，开始慢慢变成掌控车队质量的老板。

周春明的故事，是客户关系管理在出租车行业的实践应用。周春明不把自己看成普通司机，而是 Solution Provider（解决方案提供者）。当开出租车这项服务早已供给过剩时，他却重新定位，把自己定位成一群人的私家司机，为客户提供有更高附加价值的服务。在出租车这个充满高油价、罚单、停车费的行业，周春明向人们证明，服务业是个软件重于硬件的产业，灵活运用客户关系管理会创造崭新的机会和高额的回报。

四、及时挽救客户关系

我们应当看到，在客户关系的建立阶段、维护阶段，随时可能出现客户关系的夭折或终止。如果企业没有尽快及时地恢复客户关系，就可能造成客户的永远流失。

相反，如果企业能够及时采取有效措施，就有可能使破裂的客户关系得到恢复，挽回已经流失的客户，促使他们重新购买自身的产品或服务，这样才能使他们继续为自身创造价值。

总之，客户关系管理是一个系统工程。客户关系管理的流程可以从图 1-2 中直观反映出来。

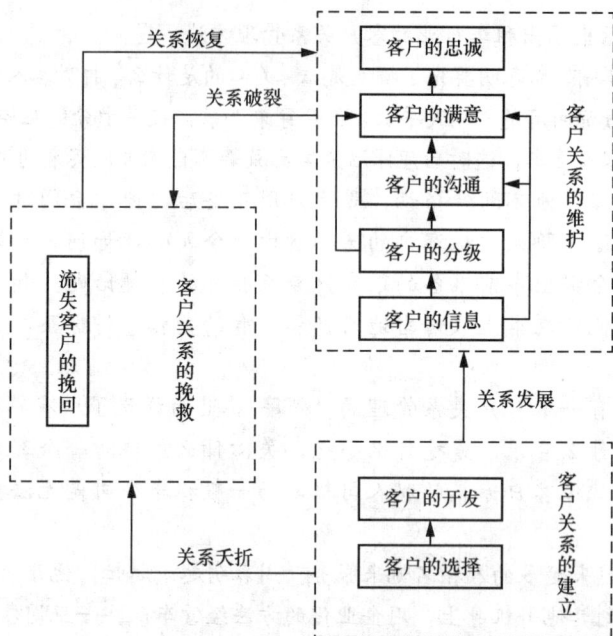

图 1-2　客户关系管理的流程

知识链接

客户经理（客服代表）制

客户经理（客服代表）制是柜台服务的延伸，是企业为了方便客户而提供一系列套餐式服务的制度。它打破了企业传统的以产品为导向、业务部门各自为政的组织形式，变"等客服务"为"上门服务"，体现了"以市场为导向，以客户为中心"的服务理念，是一种科学的营销组织形式和服务创新模式。

1. 客户经理（客服代表）的职责与作用

（1）开发、发展和巩固客户关系，推广企业的产品或服务，销售谈判，把握合同要点，为客户提供优质的服务。

（2）采集市场、客户、竞争对手的信息，及时反馈市场需求，帮助企业以最快的速度捕捉商机，并紧抓新产品的研制、生产和推广，为客户提供综合化、个性化的服务。

（3）利用客户数据库分析客户的交易历史，了解客户的需求和采购情况，关注客户的动态，并强化跟踪管理，对已发生风险的客户实施保全措施，化解经营风险。

（4）整合企业对客户服务的各种资源，根据客户的不同要求设计不同的产品方案和服务方案，为客户提供全方位、方便快捷的服务，使客户只要找到客户经理（客服代表），即可得到一揽子服务及解决方案。

（5）集"推销员""采购员""服务员"的职责于一身，做到"出门一把抓，回来再分家"，即先把客户的所有需求采集回来，并且通过后台的协同工作，再把企业的所有产品推广出去，这样既发挥了企业的整体优势，节约了经营成本，又提高了工作效率，从而增强了企业的赢利能力。

例如，在汇丰银行，客户经理（客服代表）的任务是联系银行与客户之间的各种关系，并作为客户策略及财务参谋；研究、分析客户的需要并提出解决方案，协调和争取银行的各项资源，及时满足客户的需要；了解竞争银行的客户策略并提出对策、建议；通过管理、服务客户为银行获取合理的回报；通过分析客户需求，努力从各个角度、各个层面为客户提供全方位的服务。

2. 客户经理（客服代表）的业绩评估与激励

（1）建立客户经理业绩评估体系

首先，绩效评估指标的设计要反映企业获取客户长期价值的需求，企业要建立一套有效的基于流程和团队的业绩评估体系。

其次，企业要按照责权利匹配的原则，通过科学考核客户经理（客服代表）的工作量及工作难度、个人贡献度，客观公正衡量客户经理（客服代表）的个人业绩，由此评定出不同等级的客户经理（客服代表）。

最后，企业要推行绩效工资，将客户经理（客服代表）的个人业绩与其经济收入、职位升降联系在一起，从而实现多劳多得和奖优罚劣的效果。

（2）对客户经理（客服代表）进行持续有效的激励

目前，一些企业对客户经理（客服代表）的激励存在两个缺陷：一是短期的奖金激励导致客户经理（客服代表）忽视对客户关系的提升；二是重视个体激励而忽视对团队的奖励，导致客户经理（客服代表）无法从企业其他部门获得更多的支持。所以，企业要建立持续有效的激励制度，要承认客户经理（客服代表）以外的其他相关部门和人员为战略客户所做的贡献。

此外，要提升客户经理（客服代表）在组织中的地位，让客户经理（客服代表）有一定的权威，否则他将无法调动企业的资源去满足客户的需求。如果客户认为客户经理（客服代表）在组织中没有话语权，就很难与客户经理（客服代表）建立一种信任关系。因此，企业要不断完善客户经理（客服代表）制，要把客户经理（客服代表）从"救火队长""大业务员"转化为团队的领导者与管理者。

任务讨论

企业应当如何进行客户关系管理？

习题

一、选择题（可能不止一个正确选项）

1. （　　）不属于按照客户的状态进行的分类。
   A. 新客户　　　　　　　　　B. 忠诚客户
   C. 流失客户　　　　　　　　D. 中小商户

2. 客户关系的建立阶段需要经过（　　）环节。
   A. 客户的沟通　　　　　　　B. 客户的选择
   C. 客户的开发　　　　　　　D. 客户的分级

3. 属于客户关系的维护阶段的环节有（　　）。
   A. 客户的沟通　　　　　　　B. 客户的满意
   C. 客户的开发　　　　　　　D. 客户的忠诚

4. （　　）是指对企业的产品或服务有需求和购买动机，有可能购买但还没有产生购买行为的人群。
   A. 潜在客户　　　　　　　　B. 目标客户
   C. 现实客户　　　　　　　　D. 流失客户

二、判断题

1. 客户是指最终消费者。　　　　　　　　　　　　　　　　　　（　　）
2. 客户关系管理必须以营销思想与信息技术为支撑。　　　　　　（　　）
3. 企业应当有选择地建立客户关系。　　　　　　　　　　　　　（　　）
4. 实施客户关系管理就是购买一个客户关系管理软件，并且在企业全面使用。
   　　　　　　　　　　　　　　　　　　　　　　　　　　　　（　　）
5. 现实客户是指已经购买了企业的产品或者服务的人群。　　　　（　　）

三、思考题

1. 客户关系管理的重要性是什么？
2. 如何认识客户关系管理？
3. 客户关系管理的思路是什么？

四、案例分析题：星巴克的客户关系

星巴克是世界上增长最快的品牌之一，也是《商业周刊》"全球品牌100强"最佳品牌之一。不过，星巴克品牌引人注目的并不是它的增长速度，而是它的广告支出之少。星巴克每年的广告支出仅为3000万美元，约为营业收入的1%，这些广告费通常用于推广新口味咖啡饮品和店内新服务，如店内无线上网服务等。与之形成鲜明对比的是，同等规模的消费品公司的广告支出通常高达3亿美元。

星巴克成功的重要因素是它视"关系"为关键资产，公司董事长舒尔茨一再强调，星巴克的产品不是咖啡，而是"咖啡体验"。与客户建立关系是星巴克战略的核心部分，它特别强调的是客户与"咖啡大师傅"的关系。

舒尔茨认识到"咖啡大师傅"在为客户创造舒适、稳定和轻松的环境中的关键角色，那些站在咖啡店吧台后面直接与每一位客户交流的吧台师傅决定了咖啡店的氛围。为此，每个"咖啡大师傅"都要接受培训，培训内容包括客户服务、零售基本技巧以及咖啡知识等。"咖啡大师傅"还要预测客户的需求，并在解释不同的咖啡风味时与客户进行目光交流。

认识到员工是向客户推广品牌的关键，星巴克采取与市场营销基本原理完全不同的品牌管理方式。星巴克将在其他公司可能被用于广告的费用投资于员工福利和培训。1988 年，星巴克成为第一家为兼职员工提供完全医疗保险的公司。1991 年，它又成为第一家为兼职员工提供股票期权的公司，星巴克的股票期权被称为"豆股票（bean stock）"。在舒尔茨的自传《星巴克咖啡王国传奇》中，他写道："'豆股票'及信任感使得职员自动、自发地以最大热忱对待客人，这就是星巴克的竞争优势。"星巴克的所有员工，不论职位高低，都被称为"合伙人"，因为他们都拥有公司的股份。

星巴克鼓励授权、沟通和合作。星巴克公司总部的名字为"星巴克支持中心"，这表示对于那些在星巴克店里工作的"咖啡大师傅"们来说，公司管理层的角色是为他们提供信息与支持。星巴克鼓励分散化决策，并将大量的决策放到地区层面，这给员工很大的激励。许多关键决策都是在地区层面完成的，每个地区的员工就新店开发与总部密切合作，帮助识别和选定目标人群，他们与总部一起完成最终的新店计划，保证新店设计能与当地社区文化一致。星巴克的经验显示，在公司范围内沟通文化、价值和最佳实践是建立关系资产的关键部分。

另外，当客户在星巴克消费的时候，收银员除了品名、价格以外，还要在收银机中输入客户的性别和年龄段，否则收银机就打不开。所以公司可以很快知道客户的消费的时间、消费了什么、金额多少、客户的性别和年龄段等，除此之外，公司每年还会请专业公司做市场调查。

星巴克也通过反馈来增强与客户的关系。每周，星巴克的管理团队都要阅读原始的、未经任何处理的客户意见卡。一位主管说："有些时候我们会被客户所说的吓一跳，但是这使得我们能够与客户进行直接的交流。在公司层面上，我们非常容易失去与客户的联系。"

星巴克将其关系模型拓展到供应商环节。现在，许多公司都将非核心业务剥离，这使得它们与供应商的关系变得极其关键，特别是涉及关键部件的供应商。有些公司把所有完成的交易都视为关系，但是真正优秀的公司都认识到，在商业交易和真正的关系之间存在巨大的差别，即是否存在信任，它们都投入大量的资源去培养与供应链上的合作伙伴之间的信任。

　　星巴克倾向于建立长期关系，它愿意通过与供应商一起合作来控制价格，而不仅仅是从外部监控价格，它投入大量的时间与金钱来培育供应商。在星巴克看来，失去一个供应商就像失去一个员工，因为你损失了培育他们的投资。星巴克对合作伙伴的选择可以说非常挑剔，但一旦选择过程结束，星巴克就非常努力地与供应商建立良好的合作关系。第一年，两家公司的高层主管代表通常会进行三次到四次会面，之后，每年或每半年进行战略性业务回顾以评估这种合作关系。产品和产品的领域越重要，参与的主管级别就越高。

案例思考题：

1. 星巴克的客户理念是怎样的？
2. 星巴克是怎样管理客户关系的？

实训

实训内容

介绍、分析××企业的客户状态，重点分析该企业的目标客户与潜在客户。

实训步骤

1. 教师布置实训任务，指出实训要点和注意事项。
2. 全班分为若干小组，采用组长负责制，组员合理分工、团结协作。
3. 既可以通过实地调查收集相关资料，也可以采用第二手资料。
4. 小组内部充分讨论、认真研究，形成分析报告。

实训汇报

1. 小组需制作一份 7～10 分钟能够演示完毕的 PPT 文件在课堂上进行汇报，之后其他小组可质询，台上台下进行互动。
2. 教师对每组的分析报告和任务讨论情况即时进行点评和总结。

模块二
客户关系的建立

　　客户关系的建立就是让目标客户和潜在客户成为现实客户的过程。

　　客户关系的建立包含两个根本问题，一个是企业跟谁建立关系，另一个是企业怎样才能与之建立关系。

　　客户关系的建立阶段就好比企业与客户的"择偶""求婚"阶段。

项目二

客户的选择

【项目目标】

1. 理解企业为什么要选择客户。
2. 了解什么样的客户是好客户。
3. 掌握企业选择客户的指导思想。

音频课导学

引例

马蜂窝专注于为旅游爱好者提供服务

马蜂窝是一个旅游社区网站，在马蜂窝上，旅游爱好者可以交换资讯，交流攻略、美食、摄影作品，分享旅行中的喜悦和感动。

马蜂窝的创始人是两个自由行爱好者，前新浪员工陈罡和前搜狐员工吕刚。马蜂窝在创办之初并不是商业项目，而纯粹是出于创始人的喜好建立起的业余平台。从2006年开始，这个简单的旅游社区网站并没有特意进行宣传推广，仅仅依靠口碑相传积累了最初的用户。

启示

马蜂窝的核心产品是旅游攻略，攻略中的信息和感受都来自真实旅行用户的反馈和评价。马蜂窝的旅游攻略覆盖了中国游客可能出行的许多目的地，攻略内容涵盖了旅行中的吃、住、行等重要信息，还有用户在旅行中的真实体验和评价。马蜂窝的优势在于其对旅游市场进行细分，专注于旅游攻略市场和追求个性化旅游的群体。由于定位准确，马蜂窝在同类网站中占据了领先地位。

企业对客户的选择是指企业对服务对象的选择，即企业选择与什么样的对象建立客户关系。

任务一 为什么要选择客户

在买方占主导地位的市场环境下，一般来说，客户可以自由选择企业，而企业是不能够选择客户的。大多数时候，企业只能将客户当作"上帝"来看待，希望客户光顾企业与购买产品或者服务。

但是，我们从另外一个角度来看，即使在买方市场条件下，作为卖方的企业还是应当主动去选择自己的目标客户，这是因为——

一、不是所有的购买者都会是企业的现实客户

一方面，每个客户都有不同的需求，需求的个性化决定了不同的客户会向不同的企业购买产品或者服务。例如，劳斯莱斯是世界知名的轿车，誉满全球，可是并不是所有的人都买得起，对没有足够购买力的人来说，他就不需要（当然，如果不用花钱那就需要）劳斯莱斯。

另一方面，企业的资源是有限的，无论是人力、财力、物力，还是生产能力、时间都是有限的，这就决定了企业不可能什么都做。没有哪家企业能提供市场需要的所有产品或者服务，也没有哪家企业能把全世界的钱都挣到。例如，奔驰、宝马打的是"大款"的主意，而夏利、吉利关照的是老百姓。

此外，竞争者的客观存在，也决定了任何一家企业都不可能"通吃"所有的购买者，不可能为所有的购买者提供产品或者服务。

总之，由于需求的差异性、企业资源的有限性以及竞争者的客观存在，每个企业能够有效服务客户的类别和数量都是有限的，市场中只有一部分购买者能成为购买企业产品或者服务的现实客户，其余的则是非客户。既然如此，在那些不愿意购买或者没有能力购买的非客户身上浪费时间、精力和金钱，显然毫无意义。因此，企业如果能准确选择属于自己的客户，就可以避免花费在非客户上的成本，从而减少企业资源的浪费。

案例链接：别让非客户分流广告费

碧波花园是位于广州郊区的一个占地超过 60 万平方米的大型别墅区。相对于其他的郊区盘，碧波花园的独特优势有总体规模大、小区设计别有特色，性价比也有一定的优势，而且交通发达，有全程高速公路直达广州市区，距东莞只有 40 分钟的车程。

由于前期整个楼盘的许多设施尚未启用，加上广告投入少，碧波花园的成交量一直不理想。为了打开局面，发展商委托了本地一家知名的广告公司制作了一辑投资巨大的电视广告片，同时准备好所有资料，准备随着电视广告片的播出，同时进

行报纸、夹报、电台、传单、海报等宣传。

在国庆黄金周的前一周，碧波花园的大规模"广告战"拉开帷幕，与此同时，发展商还在报上公布了碧波花园国庆 7 日的活动节目表。从节目表上看，发展商提供的节目可谓"繁花乱人眼"：有歌舞表演、游园活动、魔术表演、儿童歌唱比赛、抽奖、丰盛自助餐等一系列活动，发展商铆足了劲吸引客户。

或许是被发展商的"诚心"所打动，前来碧波花园的人每日络绎不绝，每趟看楼车上都黑压压地挤满了人，每日从广州市中心开出的 10 来辆看楼车仍然满足不了人们的需求，发展商不得不紧急增加几趟看楼车。如此多的人远远超出发展商的预期，售楼部十几个销售人员外加 10 个 PART-TIME 根本无法应付。而且由于楼盘占地面积太大，售楼部到样板间之间有好长一段距离，人们进出都必须坐电瓶车，碧波花园原有的几辆电瓶车根本不能满足需求。

更糟糕的是，由于样板间分散，销售人员每带一个客户参观样板间兼解说的时间最少长达一小时，许多人白白在售楼部等了很长时间都未能到样板间去参观，更遑论有机会咨询、了解情况。到了中午自助餐时间，场面更加混乱。由于餐厅人多地方小，且食物根本不够分，有些人顾不得礼节争抢起来，这使场面一度险些失控。如此混乱的场面，使许多人都皱起了眉头，销售人员不得不一遍又一遍向前来质问的客户致歉、解说。除了那些坐看楼车前来的客户外，一些驾车前来的客户带着怒气离去。

热闹而又混乱的 7 天终于过去了，工作人员拖着疲惫的身体清理完一地狼藉之后，关上门清算 7 天来的收获：一共成交了 5 套别墅。数百万元的广告费外加几十万元的表演成本、场地搭建成本、人员成本、车辆成本，最后仅仅带来了 5 套成交量，收入与广告费的投入相差无几。每日数以千计的熙熙攘攘而来的客户，为什么熙熙攘攘地走了，什么也没有留下？为什么花巨资吸引来的这些客户都是无效客户，问题出在哪里？

发展商在投放碧波花园的广告时，将考虑的重点放在如何最大程度地让广告覆盖整个市场，所以不分渠道在全线上马广告信息，电台、现场 SHOW、大横幅、街头派传单、几大平面媒体、数家电视台。广告费如水一样洒出去，却落地无声。这种大规模撒网式的市场推广手法只适应销售大众化的楼盘，而不适合销售碧波花园这种相对高端的产品。

碧波花园开发商这种缺乏重点的大规模撒网的市场推广方式，很难使信息真正传播给有效客户，而是让更多的信息被非客户所吸收、消化。

二、不是所有的客户都能给企业带来收益

当下有一种流行的观点认为"客户是上帝""客户总是对的""客户越多越好"。在特定的条件下，在强调客户的重要性时我们可以这么说，但是不等于所有客户都

能给企业带来价值，因为有些客户不但无法带来收益，还可能给企业带来损失。如果一个客户拿了你的东西而不付钱，你还信守"客户是上帝""客户总是对的""客户越多越好"，那就可笑了。

例如，有家公司打算选择合适的地区经销商进行全国性的市场销售，张勇是该公司的业务代表，负责选择地区经销商。他看到当地有位经销商很有实力，与很多品牌厂家都有合作关系，且有业务员 100 多人，运输车辆 20 余辆，心想可以借助这位经销商打开地区市场局面。于是，他找到这位经销商谈了合作事宜，经销商一口答应，但仅仅半年，这个经销商就让公司亏损 70 多万元……可见，不是所有的客户都能给企业带来收益。

事实上，客户天生就存在差异，有优劣之分。不是每个客户都能给企业带来同样的收益，都能给企业带来正价值。有的客户还可能是"麻烦的制造者"，他们或刁难员工，或影响其他客户，或破坏经营气氛，或提出不合理的要求，不管企业做了多大的努力，都不能令他们满意。甚至，有的客户还会给企业带来风险，如信用风险、资金风险、违约风险等，并且有时候这些风险可能超过其为企业带来的价值。

威廉·谢登（William Sherden）的"80/20/30"法则认为：在顶部的 20% 的客户创造了企业 80% 的利润，但其中一半的利润被底部 30% 的非赢利客户消耗掉了。也就是说，一些优质客户给企业带来的超额价值，通常被许多"坏客户"给扼杀了。他们是"魔鬼"，他们不仅花费企业高额的服务费用，还可能会形成呆账、死账，使企业"赔了夫人又折兵"——不但得不到利润，还要赔钱。可见，回避这样的客户，应将其找出来、辨别出来，并且一开始就将这些"魔鬼"淘汰、剔除！

总之，客户数量不是衡量企业的获利能力的唯一指标。客户质量的重要性已经在一定程度上高过了客户数量的重要性，客户质量在很大程度上决定着企业赢利的多少。因此，企业应当放弃任何客户对企业都有价值的想法，而注意去选择真正有价值的目标客户。

案例链接：航空公司的黑名单

2016 年 2 月 1 日，中国国际航空、东方航空、南方航空、海航集团、春秋航空 5 家航空公司在三亚签署《关于共同营造文明乘机大环境的联合声明》，合力对不文明旅客采取限制措施。按照《关于共同营造文明乘机大环境的联合声明》，5 家航空公司将建立"旅客不文明行为记录"，将扰乱航空公司航空运输秩序受到行政处罚、刑事处罚，或被民航、旅游等相关行业管理机构列入"不文明记录"（业界称"黑名单"）的旅客列入其中；建立信息共享机制，航空公司会将掌握的旅客扰乱航空运输秩序受到行政处罚、刑事处罚的事件信息，通报给民航、旅游等相关行业主管部门和行业协会；在信息保存期限内，5 家航空公司对列入"旅客不文明行为记录"的相关当事人采取一定限制服务措施。

三、不选择客户可能造成企业定位模糊

假如企业不选择目标客户，那么形形色色的客户共存于同一家企业，可能会造成企业定位模糊，导致客户对企业的印象混乱。

例如，一个为专业人士或音乐"发烧友"生产高保真音响的企业，如果布局"大众音响"的细分市场无疑是危险的，因为这样会破坏它生产高档音响的专家形象。同样，五星级酒店在为高消费的客户提供高档服务的同时，也为低消费的客户提供廉价的服务，就可能令人对其产生疑问。

相反，如果企业主动选择特定的客户，明确客户定位，就能够树立鲜明的企业形象。

例如，美国的"林肯"汽车定位在高档市场，而"雪佛莱"定位在中档汽车市场。又如，新加坡航空公司、汉莎航空公司定位在高端市场，以航线网络的全方位服务和品牌优势为商务乘客服务；而美国西南航空公司和西方喷气航空公司定位在低端市场，为价格敏感型旅客提供服务。

案例链接：劳斯莱斯对客户的选择

劳斯莱斯之所以能使其生产的汽车成为世界公认的名车，成为地位和身份的象征，有一个重要的原因就是它对客户的背景严加考证和遴选——只卖给国家元首、皇室成员、绅士名流、商界富豪，而且针对不同的客户类型，车身颜色也有区别——黑蓝色的银灵系列卖给国家元首、政府高级官员、有爵位的人；中性颜色、银羽系列卖给绅士、名流；白、灰浅色的银影系列卖给企业家、富豪。劳斯莱斯还有一个规矩，即不会将车卖给钱财来历不明或有黑社会背景的人。买家想买劳斯莱斯需要提前预定并递交申请资料，在劳斯莱斯公司对申请人的背景身份、地位、文化教养及经济状况做了调查之后，如果申请人的条件符合要求，公司才会将车卖出。然而，正是劳斯莱斯对客户的挑剔凸显和烘托了其珍贵，成就了劳斯莱斯"车坛太上皇"的地位。

四、正确选择客户是成功开发及实现客户忠诚的前提

我们知道，饥不择食既可能引起消化不良，还可能导致中毒，甚至可能导致更严重的后果。

我们还知道，要做成一件事，首先要选择做正确的事，然后再想办法把它做成，否则只会越做越糟。

同样的道理，企业如果选错了客户，那么建立客户关系的难度可能就比较大，成本也可能比较高，而且建立客户关系之后，维护客户关系的难度也比较大、成本也会比较高——一方面，企业会感到力不从心，另一方面，客户也不领情，不会乐

意为企业买单。

例如，当年宝洁在中国内地正式推出润妍系列产品时，把目标群体定为18～35岁的被称为"新新女性"的年轻女性，促销也围绕这部分女性进行，产品的定位是"东方女性的黑发美"。但是，仅仅两年，润妍就因销量不佳而销声匿迹。究其原因，是宝洁相中的"新新女性"根本不买润妍的账，因为她们正孜孜以求地试图改变自己的发色。而中国市场中对"黑发"这一概念有兴趣并打算购买的人多为购买力不强的家庭妇女，她们却被宝洁抛到脑后。阴错阳差，最终润妍以失败告终。

又如，一些小企业忽视了对自身的分析与定位，没有采取更适合自身的发展战略，如市场补缺战略等，而盲目采取进攻战略，与大企业直接争夺大客户，最终导致被动尴尬甚至危险的局面——既失去了小客户，又没有能力为大客户提供相应的服务，而遭遇大客户的不满，同样留不住大客户，其结果是两手空空。

相反，企业如果经过认真选择，选对了目标客户，那么成功建立客户关系、维护客户关系的可能性就很大，成本也会很低。

例如，美国近些年来增长最快的共同基金Vanguard正是由于选择了那些喜欢成本低、波动小的指数基金的投资者作为自己的目标客户，并且专注于为其提供满意的服务，从而赢得了一大批忠诚而稳定的客户。

又如，HIS的创始人泽田秀雄最开始在东京新宿车站附近的一幢大楼里租了一间屋子并雇了一名职员，他用自己留学归来赚到的钱再加上投资股票的收益共1 000万日元（1日元≈0.06元）作为资本，办起了一家以供应廉价机票为特色的国际旅行社。从日本去海外旅游的人每年不过三四百万人，且以团体旅游为主，因此日本的大型旅行社主要经营的是团体旅游业务。HIS看准了个人旅游尚未被重视的市场空隙，异军突起，打出了以接待散客尤其是青年学生为主的经营旗号，同时建立了一个销售廉价机票的机制，并以此为特色，进入了竞争激烈的日本旅游业。由于市场定位准确，HIS的业务蒸蒸日上，不出几年，便有了令人刮目相看的业绩。

满足一系列的限制条件（如规模、资金、信誉、管理水平、技术实力等）且被企业选择的客户，肯定会珍惜与企业的合作机会。假如企业能够为这些客户提供满意的产品或者服务，那么企业就将得到长期、稳定、高额的回报。

总而言之，不是所有的购买者都会是企业的现实客户，也不是所有的客户都能给企业带来收益，不选择目标客户可能造成企业定位模糊，同时，正确选择目标客户是成功开发目标客户、实现客户忠诚的前提。因此，企业应当在茫茫人（客）海中选择属于自己的目标客户，而不应当以服务天下客户为己任。对企业来说，所有好高骛远的想法、做法都应当尽快抛弃和停止。良禽择木而栖，有所舍，才能够有所得，企业如果盲目求多求大，结果可能是失去所有的客户。

选择目标客户是企业定位的表现，是一种化被动为主动的思维方式，是企业在处理客户关系上争取主动的一种策略，既体现了企业的个性，也体现了企业的尊严，更决定了一个企业的命运。实践证明，客户忠诚度高的企业往往更重视选择客户，他们非常清楚自己的目标客户是谁，在最初决定是否要开发一类目标客户时不是考虑一时一事的利益，而是从双方长远合作的角度去考虑，挑选出正确的经营对象、合作伙伴。

⟳ **任务讨论**

企业要不要选择客户？为什么？

任务二 "好客户"与"坏客户"

一、什么样的客户是"好客户"

企业选择目标客户当然要尽量选择好的客户，那么，什么样的客户是"好客户"呢？

"好客户"指的是给企业带来的利润多、价值多、贡献大，而占用企业的资源少、给企业带来的风险小的客户。菲利浦·科特勒将一个对企业有益的客户定义为能不断产生收入流的个人、家庭或公司，其为企业带来的长期收入应该超过企业长期吸引、销售和服务该客户所花费的可接受范围内的成本。

一般来说，"好客户"通常要满足以下 6 个方面的要求。

（一）能够保证企业赢利

"好客户"最起码的条件是能够给企业带来赢利，至少是给企业带来的收入要比企业为其提供产品或者服务所花费的成本高。

此外，"好客户"对价格的敏感度低，付款及时，有良好的信誉。信誉是合作的基础，不讲信誉的客户，即使条件再好，企业也不能与之合作。

（二）买得多、买得勤、买得贵

"好客户"购买欲望强烈、购买力强、购买频率高，能大量购买企业提供的产品或者服务，特别是对企业的高利润产品的购买数量多。

案例链接：Keep 的目标客户

Keep 于 2015 年 2 月 4 日上线，致力于提供健身教学、跑步、骑行、交友及健身饮食指导、装备购买等一站式运动解决方案，产品定位为用户的移动健身教练，随时随地练就完美身材。Keep 的目标客户群主要为年轻女性，特别是年轻的上班族和大学生群体，她们往往接受过一定的教育，有经济基础，在压力较大的城市中生活，健身意识的觉醒较早，而且对健身的需求更大，愿意在健身上付费。

（三）服务成本较低

"好客户"最好不需要多少服务或对服务的要求低。这里的服务成本是相对而言的，而不是绝对数据上的比较。例如，如果一个大客户的服务成本是 200 元，带来的净收益是 10 万元，那这 200 元的服务成本就显得微不足道；而如果一个小客户的服务成本是 10 元，但带来的净收益只有 20 元，虽然 10 元在绝对数值上比 200 元小了很多，但相对服务成本却大了很多。

（四）经营风险小，有良好的发展前景

客户的经营现状是否正常、是否具有成长性、是否具有核心竞争力、经营手段是否灵活、管理是否有章法、资金是否足够、分销能力是否强大、与下家的合作关系是否良好，以及国家的支持状况、法律条文的限制情况等，都对客户的经营风险有很大的影响。企业只有对客户的发展背景与前景进行全面、客观、远景性的分析，才能对客户做出准确的判断。

（五）愿意与企业建立长期的伙伴关系

"好客户"能够正确处理与企业的关系，与企业的合作意愿高，忠诚度高，能让企业做擅长的事，能通过提出新的要求友善地引导企业超越现有的产品或者服务，从而提高企业的服务水平。

例如，银行选择贷款客户的标准大致有：法人管理结构完善，组织结构与企业的经营战略相适应，机制灵活、管理科学；有明确、可行的经营战略，经营状况良好，经营能力强，与同类型客户相比有一定的竞争优势；有可供抵押的资产，贷款风险小；财务状况优良，财务结构合理，现金回流快；产品面向稳定增长的市场，与供应商和分销商的合作良好；属于国家重点扶持或鼓励发展的行业，符合产业技术政策的要求。

（六）有市场号召力、影响力

还有一类客户，虽然他们的订单量相对来说并不是很多，但他们有较强的市场号召力、影响力，较高的知名度，明显的龙头示范作用，能给企业带来非常好的市场形象，提升企业的美誉度，毫无疑问，这样的客户也是好客户，因为他们是具有战略价值的客户。

案例链接：九阳公司选择经销商的条件

济南九阳电器有限公司（以下简称"九阳公司"）是一家从事新型小家电研发、

生产与销售的民营企业，目前已发展成全国知名的家用豆浆机生产厂家。九阳公司在选择经销商时，并不是一味地求强求大，而是要求经销商满足以下3个条件。

（1）经销商要具有对企业和产品的认同感。九阳公司认为，经销商只有对企业和企业的产品产生认同感，才会重视你的产品和市场，才会将你的产品作为经营的主项，主动投入所需的人力、物力、财力，自觉施行企业营销策略，与企业保持步调一致。

（2）经销商要具有负责的态度。即经销商要对产品负责、对品牌负责、对市场负责，那些虽然实力较强但缺乏这种负责态度的经销商，不在九阳公司的选择范围之内。

（3）经销商要具备一定的实力。但是，九阳公司在评价经销商的实力时，采用的是一种辩证的标准，即只要符合九阳公司的需要，能够正常经营即可，并不要求资金最多，关键是双方建立起健康的合作伙伴关系。

二、大客户不等于"好客户"

通常，购买量大的客户被称为大客户，购买量小的为小客户。显然，大客户往往是所有企业关注的重点。但是，企业如果认为所有的大客户都是"好客户"，而不惜一切代价吸引和保持大客户，就是一个误区了，就要为之承担风险了。这是因为许多大客户可能给企业带来以下5种风险。

（一）财务风险

大客户在付款方式上通常要求赊销，这就容易使企业产生大量的应收账款，而较长的账期可能会给企业经营带来财务风险，因而大客户往往也容易成为"欠款大户"，甚至使企业承担呆账、坏账、死账的风险。

例如，美国的能源业巨头安然公司一夜之间轰然倒塌，为其提供服务的安达信公司受其牵连而破产。这个例子很好地说明了大客户有时候带来的可能只是更大的风险。

（二）利润风险

大客户有大客户的通病——客户越大，脾气、架子就可能越大。另外，大客户预期获得的利益也大，某些大客户还会凭借其强大的买方优势和砍价实力，或利用自身的特殊影响力与企业讨价还价，向企业提出诸如减价、价格折扣、提供超值服务甚至无偿占用资金等额外要求。因此，这些订单量大的大客户可能不但没有给企业带来大的价值，没有为企业带来预期的赢利，反而降低了企业的获利水平，使企业陷于被动局面。

例如，很多大型零售商巧立进场费、赞助费、广告费、专营费、促销费、上架费等费用，使企业（供应商或生产商）的资金压力很大，为企业带来了利润风险。

（三）管理风险

大客户往往容易滥用其强大的市场运作能力扰乱市场秩序，如窜货、私自提价或降价等，给企业的正常管理造成负面影响，尤其会对小客户的生存构成威胁，而企业却需要这些小客户起拾遗补缺的作用。

（四）流失风险

激烈的市场竞争往往使大客户成为众多企业尽力争夺的对象，大客户因而很容易因被利诱而背叛。

（五）竞争风险

大客户往往拥有强大的实力，容易采取纵向一体化战略另起炉灶，经营与企业相同的产品，而从企业昔日的合作伙伴摇身一变变为企业的竞争对手。例如，恒基伟业的老板原本是名人掌上电脑的经销商，结果其利用自身的渠道优势自立门户。

案例链接：经销商榨干食品厂

张全是一家中小型食品企业的销售主管，负责开拓四川市场。由于张全所在企业的产品在外埠市场没有一点知名度，张全跑了大半个月，也没找到愿意做他产品的经销商，稍有实力的经销商对他的产品理都不理。张全真是四处碰壁，吃尽了苦头。后来，好不容易在一地级市找到一个稍微有点经销意愿的经销商，张全就像找到了一根救命稻草，抓住了就不放手。

然而，该经销商要求厂家的铺底金额不得少于30万元，前三个月每月铺底10万元，从第四个月开始才现款提货。否则，免谈；要求厂家提供的广告和促销费用不得少于20%，并直接从货款中扣除；要求厂家必须按25%的比例来提取终端开发费用，不同意以产品的形式支付，必须直接从货款中扣除。否则，没有必要再谈下去……为了"拴住"这好不容易找到的经销商，张全在请示公司后，答应了经销商的不合理要求。

结果，张全一分钱货款也没有收回来，在一个地级市场就白白损失了几十万元。不仅如此，经销商还把厂家的产品低价甩卖、四处窜货，甚至发给经销商的货又倒流回厂家本地。最后，厂家是钱丢了，经销商丢了，市场也丢了。

三、小客户有可能是"好客户"

判断什么样的客户是"好客户"，要以客户的终生价值为依据。然而，许多企业缺乏战略思维，只追求短期利益和眼前利益，不顾长远利益，对客户的认识只是着眼于客户在眼前能够给企业带来多少利润，很少去考虑客户在未来可能给企业带来多少利润。因此，一些暂时不能带来利润甚至会有些亏损，但长远来看很有发展潜力的小客户无法引起企业足够的重视，甚至往往被遗弃，更不要说得到企业的扶持。

事实上，小客户不等于劣质客户，有些小客户能够给企业带来较多的利润和较大的贡献，而占用企业的资源较少、给企业带来的风险也较小，因此，过分关注客户当前给企业带来的利润，很可能会错失未来的大客户、"好客户"。

例如，在 20 世纪 80 年代初期，个人计算机市场还是一个很小的市场。那时，IBM 最有价值的客户是主机用户，因此，IBM 决定放弃追求个人计算机市场，虽然它在这个市场上有绝对的优势。然而，个人计算机市场却是在近二十多年中增长最快的市场之一，并且主宰了整个计算机市场。微软因生产个人计算机软件而成为世界上最大的公司之一，戴尔、联想和许多其他公司则因为生产个人计算机而享誉全球。相反，IBM 则错失良机，在个人计算机市场上越来越落后于竞争对手，最终不得不主动出局。

又如，天猫、京东在初创时并不突出，但它们却有着与众不同的经营风格，如今已经成长为零售业"巨鳄"，从名不见经传的小客户成长为大客户……它们都是从"蚂蚁式"客户成长为"大象式"客户的实例。

可见，小客户也有可能是"好客户"。对客户的评判要科学，不能只看目前的表象，不能只根据客户一时的表现就轻易否定对方、盲目抛弃，要用动态的眼光看客户的发展趋势和潜力。

四、什么样的客户是"坏客户"

相对来说，"坏客户"就是只向企业购买很少一部分产品或者服务，但要求却很多，花费了企业高额的服务费用，使企业为其消耗的成本远远超过他们给企业带来的收入的客户；是不讲信誉，给企业带来呆账、坏账、死账以及诉讼等，给企业带来负效益，仿佛时时刻刻都在消耗企业资产，也许会让企业连本带利输个精光的客户；是让企业做不擅长或做不了的事，分散企业的注意力，使企业改变方向，与自身的战略和计划相脱离的客户。

应当注意的是，"好客户"与"坏客户"是相对而言的，只要具备一定的条件，他们之间是有可能相互转化的，"好客户"可能变成"坏客户"，"坏客户"也可能变成"好客户"。因此，不要认为客户一时好就会永远好，企业要用动态的眼光来评价客户的好与坏。企业如果不注意及时、全面地掌握、了解与追踪客户的动态，如客户的资金周转情况、资产负债情况、利润分配情况等，等到"好客户"变为"坏客户"时，将为时晚矣、追悔莫及！

知 识 链 接

出版社对销售商的选择

销售商选择是销售渠道建设的第一步，也是销售商关系管理的关键环节。选对了销售商，出版社的图书进入并占领预期目标市场就有了保证，销售工作会比较顺畅，回款风险也会降低。出版社选择销售商时考虑的一般是销售商开拓市场的能力、管理市场的能力、销货能力、信用水平和忠诚度。

1. 销售商开拓市场的能力

销售商开拓市场的能力，可以从以下 3 个方面反映出来。一是销售商现时拥有的销售网络资源。销售商拥有完备的销售网络，说明其开拓市场的能力强，也说明其分销能力强。二是销售商维护和发展销售网络的能力。这反映的是销售商的持续发展能力，是销售商维护并提高图书市场占有率的保证。了解近期销售商的销售网点的维护和增长情况，可以判断销售商开拓市场的能力。三是销售商的推广能力，包括运用适当的营销手段推销所经销的图书的能力和联系当地媒体进行宣传的能力等。

2. 销售商管理市场的能力

销售商管理市场的能力主要是销售商管理其下一级销售商的能力，它直接影响销售商的销货能力和控制风险的能力。这种能力主要体现在以下几个方面。一是管理下一级销售商，帮助下一级销售商开拓市场和发展下线销售商或终端销售商的能力。二是控制窜货的能力，主要是控制下一级销售商窜货的能力。三是配合出版社打击当地盗版行为的能力。四是提供售前、售中和售后服务的能力，优质的服务可以稳定客源，提高销售商的信誉度和美誉度，有助于增强销售商的市场影响力。

3. 销售商的销货能力

销售商的销货能力通过销售额、销售增长率、市场占有率等指标反映出来。销售额反映销售商的总体销售规模，销售额越高，说明销售商的销货能力越强。销售增长率反映销售商销售业绩的增长速度，指标越高，销售商的经营业绩越好。市场占有率是销售商经销的某个品牌图书的销量占当地市场同类图书销量的比率。市场占有率越高，表示销售商的经营能力和竞争力越强。销售商的销货能力除了受销售商开拓市场和管理市场的能力影响外，还受到以下因素的影响：一是在区域市场铺货的能力，具有这种能力的销售商可以将出版社的图书快速地铺到下线销售商；二是经营某类图书的市场经验，有这种经验的销售商，一般都有一定的市场影响力和一批忠实的销售商，能够比较快地打开市场，增加图书销量。

4. 销售商的信用水平

销售商的信用水平是指销售商信誉的好坏程度，出版社选择销售商时必须着重考量销售商的信用水平。出版社对销售商信用水平的考察可以从以下4个方面进行。一是销售商的主要管理人员的个人品质，其往往决定销售商信誉的好坏。出版社必须考察销售商的主要管理人员在业内的口碑、其一贯的风格、年龄、更换工作是否频繁等。如果其在业内的口碑好，而且一贯如期付款，且在其他方面亦无问题，则是不错的合作伙伴。二是销售商的财务状况。如果销售商的财务状况不佳，则可能存在回款风险，因而不适宜选作出版社的销售商。三是货款支付情况。选销售商，主要是考察其是否如期支付了所欠出版社的货款，有无拖欠货款的前例。如果经常无故迟付，甚至赖账，则表示其信誉不佳。四是销售商履行合同的情况和执行发货折扣的情况。不履行合同或不执行发货折扣的销售商，信誉欠佳，不能选作出版社的销售商。

5. 销售商的忠诚度

出版社可以从以下3个方面考察销售商的忠诚度。一是对本出版社的品牌或图书品牌的认同程度。销售商认同出版社的品牌或图书品牌，认为出版社的图书有市场潜力，才会经销该出版社的图书。二是经营出版社图书时间的长短。经营时间长、回款及时的销售商，一般都是忠诚度高的销售商。三是能否专心于图书批销业务。如销售商有其他产业，则有可能将主要精力放在其他产业上。此时图书批销业务成为其附属业务，销售商没有专心去做，其忠诚度一般也不会高。

➡ **任务讨论**

什么样的客户是好客户？

任务三　选择客户的指导思想

　　企业选择目标客户时要在细分客户的基础上，对各细分客户群的赢利水平、需求潜力及趋势等情况进行分析、预测，最后根据自身情况、竞争状况，选择并确定一个或几个细分客户群作为自己的服务对象。一般来说，企业选择目标客户应遵循以下5个指导思想。

一、选择与企业定位一致的客户

　　企业选择目标客户要从实际出发，要根据企业自身的定位，如经营项目、经营目标等选择与企业定位一致的客户。

　　例如，vivo致力于专为时尚的城市主流年轻群体打造拥有卓越外观、专业级音质、极致影像、惊喜和愉悦的体验的智能产品，品牌价值是科技和时尚，品牌精神是敢于追求极致，持续创造惊喜。这样的品牌定位，与目标客户即年轻群体追求乐趣、充满活力、年轻时尚的文化基因完美契合。

又如，拼多多致力于将娱乐社交的元素融入电商运营，主打低价促销方式，从用户日常高频消费场景入手，采用"分享+拼单"的方式开展营销，利用很低的成本使商品获得很高的曝光率。拼多多采用"社交+电商"的模式——用户发起和朋友、家人、邻居等的拼单，拼多多通过机器算法进行精准推荐与匹配，让更多的用户带着乐趣分享实惠，享受全新的共享式购物体验。为此，拼多多选择的目标客户是三四线下沉城市人群是长尾效应后80%人群，这部分人群特点是对商品的要求不高，但是对价格很敏感，愿意为了优惠参与分享活动，倾向于性价比折扣类购物，这与拼多多的品牌定位相符。

再如，小米正式成立于2010年4月，是一家以手机、智能硬件和物联网平台为核心的互联网公司。小米手机是小米独立研发的智能手机，产品坚持"为发烧而生"的设计理念，小米首创了用互联网模式开发手机操作系统、"发烧友"参与开发改进的模式，将全球先进元器件供应商的产品和最新的移动通信技术运用到每台手机，并且通过公司网站在线销售，超高的性价比使小米的每款产品都成为消费者关注的焦点。为此，小米将客户定位为年轻（18～35岁）、高学历（具有大专及以上学历）的网络用户，他们大多有理工科专业背景，对技术特别是IT技术痴迷，拥有一定的技术知识，喜欢玩手机、上网，习惯于网络购物和从网络获取信息，易接受新事物，有个人的消费主见，不喜欢随大流。

案例链接：叮咚买菜的目标客户

叮咚买菜的目标客户以25～45岁的城市白领和三口之家为基础。这个客户群有几个特点：时间稀缺，更加看重购物的便利性、商品品质的稳定性，一旦形成购买习惯很容易复购；这些人中的大部分比起他们的父辈，缺少生活经验，不会挑菜，也缺少与商贩讨价还价的能力。

用户既可以下载叮咚买菜App下单，也可以通过微信绑定叮咚买菜的账号后在微信小程序下单，十分方便。2019年，叮咚买菜App上，有蔬菜200余种、豆制品40余种、水果100余种、肉禽蛋180～220种、海鲜水产不到100种，其余均为调味品、零食干货、生活用品等非高频产品。在价格方面，叮咚买菜与周边菜场、超市的价格持平，相对亲民。在不考虑补贴、满减等优惠活动的情况下，叮咚买菜的产品价格整体低于盒马鲜生。此外，叮咚买菜提供0元送菜，0配送费，打消了用户对配送成本的顾虑。

美国西南航空公司将目标客户定位为对机票价格敏感的人群，提供经常性、相对短途的美国国内航班。飞机上不设商务舱和头等舱，而且对航空服务进行了一系列的简化——乘客到了机场的候客厅后，不给安排座位，乘客要像坐公共汽车那样去排队，上了飞机后自己找座位。如果乘客到得很早，可能会找到一个好座位，如果乘客到得晚，就很可能要坐在厕所边。飞机上也不供应餐饮，但乘客一坐下就可以听幽默的笑话，一路上嘻嘻哈哈、闹哄哄的，直到飞机降落。西南航空公司的这种"节约"服务，对收入低、消费水平低的人士有很大的吸引力——可以用极低的价格乘坐飞机。但对高收入人士来说就不适合了——他们不太在乎机票价格，但需要较好的航空服务，他们受不了要自己去"抢"座位，另外，他们上飞机后往往要想问题、做事情或者休息，不喜欢吵吵嚷嚷的环境。不过，这正是西南航空公司所追求的效果，它很清楚自己的服务对象，该公司的总裁在电视上说："如果你对我们提供的服务感到不满，那么非常抱歉地告诉你，你不是我们服务的目标客户，我们不会因为你的抱怨而改变我们的服务方式，如果你认为我们的服务令你感到不满，你可以去乘坐其他航空公司的飞机。当你感觉需要我们服务的时候，欢迎你再次乘坐西南航空的班机。"

案例链接：星巴克的客户选择

星巴克从 1971 年西雅图的一家咖啡零售店，发展成为国际著名的连锁咖啡店品牌，创造了一个企业扩张的奇迹。

星巴克这个名字来自赫尔曼·梅尔维尔（Herman Melville）的小说《白鲸》中一位处事极其冷静，极具性格魅力的大副 Starbuck，他的嗜好就是喝咖啡。梅尔维尔被海明威（Hemingway）、福克纳（Faulkner）等美国著名作家认为是美国最伟大的小说家之一，在美国和世界文学史上有很高的地位。但梅尔维尔的读者并不算多，读过《白鲸》这本书，知道 Starbuck 这个人的较少。

因此，星巴克的名称暗含其对客户的定位——不是普通的大众，而是有一定社会地位、有较高收入、有一定生活情调的人群。这一群体普遍收入较高，对价格并不敏感，对咖啡厅的整体环境氛围要求很高，对品牌价值有一定的要求，并且他们希望自己的商务会谈能在一个优雅、氛围良好的环境中进行。

星巴克的这种有所为有所不为的经营方式取得了巨大的成功，它追求的不是客户的数量而是客户的质量，以及特定人群对于星巴克的"客户忠诚度"。

二、选择"好客户"

既然我们已经知道客户有"优劣"之分，有"好坏"之分，那么，企业就应当选择"好客户"来经营，这样才能赢利。

例如，当戴尔发现部分个人计算机用户对服务支持的要求达到毫无节制的程度，而这种过分要求将耗尽公司的人力资源和财力资源时，戴尔决定避开大众客户群，集中人力和财力针对企业客户销售产品或者服务。当然，戴尔也为一些经过严格挑选的个体客户提供服务，因为他们对产品和服务的需求与戴尔的核心客户群，即具有"好客户"特征的企业客户非常相似。

案例链接：小红书的客户选择

小红书选择的客户群体是"种草小姐姐"，她们的年龄集中在 20～35 岁，该年龄段人群处于学业、事业稳定期，包括大城市白领、公务员，有良好的收入基础，追求生活品质，也更加乐意分享。

"种草小姐姐"与小红书的定位一致。小红书是海外购物笔记的分享社区和自营保税仓直邮电商平台，而"种草小姐姐"对海外潮流消费品表现出较高的认知度，想要购买海外产品，但是缺少时间出境购物；小红书是一个提供分享文字、图片、视频笔记的平台。而"种草小姐姐"喜欢旅行，喜欢拍照，在准备出境旅游购物时，喜欢查询目的地的精选购物笔记，找到心仪的海外商品，形成清单；小红书能够提供美妆、美食等各种类型话题的专题讨论，满足用户的社交需求，而"种草小姐姐"喜欢分享生活，彰显个性，对于购买到的产品或体验到的服务，会积极分享给社交媒体，获得关注。

"种草小姐姐"愿意通过福利社购买商品或其他海外旗舰店产品，购买后在社区分享自己的使用心得，进而吸引其他目标群体购买，形成"购买+分享"的业务闭环，无形中给小红书带来较大的利润。服务成本较低。"种草小姐姐"会主动在小红书上购物并分享，她们多数在小红书上已经形成了一个以自我为中心的生态圈，无须平台做过多的维护。所以说，"种草小姐姐"是小红书的"好客户"。

又如，完美日记的品牌理念倡导年轻一代不被外界标签束缚，积极地探索人生更多的可能性，遇见更优秀的自己，该品牌主要通过微信群、小红书、微博等社群或平台进行营销。完美日记将目标客户定位为 18～28 岁的年轻女性，这类女性大多是刚刚走进大学或职场的美妆领域新人，其中大部分属于"Z 世代"。"Z 世代"的特点是：追求时尚，爱好多元，对新事物的接受度很高；受教育程度高，受智能手机、平板电脑等科技产品影响很大，可以说是与互联网一起成长的一代，是互联网的"原住民"；喜爱"种草"，乐于分享。她们使用完美日记的产品后，会在社交软件上分享使用感受，这就对完美日记进行了免费的宣传，为其带来更多同类型客户。因此，"Z 世代"是完美日记的"好客户"。

三、选择有潜力的客户

锦上添花不稀罕，雪中送炭才可贵！企业选择目标客户不应局限于客户当前对企业赢利的贡献，而要考虑客户的成长性及未来对企业的贡献。对于当前利润贡献低，但是有潜力的小客户，企业要积极提供支持和援助。尽管满足这些小客户的需求可能会降低企业的当前利润，甚至可能带来损失，但是企业应该而且必须接受眼前的暂时亏损，因为这些小客户可能是能够长成"大象"的"蚂蚁"！

例如，麦当劳通过调查发现，去哪个餐馆吃饭并不全是由父母决定的，父母往往会尊重孩子的意见，因而只要吸引一名孩子，就等于吸引了两个大人。因此，麦当劳决定将目标客户主要定位在孩子及其家庭成员上。为此，麦当劳在许多分店设置了游乐区及专门为孩子提供生日聚会的服务项目，同时，店内的食谱不断推陈出新，以满足小客户们日益变化的口味。麦当劳还看到，二三十年后，这些孩子长大了还会带着自己的下一代继续吃麦当劳——这就是麦当劳的眼光！

企业支持客户在很大程度上是支持自己，因为只有客户发展了，他们才可能对企业的产品或者服务产生越来越大的需求。所以，企业一旦发现了可以从"蚂蚁"变为"大象"的有潜力的小客户，就应该重点支持和培养，甚至可以考虑与管理咨询公司合作，从而增强有潜力的小客户的实力。这样，潜力客户在企业的关照下成长壮大后，他们对企业的产品或者服务的需求也将随之增多，而且会知恩图报，对关照他们的企业有感情，有更高的忠诚度。在很多优质客户被各大企业"瓜分"的今天，这显然是企业培养优质客户的好途径。

四、选择"旗鼓相当"的客户

（一）企业与客户不对等会产生的问题

一般来说，"低级别"的企业不应瞄上"高级别"的客户，原因是双方的实力悬殊，企业对其服务的能力不够，面对这样的客户不容易开发，即使最终开发成功，勉强建立了关系，也会吃力不讨好，因为以后的服务成本也一定较高，维持关系的难度也较大。所以，这样的"好客户"高不可攀，企业看看可以，但碰不得。

现实中，有些企业一心想"攀高枝"，服务大客户，动辄宣称自己可以满足大客户的任何要求。但由于双方实力不对等，企业可能遭遇"客大欺店"——大客户不一定会"礼贤下士""平易近人"。那么，企业就只能降低标准或放松制衡，委屈求全，甚至接受大客户提出的苛刻条件，或者放弃管理的主动权。如此一来，企业对大客户的潜在风险无法进行有效的控制，结果一旦这些大客户出事，企业只能干着急，什么都做不了。

也有些"高级别"的企业可能瞄上"低级别"的客户，但往往吃力不讨好——由于双方的关注点"错位"，如一方财大气粗，另一方精打细算，双方可能会不同步、不协调、不融洽，结果可能是不欢而散。

事实上，每个客户都有自己的价值判断，从而决定自己与哪家企业建立联系。然而，许多企业没有意识到这一点，总是把自己的意愿强加于客户，"单相思"，最终陷入尴尬境地，当然不会有好的结果。

有一家生产汽车配件的公司打算把目标客户锁定为大型汽车制造厂，企图尽快达到盈亏平衡点，但经过几年的努力都未成功，因为这些大型汽车制造厂根本不把这家企业当成一回事。无奈之下，这家企业将目标客户转向了一些中小型汽车制造厂，而这些中小型汽车制造厂也正在寻找价廉物美且未被大型汽车制造厂锁定的供应商，于是双方建立了长期稳定的关系，取得了双赢的局面。

由此可见，客户并非越大越好，也不是越小越好，"旗鼓相当"显然是企业选择客户时稳健和保险的标准——双方在各自的领域，在资金、技术、品牌、声誉等方面有能吸引对方的优势和魅力，可以相互取长补短，具有平等合作、互不轻视的基础。

案例链接：BBBK 公司的客户选择

美国强生公司所属的 BBBK 灭虫公司销售的杀虫剂的价格是其他同类产品价格的 5 倍。它之所以能够获得溢价价格，是因为把销售重心放在一个对质量特别敏感的市场——高档旅店和餐馆，并且提供它们认为最有价值的东西——保证没有害虫而不只是控制害虫。

BBBK 公司承诺：在您那里的所有害虫被灭光之前，您不欠我们一分钱；如果您对我们的服务不满意，您将收到相当于 12 个月的服务费用的退款，外加第二年您选择新的灭虫公司的费用；如果您的客人在您的房间里看到一只害虫，我们将支付客人本次和下次的全部费用，并送上一封道歉信；如果您的酒店因为害虫的存在而停业，我们将赔偿全部罚金和利润损失，并再加 5 000 美元。

该公司为了提供如此高档的服务，在一年中花费了十多万美元的成本，但是赢来了 3 300 万美元的营业额——实际服务承诺的费用是营业额的 0.36%。正是由于通过无条件的服务承诺与保证，BBBK 公司不但可以收取高于同行的费用，而且吸引了许多大客户。

当然，企业与客户并不是非要"旗鼓相当"不可，只是这样"平起平坐"，相处起来较轻松和谐，既容易建立关系，也容易维护关系。

（二）企业如何寻找"旗鼓相当"的客户

企业要想找到"旗鼓相当"的客户，就要结合客户的综合价值与自身对其服务的综合能力进行分析，然后找到两者的交叉点，可分成 3 个步骤进行。

1. 评价客户的价值

企业要判断客户是否有足够的吸引力，是否有较高的综合价值，能否为企业带来大的收益，可以从以下几个方面进行分析。

（1）客户向企业购买产品或者服务的总金额。

（2）客户扩大需求而产生的增量购买和交叉购买等。

（3）客户的无形价值，包括规模效应价值、口碑价值和信息价值等。

（4）客户为企业带来的风险，如信用风险、资金风险、违约风险等。

（5）企业为客户提供产品或者服务需要耗费的总成本。

2. 评价企业自身的能力

企业必须衡量自己是否有足够的综合能力去满足客户的需求。对综合能力的分析不应从企业自身的感知进行，而应该从客户的角度进行，可借用客户让渡价值来衡量。也就是说，用企业能够为客户提供的产品价值、服务价值、人员价值和形象价值之和减去客户需要消耗的货币成本、时间成本、精力成本、体力成本，这样就可以大致得出企业的综合能力。如果是正值，说明企业有较强的综合能力去满足客户的需求，如果是负值，说明企业满足客户的需求的综合能力较弱。

3. 价值—能力分析

价值—能力分析是指寻找客户的综合价值与企业的综合能力的结合点。企业最好寻找那些综合价值高，且企业有较强的综合能力满足其需求的客户作为目标客户。也就是说，企业要将价值足够大、值得企业去开发和维护，同时企业也有能力去开发和维护的客户，作为企业的目标客户。

在图 2-1 中，A 区域客户是企业应该重点选择的目标客户。因为这类客户的综合价值较高，是优质的客户，同时企业对其服务的综合能力也较强，也就是说，企业的实力足以去赢得和维系这类客户，"旗鼓相当"。因此，A 区域客户值得企业花费大量的资源去争取和维护。

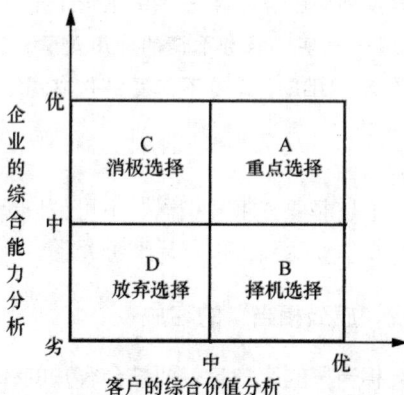

图 2-1　价值—能力分析矩阵图

B 区域客户是企业应该择机选择的目标客户。因为这类客户的综合价值高，具有非常高的开发与维护价值，但遗憾的是，企业对这类客户服务的综合能力实在有限，很难为客户提供满意的产品或者服务。企业在开发这类客户时，将会面临很大的困难，即使开发成功了，如果企业对其服务的综合能力没有增强，最终也很难长期留住这类客户。因此，B 区域客户属于企业在适当的时机（当服务能力增强时）可以选择的客户。

C 区域客户是企业应该消极选择的客户。因为尽管企业对其服务的综合能力较强，但是这类客户的价值实在有限，企业很可能在这类客户上得不到多少利润，甚至还有可能失去一部分利润。因此 C 区域客户属于企业应当消极选择的客户。

D 区域客户是企业应该放弃选择的客户。因为，一方面这类客户的综合价值较低，很难给企业带来利润，如果企业将过多的资源投注到这类客户上，是得不偿失的，甚至有时候这类客户还会吞噬企业的利润。另一方面，企业也很难为这类客户提供长期的、具有较高让渡价值的产品和服务。因此 D 区域客户属于企业不该选择的客户。

五、选择与现有忠诚客户具有相似特征的客户

企业就好比胳膊，市场就好比大腿。我们都知道"胳膊扭不过大腿"，而且"强扭的瓜不甜"。我们还知道，假如"有心栽花花不开，无心插柳柳成荫"，那么就该顺势而为，改"栽花"为"插柳"了——大势所趋嘛。

有时候企业费尽心思，企图在市场上扮演某个角色，但是偏偏吃力不讨好，没有得到市场的认同，可谓"落花有意，流水无情"。但是，幸运的是，可能总有客户因为认为企业提供的产品或者服务比其竞争对手的更好、更加"物有所值"而忠诚，他们也许就是企业的知音、伯乐、识货人。因此，选择与现有"忠诚客户"具有相似特征的客户是明智的。

例如，美国某化妆品企业生产了一种叫"嫩春"的面霜，这种面霜可以防治青春痘，并能够减少皱纹。该面霜上市一段时间后，调查人员发现，80%的购买者是 20 岁左右的年轻女性，而其余 20%的购买者却是 35～50 岁的中年妇女。年轻女性关心防治青春痘，而中年妇女关心减少皱纹，这样企业面临两种选择，是强调防治青春痘，还是减少皱纹？最后企业决定顺势而为，放弃中年妇女这个市场，而强调"嫩春"面霜防治青春痘的功效，全力以赴抓住年轻女性客户，从而获得了成功。

又如，目前肯德基的忠诚客户主要有 3 类——儿童、学生、上班族。儿童喜欢肯德基的原因是肯德基有好吃的炸鸡腿、汉堡等食品，另外就是可以边吃边到店中的微型儿童游乐场玩。学生喜欢肯德基的原因是肯德基的食品的味道不错，且在肯德基的花费与在学校旁的大排档的花费相差无几，而那环境却是大排档无法比拟的。上班族喜欢肯德基的原因是在相对紧凑的工作生活中确实需要便捷的快餐，另外，一些上班族既不愿意在路边小摊就餐，也不愿意吃盒饭，而肯德基用其干净、精致的产品包装和独特的口味轻而易举地俘获了他们的"芳心"。因此，肯德基就应该经营与这 3 类人群具有相似特征的客户，因为他们是最可能忠诚于肯德基的。

案例链接：鞋用胶黏剂生产企业的客户选择

鞋用胶黏剂生产企业的客户可分为两类：第一类包括体育用品公司、鞋业公司、鞋厂等，即工业类客户；第二类主要为中间商，包括经销商、代理商等，即商业类客户。

1. 工业类客户的选择

首先，企业要选择有一定规模、稳定的体育用品公司、鞋业公司、鞋厂等。这类客户一般都会有稳定持续的生产流水线，对鞋用胶黏剂产品的需求量大。

其次，企业要选择有实力的客户。为保证货款能成功收回，鞋用胶黏剂生产企业要充分地评估客户的市场发展潜力、财务状况等，避免客户因经营困难突然倒闭，为企业带来经济损失。

最后，企业要选择实力相当的客户。因为一些大客户的车间生产线较多，每年鞋用胶黏剂使用量达到几十吨以上，而付款周期又比较长，如果鞋用胶黏剂生产企业没有考虑自身实力，评估所生产的产品是否能够满足大客户的质量、数量要求，以及资金链等问题，而盲目开发大客户，就可能使双方在合作时不协调，同时增加经营风险及维护客户的成本。

2. 商业类客户的选择

第一，企业要选择愿意积极推广、销售企业产品的、信誉良好的中间商。由于鞋用胶黏剂有效期有限，加上容易受存放温度的影响，因此需要及时销售。企业选择愿意积极推广、销售企业产品的、信誉良好的中间商，可以保障产品有较高的流转率，避免产品因存放时间长而变质，影响客户的正常使用。

第二，企业要选择与目标市场相近的中间商，从而降低产品运转的成本和损耗，开发更多的潜在客户。例如，我国的制鞋企业主要集中在 4 个地区，即广州和东莞、成都和重庆、温岭和温州、泉州和晋江，这些地区的鞋用胶黏剂需求量较大，企业可以考虑选择当地有信誉的代理商或经销商作为分销渠道，从而开发更多的潜在客户。

任务讨论

举例说明企业选择客户的指导思想是什么？

习题

一、选择题（可能不止一个正确选项）

1. 企业必须选择目标客户是因为（　　　）。

　　A. 不是所有的购买者都会成为企业的现实客户

　　B. 不是所有的客户都能够给企业带来收益

　　C. 不加选择地建立客户关系可能造成企业定位模糊

　　D. 选择正确的客户能增强企业的赢利能力

2. (　　) 指的是本身的 "素质" 好、对企业贡献大的客户，至少是给企业带来的收入要比企业为其提供产品或者服务所花费的成本高。

　　A. "好客户"　　　　　　　　B. "坏客户"

　　C. 大客户　　　　　　　　　D. 小客户

3. 大客户可能给企业带来风险有 (　　)。

　　A. 财务风险　　　　　　　　B. 利润风险

　　C. 管理风险　　　　　　　　D. 流失风险

　　E. 竞争风险

4. 选择目标客户的指导思想有 (　　)。

　　A. 选择与企业定位一致的客户

　　B. 选择 "好客户"

　　C. 选择有潜力的客户

　　D. 选择 "旗鼓相当" 的客户

　　E. 选择与现有忠诚客户具有相似特征的客户

5. 企业选对、选准了目标客户，那么 (　　) 客户关系的可能性就相对大，也相对容易，成本相对低。

　　A. 建立　　　　　　　　　　B. 提升

　　C. 维护　　　　　　　　　　D. 挽救

二、判断题

1. 客户天生就存在差异，有 "优劣" 之分。　　　　　　　　　　(　　)

2. 企业主动选择特定的客户，有利于够树立鲜明的企业形象。　　(　　)

3. 企业可把所有的购买者都视为自己的实际客户。　　　　　　　(　　)

4. "好客户" 与 "坏客户" 是相对而言的，只要具备一定的条件，他们之间是有可能相互转化的。　　　　　　　　　　　　　　　　　　　　(　　)

5. 每个企业能够有效地服务客户的类别和数量是有限的。　　　　(　　)

三、思考题

1. 企业为什么要选择目标客户？

2. 为什么大客户不等于 "好客户"？

3. 选择目标客户的指导思想是什么？

四、案例分析题：劳力士的客户选择

　　劳力士（Rolex）被认为是最成功及推崇备至的瑞士手表，作为顶级腕表品牌，一个多世纪以来，劳力士一直是性能和尊贵的超群象征。劳力士表最初的标志为一只伸开五指的手掌，它表示该品牌的手表完全是靠手工精雕细琢的，以后才逐渐演变为皇冠的注册商标，以示其在手表领域中的霸主地位。

正确的客户选择对企业是十分重要的，劳力士鲜明的客户选择为其市场领导者地位的奠定起了不可忽视的作用。劳力士的消费人群定位于成熟有品味、懂得鉴赏名表、敢于自我肯定的成功人士，其类型有：追求钟表功能专业化的客户；追求身份、社会地位象征的客户；走在时尚尖端、追求奢华的客户。

追求钟表功能专业化的客户。追求钟表功能专业化的客户有潜航者、飞行员、旅行探险者、经常到国外旅行的商务人士等，虽然他们的购买力不稳定、但在专业化功能的吸引下，拥有相对强的购买力，由于对高质量多功能的追求，这类客户拥有较强的品牌偏好。潜航者对钟表牢固可靠性、极致的优雅性和性能的要求极高，要求在从事专业活动之时，能够确保安全的潜水计时；飞行员对钟表专业化的需求集中体现在对不同时区时间的转换，以适应飞行环境的需要；旅行探险者对钟表指示时区以及区时的功能要求高，并且要求钟表可以用于区分白昼和夜晚时间，以应对险恶的探险环境；经常出国旅行的商务人士对钟表独立调时、不同时区区时的转换存在着很大需求。

追求身份、社会地位象征的客户。成功的商务人士、艺术家、皇室、贵族等上流社会人士非常追求身份、社会地位象征，他们事业成功、收入颇丰，具有强劲购买力，教育程度高，品牌偏好程度高。成功的商务人士拥有很强的时间观念，有想要掌握每一分每一秒的消费心理，同时在商务交往中注重象征身份地位的装饰品，还有自我实现的需要；艺术家也有体现品味、出众的艺术气质的需要；上流社会人士追求能够彰显其社会地位的奢侈消费品，追求装饰品尊贵、稀缺。

走在时尚尖端、追求奢华的客户。运动员、电影演员等走在时尚尖端的人士，他们收入高，购买力强，价格敏感度低，同时品牌忠诚度高，品牌偏好程度高，且追求时尚、奢华到了极致。名人们作为公众人物，很注重钟表奢华的外观，对新颖设计的追求为突出其个性。电影演员在公众场合保持着相对高的曝光度，光鲜时尚的配饰是其追求的要点，以保持他们在时尚领域的地位，突出他们的个人品味及修养；运动员则热衷于运动型表，追求多功能的运动型表。此外，收藏古董手表的热潮在世界各地全面爆发，一些名人也开始懂得去欣赏机械手表的制作工艺、研究各个不同表匠的独特发明、设计及个人化的风格、钟表的发展历史等，名厂及有特别功能的旧款式钟表价格逐日飙升，名人们把收藏表作为一种个人的爱好。

劳力士定位于成功人士和一些有财富与权势、地位的人，进一步提升了自身的影响力，促使它占据钟表行业的霸主地位，其销售量在名贵表当中首屈一指，利润是其他钟表的十几倍，经济效益可观。

案例思考题：
1. 劳力士选择的目标客户有哪几种类型？
2. 劳力士为什么要选择这几种类型的客户？

实训

实训内容

介绍、分析××企业选择了什么样的客户，以及为什么选择这样的客户。

实训步骤

1. 教师布置实训任务，指出实训要点和注意事项。
2. 全班分为若干小组，采用组长负责制，组员合理分工、团结协作。
3. 相关资料和数据可以通过实地调查收集，也可以采用第二手资料。
4. 小组内部充分讨论，认真研究，形成分析报告。

实训汇报

1. 小组需制作一份 3～5 分钟能够演示完毕的 PPT 文件在课堂上进行汇报，之后其他小组可提出质询，台上台下进行互动。
2. 教师对每组的分析报告和任务讨论情况即时进行点评和总结。

项目三

客户的开发

音频课导学

【项目目标】
1. 掌握营销导向的客户开发策略。
2. 掌握推销导向的客户开发策略。

引 例

小罐茶的客户开发

北京小罐茶业有限公司（以下简称"小罐茶"）坚持使用原产地原料，以保持其独特地理、气候环境造就的内在品质和绝妙韵味，茶叶需经过 3 次农残检测，且严格遵照大师工艺悉心制作。另外，小罐茶独创铝罐瞬时充氮工艺，从而避免了来自空气、阳光、水分、外力和手触对茶叶的侵害，确保了好茶不氧化、不吸味、不受潮、不破碎。

此外，小罐茶还以"小罐茶，大师作"为核心，在央视和各大卫视的黄金时段进行了大量的广告投放，在观众面前树立了品牌形象。目前，小罐茶通过合作代理方式，建立了全面的线上、线下销售网络。线上销售网络包括官方旗舰店，以及天猫、京东等主流电商平台旗舰店，线下销售网络包括专卖店、合作烟酒店、合作茶叶店等。短短几年工夫，小罐茶就迅速取得了较好的销量。

启 示

企业把产品、渠道、促销等做到位了，开发目标客户就相对容易了。

客户的开发就是企业让目标客户产生购买欲望并付诸行动，促使他们成为企业的现实客户的过程。对新企业来说，首要的任务就是吸引和开发客户。对老企业来说，企业发展也需要源源不断地吸引和开发新客户。因为，根据一般经验，企业每年的客户流失率约为 10%～30%，所以，企业在努力培养客户忠诚度的同时，还要不断寻求机会开发新客户，尤其是开发优质客户。这样一方面可以弥补客户流失的缺口，另一方面可以壮大企业的客户队伍，增强企业的综合竞争力和赢利能力，实现企业的可持续发展。

企业开发目标客户的策略可分为营销导向的开发策略和推销导向的开发策略。

任务一 营销导向的开发

所谓营销导向的开发，就是企业通过有吸引力的产品策略、价格策略、分销策略和促销策略，吸引目标客户和潜在客户产生购买行动的过程。

营销导向的开发策略的特点是"不求人"，即企业想办法让客户主动上门——不是去追一匹马，而是用追马的时间种草，待到绿茵遍野时，就会有一批骏马任你挑选，即种下梧桐树，引得凤凰来！正如"桃李不言，下自成蹊"——桃树和李树不用招引人，但因它有花和果实，人们乐意在它下面走来走去，便走出了一条小路。

总之，营销导向的开发策略旨在让客户主动和自愿地被开发，还很可能是满心欢喜、感激涕零地被开发，所以，营销导向的开发策略是客户开发策略的最高境界，也是企业获得目标客户的理想途径。

例如，麦肯锡公司从来没有在大众媒体上投放过广告，更没有让营销人员主动打电话给客户，但麦肯锡公司却从来不缺客户。对于麦肯锡公司而言，成功的营销不是去推销，而是能识别客户的需求，创造客户的需求，然后利用企业的优势与专业技术去满足客户的需求。

一、有吸引力的产品策略

（一）功能效用

功能效用是吸引客户最基本的立足点，功能越强、效用越大的产品或服务对客户的吸引力就越大。

例如，史蒂夫·乔布斯（Steven Jobs）在开发产品时，曾派工程师走访了三十多所大学，了解大学需要什么样的机器。根据调查和咨询结果，他推出了存储量大、程序简单和兼容性好的分体式计算机，立即受到普遍的欢迎。

海尔在做市场调研时，因为一个客户随意说冰箱里的冷藏冻肉拿出来不好切，立刻意识到这是一个未引起冰箱生产企业重视的共性问题。于是，根据食品在-7℃时营养不易被破坏的原理，海尔很快研制出新产品"快乐王子007"。这款冰箱因冷藏冻肉出箱后可即时切而很快走俏。可见，好产品自然有客户愿意被"吸引"！

案例链接：陌陌的客户开发

陌陌在推广初期资金有限，所以选择用户基数大、花费比较少的社区进行推广。在众多平台中，符合条件的有 QQ 空间和微博。由于 QQ 空间"年龄"偏小，所以陌陌将运营重心放在了微博上。

一开始，陌陌只在微博上发布传统信息，说有产品上线啦，各位好友帮忙推一下。结果做了些推广之后，每小时的下载量居然最高能达到几百。这让陌陌觉得这条路是对的，但是形式肯定要继续优化。所以，陌陌开始把产品融入场景故事，让用户在置身类似场景的时候，会想起来去用陌陌的产品。

在运营过程中，陌陌认为一个社区的活跃取决于女性用户的活跃，而女性用户的活跃度取决于她们的需求是否被满足、这里是否有安全感。所以，陌陌在微博上针对女性做了很多推广，用一些她们喜欢的情感方面的文案获取好感，并且组建了一个七八人的团队，每天处理举报信息，保证女性用户使用体验。同时增加了群组功能，做基于地理位置的关系沉淀，如基于小区的业主群，利用它你可以找到自己的邻居，慢慢转化成熟人关系，构建城市的社区文化。至此，陌陌完成了场景的转变，从一对一的网上社交场景，慢慢向社交、本地化方向转变，从线上走向了线下。

（二）质量

"好东西自己会说话"——质量优异的产品或者服务总是会受到客户的青睐，质量在吸引客户上起到了至关重要的作用。

例如，家乐福对采购品的质量要求很严格，生产厂家必须通过从工厂检测、产品测试直至装运检验的一系列长达半年的考核，才能向家乐福供货；德国麦德龙对产品质量的要求永远排在第一位，所有进入麦德龙采购系统的产品先要在德国国内的一个区域销售，销售好才可以进入全国市场，最后才能分销到国外。

质量有问题的产品或者服务即使非常便宜也没有人愿意购买，人们会唯恐避之不及。相反，对于高质量的产品，即使价格高些人们往往也愿意接受。因为质量往往代表着安全、可靠和值得信赖，人们之所以购买名牌产品或服务，最主要的就是看中其过硬的质量。

劳斯莱斯的创始人之一亨利·莱斯（Henry Royce）曾说过："车的价格会被人忘记，而车的质量却长久存在。"劳斯莱斯的成功得益于它一直秉承了传统的造车艺术：精练、恒久、巨细无遗。特别值得一提的，还有劳斯莱斯讲究豪华的车内装饰——仪表板是由从意大利和美国进口的胡桃木制作的，由于刻意选用的材质，连纹路的颜色都一致，拼缝接口处几乎看不出接缝的痕迹，经过精心打磨的木料，表面光亮如镜；座椅及顶篷则选用丹麦和英国的上等牛皮，其下脚料为巴黎高级首饰店的皮包面料，经过多道工序加工的牛皮光滑柔软，表面涂有既耐磨又防水的涂料；地毯由威尔顿纯羊毛制成，连后备厢也铺满地毯……因此，英国女王以此车为自己的"御驾"。劳斯莱斯在 1955 年被授权使用皇室专用徽章，一直到今天。

（三）特色

如今，市场上同类、同质的产品或者服务越来越多，因此，企业要想在激烈的市场竞争中脱颖而出，其产品或者服务必须有足够的特色。

例如，沃尔玛针对不同的目标客户，采取了不同的零售经营形式：针对中等收入客户及低收入客户的沃尔玛平价购物广场；针对会员提供各项优惠及服务的山姆会员商店；以及深受高收入客户欢迎的沃尔玛综合性百货商店等。通过采取这些不同的经营形式，沃尔玛布局了零售的各档市场。

又如，在芝加哥斯泰特大街短短 3 个街区的距离内，就有美国最大的女鞋零售商爱迪生兄弟企业 3 家不同定位的连锁店，它们虽然相互靠近，却不影响彼此的生意，这是为什么？原来爱迪生兄弟企业经营了 900 多家鞋店，分为 4 种不同的连锁形式，每种连锁形式针对不同的细分市场。例如，钱德勒连锁店专卖高价鞋，贝克连锁店专卖中等价格的鞋，勃特连锁店专卖廉价鞋，瓦尔德派尔连锁店专卖时装鞋，这些连锁店各有各的特色。这就是为什么它们同处一地，却相互不影响——它们各有自己的目标客户，所以相互不"打架"。

（四）品牌

品牌是用以标识某个产品或者服务，并使之与竞争对手的产品或者服务区别开来的商业名称及标志。品牌对客户的吸引力在于，品牌是一份合同，是一个保证，是一种承诺。无论购买地点在哪里、无论分销形式如何，品牌向客户提供了一种统一的标准，减少了客户可能冒的风险，能够更好地维护客户的利益。

当客户对产品或服务的安全和质量要求很高时（如给婴儿购买护理产品时），或者当客户难以事先评估产品（如计算机、音响等高科技产品）的性能时，品牌的作用尤为突出。因为品牌能够让客户信任、放心，尤其是久负盛名的品牌更能增强客户购买的信心。

有时候，当我们不是为个人购买，而是为团体或单位购买时，购买名牌产品或者服务就显得更为重要。因为，假如你购买的产品或者服务出问题了，如果购买的是知名品牌的产品或者服务，那没事，不会受批评；如果你购买的是杂牌，那就坏了，人们会对你有很多疑问。所以，在美国，人们常说"购买 IBM 产品的雇员永远不会被解雇"。

品牌对客户的吸引力还在于，品牌不仅有利于维护客户的利益，还有助于改善客户的形象。品牌将自己的身份传递到人们的身上，提高了使用它或消费它的人的身价，给人们带来心理上、精神上更高层次的满足。因此，激起了无数客户的购买热情，受到了客户的追捧。

（五）包装

产品给客户的第一印象，不是来自产品的内在质量，而是来自外观包装。

包装是指为产品设计并制作的容器或包扎物，是不属于产品本身，又与产品一起销售的物质因素。包装能够方便产品的保护、运输、储存、摆放上架，以及被消费者识别、携带和使用。

包装吸引客户的作用主要体现在"无声销售员"上。一方面，当产品被放到自选柜台或者自选超市中时，良好的包装能够吸引客户的视线，引起或加强客户的购买欲望。例如，良好的食品包装可以引起人们的食欲，并能够提示产品的口感和质量，令人垂涎欲滴。英国市场调查公司报道，去超市购物的妇女，由于受精美包装等因素的吸引而购买物品的数量常常超出原来计划购买的数量。另一方面，当各个品牌的差异很小或很难被消费者感知的时候，包装在功能方面或视觉方面的优势就会让产品"占上风"，并左右客户的购买决策。例如，美国杜邦公司研究发现，63%的消费者是根据产品的包装来选择产品的。

此外，颜色、造型、风格、陈设、标签等，实际上也是"包装"的范畴，它们可以塑造赏心悦目的形象，从而吸引客户。

例如，宝洁的各类洗发水有不同颜色的包装，潘婷杏黄色的包装，能给人以营养丰富的视觉效果；海飞丝海蓝色的包装，让人联想到蔚蓝色的大海，带来清新凉爽的视觉效果；飘柔草绿色的包装，能给人以青春美的感受。基于外观华贵和精致的考虑，雅芳在包装颜色上选择了一种光滑、饱满、带金属光泽的蓝色，并且所有的包装都以这种核心蓝为底色，能带给客户一种和谐、高档的视觉感受。

又如，在住房装潢设计室摆上计算机，给人以现代、高科技的感觉；面包房清新而芳香的空气能够提示所出售的面包较为新鲜；温暖、宜人的温度，柔和的灯光和音乐能够提示西餐厅温情、细腻的服务；强烈的音乐能够显示酒吧热情、豪爽的服务……这些"大包装"的成功，可以吸引众多的客户前来消费。

（六）服务

服务是指伴随着产品的销售，企业向客户提供的各种附加服务，如产品介绍、送货、安装、调试、维修、技术培训、产品保证等。企业向客户提供的各种服务越完备，产品的附加价值就越大，客户从中获得的实际利益就越大，企业也就越能够吸引客户。

海尔是世界知名白色家电制造商、中国最具价值品牌之一。海尔能取得如此成就，其推行的"全程管家365"服务立下了汗马功劳——在全年365天里，海尔"全程管家"服务人员24小时等待海尔客户的来电，无论一年中的哪一天，只要客户打了海尔当地的服务热线，"全程管家"服务人员会随时按客户下达的需求上门服务。"全程管家365"服务内容包括售前上门设计、售中咨询导购、售后安装调试、定期维护保养等，这些优质的服务使客户购买海尔产品的信心大大增强了。

一般来说，工业品客户在购买产品时有3种担忧。一是担忧产品经常出故障，产品质量越是不可靠，出故障的概率就越高，而工业品的故障给客户带来的损失要远远大于消费品客户；二是担忧由于产品故障带来的停工，显然，停工周期越长，客户的成本越高，尤其是产品较昂贵、牵涉人员较多时更是如此；三是担忧产品保养和维修服务会产生高额的费用，传统销售服务模式是滞后的售后服务、有问题再进行服务，但一家钻探设备厂就为客户提供了全套的无风险服务。客户购买该厂的钻探设备后，厂方提供装维修人员进行钻井全过程现场服务，提供备品备件和消耗材料，最后，由客户参照其他厂家的钻井进尺、质量标准、生产成本、维护费用进行考核，达不到要求退货赔款。这种系列化、全过程的服务就从各个方面消除了客户的后顾之忧，结果使许多客户打消了购买其他产品的念头，最终定购了该厂的国产钻探设备。

➡ 知 识 链 接

互联网在服务客户中的应用

互联网能够突破时空限制，让用户随时随地进行信息的发布与获取，是当今最先进的信息载体。互联网技术是建立在计算机技术基础上的信息技术，能够实现信息的存储、处理、传输，互联网技术的数字化、网络化、高速化能够让客户享受方便快捷的服务。

网络环境下，客户可通过互联网向企业定制产品、发送订单、提出服务请求和服务类型、查询常见的问题、检查订单状态，实现网上的自助服务。企业可以利用网络建立属于本企业的站点，将大量的产品信息和与之相关的信息放在网站的主页上，使客户可以随时上网了解这些信息。对于企业而言，通过网络获得潜在的客户也变得更为快捷、简单。当客户在浏览企业产品信息时产生兴趣、想进一步了解更多的信息时，可以要求浏览者注册，填写有关的资料，这些注册的人极有可能成为企业的潜在客户，而他们浏览过的信息也是极有价值的，企业中的销售人员可以有目的地向他们宣传和推销这些产品，使他们最终成为企业的客户。在利用网络发布产品信息的同时，企业还可以在网上开展问卷调查，了解当前客户对产品的意见以及发现客户的诸多个性化需求，从而使产品的设计和服务更接近客户的需求，提高客户的满意度。

例如，强生公司选择婴儿护理品为公司网站的形象产品，将企业网站变成了一部"个性化的、记录孩子出生与成长历程的电子手册"，增强了强生品牌的感召力。由于企业网站变成了一部从孩子出生到成长的电子相册，所以强生这个名字，必然成为最先占据新生幼儿脑海的第一品牌，该品牌可能将从其记事起，伴随其度过一生。强生公司网站界面设计清新淡雅，明亮简洁，设有"宝宝的书""宝宝与您及小儿科研究院""咨询与帮助中心""母亲交流圈""意见 360 度反馈"等创新栏目，让年轻的家长有想去体验的欲望。在网站上，强生时刻提醒着年轻的父母们关注宝宝的睡眠、饮食、哭闹、体温等，并且有相关的栏目帮助人们解答育儿疑问。随着孩子的成长，强生会时时递来"强生沐浴露""强生安全棉""强生尿片""强生 2 合 1 爽身粉"等孩子所需的公司产品。年轻父母们会突然发现，孩子的成长已经离不开强生。

（七）承诺与保证

客户的购买行为总隐含着一定的风险，在一定程度上会限制其购买欲望，而卖方提供的承诺与保证可以起到一种保险作用。如果企业对提供的产品或者服务做出承诺与保证，就可以减少客户购买时的心理压力，就会引起客户的好感和兴趣，从而促进客户放心地购买和消费。实际上，敢于推出承诺与保证就已经体现了企业的一种气魄、一种精神，有利于吸引客户。

例如，航空公司承诺航班准点，同时承诺当航班因非不可抗拒因素而延误、延期、取消、提前时，保证赔偿乘客的损失，这样便可使乘客在一定程度上增强对航空公司服务可靠性的信心。

此外，杭州大众出租汽车股份有限公司承诺：气温在 30℃ 以上时，一律打开空调，如果没有打开，乘客可以要求退回所有的车费，并且获得面值 30 元的乘车证一张，公司还将对违纪司机给予处罚。

二、有吸引力的价格策略

价格是指企业出售产品或者服务所追求的经济回报。价格对客户而言，不是利益的载体，而是代表一种牺牲。因此，价格既可能表达企业对客户的关心，也可能给客户以"利欲熏心"的感觉，企业要想开发客户，就应制定有吸引力的价格策略。

客户在购买产品或服务时一般都有一个预期价格，当市场价格高于预期价格时，客户就会放弃购买或减少购买这个产品或者服务。而当市场价格低于预期价格时，客户又可能产生怀疑，从而不购买——认为"便宜没好货"；特别是当客户不能客观地鉴别产品或者服务的质量，并且这种产品或者服务又涉及他们的形象和威望时，他们就会把价格当作一个质量标准，认定贵的才会是好的。可见，定价太高、太低都不行，企业应当根据产品或者服务的特点，以及市场状况和竞争状况，为自己的产品或服务确定出对客户有吸引力的价格。

一般来说，企业通过价格吸引客户的策略有如下 8 种。

（一）低价策略

低价策略即企业用较低的价格来吸引客户购买，如宾馆把客房的价格定得低一些，就可以吸引更多住客；或者将原定的价格打个折扣，如原来 1 箱啤酒卖 30 元，现在打 8 折按每箱 24 元卖，以鼓励客户购买。

例如，汇丰银行澳大利亚子银行作为外资银行在进入澳大利亚市场初期为争取市场份额，推出了比本地银行优惠的存款、贷款利率吸引客户，而近年来随着市场对汇丰银行的认可和该行市场份额的扩大，利率水平已与本地银行接近。

（二）高价策略

高价策略即企业利用有些客户以价格高低来判断产品或者服务的质量，认为高价位代表高质量，尤其是当这种产品会影响他们的形象、健康和威望时，从而把产品或者服务的价格定成高价来吸引客户的策略。

例如，1945 年美国雷诺公司最先制造出圆珠笔，并且将圆珠笔作为圣诞礼物投放到市场上。虽然当时每支的成本只需 50 美分，但是公司以每支 10 美元的价格卖给零售商，零售商再以每支 20 美元卖出。尽管价格如此之高，但圆珠笔仍然受到追时尚、赶潮流的客户的追捧。

总之，高价策略适合对有声望需求的产品或服务进行定价，如高档的汽车、别墅、西服、香水，以及高级酒店的服务费用等。

（三）心理定价

心理定价即企业依据客户对价格数字的敏感度和不同联想而采取的定价技巧，常见的有以下 3 种形式。

1. 吉利数字定价——吉利数字有 6、8、9 等，如饭店推出的宴席，"一路顺风" 666 元/桌，"恭喜发财" 888 元/桌。例如，某商业银行将推出一款理财产品，投资期限为 365 天，预期年化收益率为 5.8%，投资门槛为 11.88 万元。"365" 的意思是 "天天"，"5.8" 谐音 "我发"，"11.88" 谐音 "要要发发"，连起来就是 "天天我发，要要发发"。

2. 整数定价——企业给客户以产品或服务的质量没有零头的感觉，可吸引对质量敏感而对价格不敏感的客户。

3. 零头定价——即利用有些客户的求廉心理，在价格上不进位，保留零头，给人以便宜的感觉，或是让客户感觉到该价格是经过认真的成本核算才确定的，给人以作风严谨、没有水分的感觉，从而吸引客户的购买。

（四）差别定价

1. 客户差别定价

客户差别定价是指企业针对不同的客户制定不同的价格，以吸引特定类型的客户群。

例如，航空公司每年寒暑假向教师和学生提供优惠票价。

又如，宾馆为吸引回头客，向一部分忠实的老客户提供较优惠的价格。

再如，银行房贷对不同客户实行差异化定价，根据客户的首付比例、信用记录、购买类别（首次贷款购买普通自住房或改善型普通自住房）等对不同客户实行差别定价。

2. 消费时间差别定价

消费时间差别定价是指企业按照不同的时间，如不同的季节、不同的时期、不同的日期、不同的钟点来制订不同的价格，从而达到吸引客户、刺激消费的目的。

例如，在旅游淡季时，旅游景点将门票价格改低，或使用折扣价、优惠价等，可以吸引游客。

又如，电信公司在节假日和晚上 9 点后都推出各种优惠的价格，进行让利销售，可以吸引客户对长途电话的使用。

3. 消费量差别定价

消费量差别定价是指企业按照消费量的不同来制定不同的价格，从而达到刺激批量消费的目的。

例如，足球赛的套票平均每场的价格低于单场票，城市公园和博物馆推出的通用年票平均每场的价格也远低于单场票，从而吸引了频繁光顾的客户购买。

（五）招徕定价

招徕定价是指企业利用部分客户求廉的心理，将某种产品的价格定得较低以吸引客户，而客户在采购了廉价产品后，还往往会选购其他正常价格的产品，从而促进企业的销售。

例如，超市为了增加客流量，吸引更多的客户光顾，而把一些广大客户熟悉的产品的价格定得很低。超市并没有打算从这些产品上赚钱，而是寄希望客户被这些产品吸引来，并且购买其他可为超市带来较多利润的产品。

又如，汽车修理厂对一般性修理服务的收费较低，为的是可以吸引客户光顾，从而推销高价的特殊性修理服务。

再如，饭店通过价格相对较低的食品吸引客户前来用餐，而在酒水上获利。当然，也有饭店会将酒水的价格压低来吸引爱喝酒的客户，而将食品的价格提高，从中获利。

在宾馆业，客房的利润是最高的，客房消费的增加，使成本增加很少；而相对来说，餐饮费用很高，利润低。如果干脆牺牲餐饮的利润，以餐饮作为促销工具，通过为餐饮制定低价或打折来吸引住客，那么宾馆可以通过提高住房率来增加利润。

（六）组合定价

组合定价即企业先为一个产品制定低价，以此吸引客户的购买，然后让客户以相对高价或者正常价购买同系列的其他"互补"产品来获利。

例如，照相机必须与胶卷配套使用，而机械剃须刀要有刀片才能使用。在这种情况下，可以使互补性产品的主体产品（照相机、剃须刀具）以极低的价格进行销售，甚至可以不赚钱，以吸引客户的购买，然后寄希望从其互补的产品（胶卷、刀片）的销售中获利。

又如，美容院对初次光顾的客户提供很低的体验价格，而以后的护理费用则较高。

又如，餐厅为了吸引客户而提供价廉物美的"特价菜"，但大多数客户最后还是会点其他比较高价的菜。

再如，电信公司让客户每月支付一笔固定的使用费（月租费），然后再根据客户对其他服务的日常使用量收费。一般来说，固定的使用费较低，可以吸引人们积极购买服务（安装电话），而利润可以从日常的使用费中获取。

组合定价与招徕定价有许多相通之处，但与招徕定价不同的是，组合定价用在同一个系列的产品上。

（七）关联定价

关联定价是指企业为其关联企业的客户的消费提供优惠价，当然，这种优惠是相互的，互惠互利的，其目的是通过互相关照对方的客户来实现客户的开发。

例如，上海新世界商厦与邻近的金门大酒店签订了联合促销协议，凡在金门大酒店住宿、用餐的客户可享受新世界商厦的购物优惠；在新世界商厦购物满800元，可在金门大酒店享受8折以下的住宿、用餐折扣。这种商厦与酒店的互惠互利，吸引和促进了客户在商厦进行更多的相关消费。

又如，书店和快餐店联手，规定客户在书店一次性购买50元的图书就可获得10元的餐饮券，而在快餐店一次消费满50元，在书店购买所有图书就可以享受九五折的优惠。书店和快餐店相互借力、聚敛人气，乃"双赢"之举。

（八）结果定价

对客户来说，产品或者服务的价值取决于使用或消费的效果，因此，企业可以根据产品或者服务的使用效果或者消费效果进行定价，即保证客户在得到某种效用后再付款，这有利于吸引客户放心地购买或消费。

例如，职业介绍所推出"等到当事人获得了适当的工作职位后才收取费用"，这样就可以让求职者放心、大胆地接受职业介绍所的服务。

又如，广告公司推出收费标准：广告后，产品销售额增长不低于10%，全价收费；广告后，产品销售额增长低于10%且不低于5%，半价收费；广告后，产品销售额增长低于5%，不收费……

结果定价方法可以降低客户的风险，对客户有吸引力，尤其是当高质量的产品或者服务无法在削价竞争的环境中获取应有的竞争力，以及企业提供的产品或服务的效果是明确的、有把握的时候，特别适合使用。

三、有吸引力的分销策略

（一）销售选址要方便客户

古语"一步差三市"，说的就是开店地址差一步就有可能差三成的利润，还有人说，正确的选址在一定意义上是成功的一半。提供产品或服务的渠道是否能方便客户，决定了客户获得的价值和付出的成本，是客户决定选择哪一家企业的产品或服务的重要参考指标。一旦购买或消费的地点或便利性不够理想，过于费力、费时，客户就会放弃购买或消费，或者转向企业的竞争者。因此，商店、电影院、餐厅等，如果能够位于人口密集、人流量大、人均收入高、交通便利的地段，就能够吸引和方便客户消费，其营业收入和利润就会比较高。

例如，传统的邮局大都设在闹市区，基本不考虑规划停车场。伴随人口向郊区转移以及郊区大型购物中心的兴起，邮局开始重新考虑增强其服务的可获得性——提供更多的停车场所、离公交站很近、设在购物中心……以方便客户。

又如，航空公司在航空市场欠发达的地区建立代销网络，如通过当地旅游部门、民航等代理机票销售，可以方便有需求的乘客，还可在一定程度上使航空公司摆脱因资金和人力有限而对销售网络的发展产生的制约，同时降低机票的销售成本。在航空市场相对发达的地区，航空公司可以建立直销网络，如在这些地区的主要城市的机场、繁华地段、高级宾馆、银行等开办机票直销处，吸引和方便乘客购买机票，同时增强自主营销的能力，减少销售代理费，降低机票的销售成本，从而增加收益。

企业为客户提供产品或服务的地理位置不仅影响客户接受产品或者服务，还体现了企业的市场定位和企业形象，因而设店选址对企业来说尤为重要。此外，企业为了更好地为客户服务，对所在地及其周边的客户，可采取巡回服务的方式，而对距离较远的外地客户，可以采用设立分公司的形式——一则就近做好客户的服务，二则继续开拓该地及其周边的新客户。

（二）要通过技术手段增强可获得性和便利性

随着信息技术和自动化技术的不断普及，自动加油泵、自动洗车机器、自动取款机、自动售货机等的运用越来越广泛，可以大大增强消费的可获得性和便利性。

例如，银行面对新的市场情况和技术情况，采用了网上银行、电话银行等形式吸引和方便人们对银行服务进行消费。如今，除了现金存取业务以外，诸如转账、余额和明细查询、缴费、基金的申购赎回、个人外汇买卖、个人黄金投资等业务都可以通过网上银行或手机银行来办理，极大地方便了客户。

知 识 链 接

人工智能在客户开发中的应用

随着计算机技术和自动化技术的发展，越来越多的企业应用人工智能技术来降低运营成本并满足客户对服务的需求。如自动取款机、自助售货机，以及航空公司的自助订票系统、电信企业的自助充值系统、金融系统的网上银行等都属于人工智能。

例如，新零售是在现代移动互联技术和新兴消费者群体的出现与带动下，产生并发展起来的以大数据、云计算、物联网、系统仿真、虚拟现实等人工智能技术为支撑，以线上线下物流结合为特点，以消费者为中心的新型零售业态。新零售商业模式下，企业利用人工智能技术更好地分析消费者的需求、锁定并抓住目标消费者，精准推送消费者需要的购物信息、分析目标消费者内在的需求。通过客户关系管理系统将消费者的信息收集起来加以分析利用，利用现代化的通信方式向消费者传递购物信息、优惠活动等。人工智能的大数据计算可以保留消费者的信息，更好地对消费者的购物需求及购物能力做出预测，实现消费者管理的智能化。

又如，中国电信提出了包含"大客户营销渠道、社区经理制渠道、农村统包责任制渠道、10000号客服中心渠道"四大主渠道的渠道模式。其中的"大客户营销渠道、社区经理制渠道、10000号客服中心渠道"是中国电信服务的直接渠道，而"农村统包责任制渠道"则是中国电信以代理、承包的模式来开设的间接渠道。

知 识 链 接

网络直播

网络直播是基于流媒体技术，通过互联网平台传播，整合视频、音频、弹幕、图片、表情包和打赏等传播和反馈形式，在 PC 端或手机端呈现，基于用户兴趣和直播内容的实时网络视音频传播和互动的传播媒介。在网络直播中，网络主播实时向用户传播信息、与用户互动沟通，用户实时对信息做出反馈。网络直播具有以下几个传播特征：准入门槛低，全民可参与直播；去"把关人"，直播内容多样；传播渠道成本高昂，传播具有实时性；用户主动聚合。

四、有吸引力的促销策略

（一）广告

广告就是"广而告之"，是大众传播的一种形式，它可以大范围地进行信息传播和造势，起到提高产品或服务的知名度、吸引客户和激发客户的购买欲望的作用。

此外，广告运用象征、主题设计、造型等方式，也适合于品牌形象的推广及创造品牌的特色和价值，从而吸引客户进行购买。例如，美国著名的旅行者保险公司在促销时，用一个伞形符号作为象征，促销口号是"你们在旅行者的安全伞下"。又如，香港国泰航空公司的广告以一棵大树自比，恰当地树立了自己的形象，显示了自己的安全性。再如，蒙牛的标志以绿色为底，用白色作图，给人一种清新明快的感觉——绿色，容易让人联想到大草原；白色，容易让人联想到新鲜的牛奶。这样就会吸引人们产生想要去尝试蒙牛的产品的冲动。

广告如果能突出给客户带来利益，也能够吸引客户的购买。路长全讲过这样一个故事：沃尔沃卡车刚进入中国市场的时候，连续几年都卖得很不好。后来本土的营销专家提示他们，沃尔沃卡车的价格过于昂贵。这下，他们如梦初醒，立即将广告语改为"沃尔沃卡车提供了一流的挣钱方案"，还将沃尔沃卡车和其他品牌的卡车进行对比，并且帮客户算账——买一辆低价格的卡车，初期投入是多少，一年的维护费用、使用费用是多少，每天能拉多少货，能跑多少里程，能挣多少钱，几年之后这辆车一共能带来多少收益，投入产出比是多少；同样，如果花多一些钱买了沃尔沃卡车，尽管初期投入大一些，但载货量大，维护费用少，几年下来一共能有多少收益，投入产出比是多少。通过这样的对比，客户该如何选择就显而易见了。这个案例同样告诉我们，要善于挖掘产品的功能、效用，并且通过恰当的措施引起目标客户或者潜在客户的注意，这样就能够顺利地吸引客户。

案例链接：省钱看得见

美国西南航空公司是美国赢利最多、定价最低的航空公司，它往往以低于竞争对手的价格扩大市场。因此，其竞争对手通过刻画"登上西南航空公司飞机的乘客须掩住面颊"的形象，来嘲笑西南航空公司的定价有损乘客的形象。作为回应，西南航空公司的总裁亲自上广告，他手举一只大口袋，大声地说："如果您认为乘坐西南航空公司的飞机让您尴尬，我给您这个口袋蒙住头；如果您并不觉得尴尬，就用这个口袋装您省下的钱。"画面上随之出现大量的钞票落入口袋，直至装满……由于这则广告让客户明明白白地看到了西南航空公司提供的利益和服务优势——省钱！因此，广告播出后，吸引了许多对价格敏感的乘客。

此外，当前新媒体可以针对产品进行文字描述并配备相应的图片以及视频，更好地实施网络推广、广告植入等，从而扩大产品宣传的范围，促进产品宣传的有效性和时效性。基于新媒体平台的用户较为广泛，借助一些门户网站及搜索引擎能够进行广告的定制，同时根据消费者的消费习惯等定制所需的关键词，还可以提高产品被检索的针对性，从而有效地促进产品的销售。

知 识 链 接

微信营销的优势

第一，微信客户群非常庞大。微信诞生两年后我国的微信客户群就已经突破六亿人，而且目前客户量也在逐步的上升，微信添加好友的功能不受地域和时间限制，而且添加的方式和渠道也得到了有效扩充，手机通讯录、qq好友以及摇一摇、查找附近的人、二维码扫描等功能都能添加好友。

第二，受众精准。传统媒介是以"一对多"的形式广而告之，信息的传播与扩散是单方面的，客户很难迅速接收到有效信息。相对于微博这类开放式网络社交平台来说，微信账号只有客户自己搜索并关注了才会收到信息。他们对群发信息通常没有抵触情绪，而且往往客户关注的都是自己感兴趣的信息，所以微信的信息展示具备了亲和力。利用微信可以对某一客户进行一对一、有针对性的消息推送。摇一摇、漂流瓶、附近的人、二维码、朋友圈等微信功能都能成为新的服务方式，使服务的展开变得更加容易。

第三，客户体验性强。微信支持的传播材料形式不局限于文字，还有视频、图片、名片、位置、表情、视频聊天和实时对讲等，另外，微信还有朋友圈、公众号、建群等功能模块能够吸引客户参与其中，极大地增强了客户体验。微信公众平台的主要功能是：互动沟通、客户管理和定制客服。

第四，营销成本低。微信从推出之日起就强调它的免费，微信上的大部分功能是免费的，如发送即时消息、申请个人或企业微信公众号、发布微信朋友圈等；另外一些附加功能也是收费很低的，相对于电视广告每秒几十元到几百万元的费用，微信营销的运营成本极低。

第五，没有时间和空间的限制。在互联网平台下，利用网络的便利性，微信服务不仅仅局限于每周五天每天八小时，而是在一天 24 小时内都能够进行营销。互联网平台的存在极大地缩短了企业与客户之间的距离，使企业和客户之间在沟通上没有了时间和空间的限制。通过互联网微信平台，客户能够快速搜索到企业的产品信息，而企业也能够根据微信客户的使用习惯来针对性地提供服务。

（二）公共关系活动

公共关系活动是企业采用各种交际技巧、公关宣传、公关赞助等来加强与社会公众的沟通的一种活动，其目的是树立或维护企业的良好形象，建立或改善企业与社会公众的关系，并且控制和纠正对企业不利的舆论，引导各种舆论朝着有利于企业的方向发展。

与广告相比，公共关系活动更客观、更可信，对客户的影响更深远，其类型有：服务性公关、公益性公关、宣传性公关等。

1. 服务性公关

服务性公关是指企业向社会公众提供各类附加服务和优质服务，其目的是提高企业的知名度和美誉度。

例如，在美国知名的百货公司梅西百货公司的店堂里，有一个小小的咨询服务亭。如果你在梅西百货公司没有买到自己想要的产品，那么你可以去那个服务亭询问，它会指引你去另一家有这种产品的商店，即把你介绍到它的竞争对手那里。这种一反常态的做法取得了意想不到的效果——既获得了广大客户的好感，招徕了更多的客户，又向竞争对手表示了友好和亲善，从而改善了竞争环境。

在宝岛眼镜店，客户总是可以免费获得超声波清洗眼镜服务，并且得到很多关于清洗和使用眼镜的小知识，这大大增加了宝岛眼镜店在客户心目中的好感，很多客户也因此成为宝岛眼镜店的忠实客户。本着"把视力健康带给每一双眼睛"的目的，宝岛眼镜店走进高校，宣传眼科知识，普及用眼常识，并进行免费视力大普查，从而吸引了众多大学生客户。

2. 公益性公关

公益性公关是指企业举办各种公益性、赞助性活动，以改善企业与社会公众的关系，其目的也是提高企业的知名度和美誉度。

例如，宝洁公司援建的希望小学总数已近 150 所，创下了在华跨国公司援建希望小学最多的纪录。在长期支持希望工程的实践过程中，宝洁公司本着务实、创新的精神开创性地提出了"从我做起，携手商业伙伴，感召客户，帮助中国需要帮助的儿童生活、学习、成长"的公益模式，获得了社会的广泛认可。

有一年的中秋前夕，中国邮政速递公司得知驻黎巴嫩的中国维和部队吃不到中秋月饼，于是立即通过国际速递网络，给维和部队送去了月饼，从而树立了良好的企业形象，赢得了公众的赞誉。

3. 宣传性公关

宣传性公关是指企业利用各种宣传途径、宣传方式向大众宣传自己，其目的也是提高企业的知名度和美誉度。

例如，1984年，美国总统里根访华临别前要举行盛大答谢宴会，按惯例，这样规格的国宴是在人民大会堂国宴厅举行。长城饭店得知后，主动出击，成功地承办了这一盛大的国宴。随同里根访华的500多名外国记者到长城饭店现场采访，宴会还在进行中，一条条消息就源源不断地传送到世界各地："今日×时×分，美国总统里根在北京长城饭店举行答谢宴会……"而电视的实况传播，更使许多观众将长城饭店的里里外外看个清清楚楚，从此长城饭店名扬天下。

知 识 链 接

社群营销

随着移动互联网的发展，网络社交购物市场越来越受到各方平台和资本的青睐，是未来发展的一片蓝海。社交网络具有的三大特性：一是传播速度快，以微博、微信为代表；二是情感共鸣强，一则消息一旦抓住用户的痛点，引发其共鸣后便会产生如病毒般蔓延的传播，一个话题性事件引爆网络后很可能引起全民讨论，瞬间点燃整个网络；三是黏性强，以微信、微博、直播等主导的社交网络平台将目标客户群聚集在一起，通过互动运营、情感营销增加客户对企业的好感，而这种好感不仅影响社群成员本身，还会通过社交网络发散性影响社群成员周围的人。

社群营销是基于社群而形成的一种新的营销模式，通过互联网超强的传播效应，利用群体失智、情绪化的特点，借助社群成员对社群的归属感和认可度而建立良好的互动体验，增加群员之间的黏合度和归属感，从而让群员自觉传播品牌，甚至是直接销售产品，达到营销目的。

例如，小米让米粉通过微博、微信、论坛等多个小米社群来参与讨论，让粉丝参与产品开发和传播，不断激发和满足粉丝的需求，不断升级产品，保持粉丝参与热度并实时响应粉丝反馈，打造极致的服务体验，将米粉的需求落实到位。同时，也让用户觉得自己是主人，给他们家的感觉，有更强的归属感，这让小米在短短几年内获得巨大的成功。故宫淘宝在线下开设景点周边纪念店，在线上开设淘宝店，利用微信微博等新媒体手段进行宣传，传播率高，互动性强，粉丝增长快，且宣传成本低。年糕妈妈是基于微信公众号社群营销的典型母婴类内容+精选特卖的平台，目前公众号总粉丝量已超1000万，年糕妈妈已成优质母婴商品集合地。

（三）销售促进

销售促进是企业利用短期诱因，刺激客户购买的促销活动，其主要手段有如下4种。

1. 免费试用

为打消客户对产品质量的顾虑或对产品所能带来收益的怀疑，企业可以采取免费试用的方式，促使客户下定决心购买。免费试用是使潜在客户或者目标客户迅速认同企业，并且购买企业的产品或者服务的有效方式。在买方市场下，"上帝"变得精明、挑剔，免费试用是"欲擒故纵，先予后取"。

例如，许多报社、杂志社采取在一定时间内请客户免费试阅的方式，吸引了一些读者，而读者一旦满意便会订阅。

又如，达能为吸引长期客户，向上海市民赠送了10万瓶达能酸奶，许多市民在品尝后感觉不错，便长期购买该公司的酸奶。

2. 免费服务

例如，电器商店为购买者提供免费送货上门、免费安装、免费调试服务；皮革行除免费为客户保修外，还免费为客户在夏季收藏皮夹克……从而吸引了对服务要求甚高的客户前来购买。

3. 赠送奖金或礼品

这种销售促进手段是指向客户赠送与其购买产品相关联的奖金或礼品。

例如，客户购买一辆汽车可获赠一辆自行车，酒厂承诺客户凭若干酒瓶盖就可换得若干奖金或者一瓶酒。

又如，口香糖刚问世时销路不畅，后来口香糖公司规定客户提供一定数量的口香糖纸就可以换得一个小礼品，从而打开了市场。

4. 赠送优惠券

优惠券是指企业印发的让持有人在购买产品时获得一定优惠的凭证。由于能够得到优惠，所以赠送优惠券对价格敏感的客户有很强的吸引力。优惠券可在报纸或杂志上刊印，还可以在产品或邮寄广告中附送。

在美国，人们在周五下班后走进商店采购准备度过周末，而在前一天，许多商店在报纸上刊登了减价广告和优惠券，客户如被优惠券所说的产品吸引，就会将赠券剪下来，然后持券购买对应的产品便可获得相应的优惠。

知 识 链 接

私域流量

公域流量是指一个公共区域的流量，是大家共享的流量，不属于企业和个人。

私域流量是相对于公域流量来说的概念，一般是指品牌、商家或个人构建的私人流量池。是指不用付费，可以在任意时间，任意频次，直接触达用户的渠道，是一个社交电商领域的概念。

公域流量平台代表主要有小红书、淘宝、百度、抖音等，私域流量代表主要有微博、微信群、微信公众号、小程序、App、个人微信号等。商家在淘宝、京东等诸多大平台通过搜索、推荐等方式获取的流量是公域流量，而通过收藏店铺、小程序、粉丝群等方式获得的便是私域流量。

相对于日益昂贵又稀缺的公域流量，私域流量具有低成本、高黏性、自由触达等优点。私域流量运营核心是建立社群平台，微信平台的用户体量大，而且用户活跃度较高，因此也深受企业青睐。当下，微信生态距阵有微信公众号、小程序、微信社群以及最近新推出的视频号。例如，拼多多依靠微信社交裂变，吸引了一大批用户，从而逆袭成为互联网电商巨头。

案例链接：京东商城客户关系的建立

京东商城是一个以科技驱动的自营电商平台，是供应商与消费者之间的纽带，所以京东的客户除了消费者外，还有供应商。

1. 消费者的选择与开发

京东的目标消费者为经常网络购物的网民，一般为 3C 产品的主流消费群体，主要是 18～35 岁的白领阶层、公务人员、事业单位员工、在校大学生和其他有稳定收入的网购爱好者但又没有时间上街购物的消费人群。

京东为目标消费者提供了品类丰富的商品，且拥有高效、高度标准化的后台支撑系统，能够严格掌控从生产需求、产品选购到购买决策，再到支付、配送和售后服务的各个环节，带给专业的一体化购物体验。此外，商品在采购价之上加上 5% 的毛利即为京东价，这个价格要比 3C 实体渠道国美、苏宁的价格低 10%～20%，比厂商指导价低 10%～30%。

除了开设线上商城外，京东还在线下（一、二线城市的核心商圈）建设了多家 3C 零售体验店"京东之家"和"京东专卖店"。京东之家中不仅有各个品牌的热卖爆品，更有一些在线上难以抢购的首发爆品、专供线上销售的商品，可以让客户一次体验过瘾。这里的所有商品均来自有品质保障的京东自营店，并与京东线上商城实时同价。客户不管看中哪个商品，都可以当场下单提货，也可以选择京东配送到家，省时又省力。

2. 供应商的选择与开发

京东签约的供应商涉及 IT 数码、消费电子、日用百货、图书音像等多个领域，并包含自营与开放平台的联营品牌。在最具优势的 3C 领域，京东与宏基、戴尔等主流计算机厂商分别签署了独家首发、旗舰店计划，并与包括索尼、TCL、三星等在内的家电、通信厂商达成了采购协议。

和很多家电企业一样，在格力"触网"之前，董明珠对鱼龙混杂的互联网心存顾虑，担心以次充好、以假充真的网络销售会使格力的产品品质受到伤害，从而损害格力的品牌形象。"我们跟京东合作以后，感受最深的，就是京东不是和我们谈条件，而是谈产品、服务和技术，这一点打动了我。"董明珠说，她很赞成刘强东"宁可自己吃亏，也要实现自己对消费者的承诺"的观点。

京东还具有持续优化供应链的能力，能够聚拢更多品牌商、供应商形成规模化效应，让产业链的各方获取更大价值，实现多方共赢。当时的蒙牛总裁孙伊萍深有体会，她说，在与京东合作后，蒙牛的销量激增。如果说京东的品质"背书"为蒙牛赢得了品牌美誉度和销量，那么京东创新的营销技术则为蒙牛的品牌带来了更多的价值，增强了消费者的黏性。此前，蒙牛根据京东的大数据，推出了一款独特产品，一个甜牛奶，特别好看，马卡龙色，在京东上一下就卖出了几万件。孙伊萍说，我们期待未来与京东一起创新，一起拓展品牌价值，而不想做网上的低价卖场。

→ 任务讨论

为什么提倡营销导向的客户开发策略？举例说明企业营销导向的客户开发策略。

任务二 推销导向的开发策略

所谓推销导向的开发策略，就是企业在自己的产品、价格、分销渠道和促销手段没有明显特色或者缺乏吸引力的情况下，通过人员推销的形式，引导或者劝说客户购买，从而将目标客户开发为现实客户的过程。

实施推销导向的开发策略，首先要能够寻找到目标客户，其次要想办法接近目标客户，最后要想办法说服目标客户采取购买行动。

一、如何寻找客户

寻找客户是推销的起点，企业不能大海捞针般地盲目寻找客户，而应掌握并正确运用方法。常用的寻找客户的方法有如下 12 种。

（一）逐户访问法

逐户访问法又被称为"地毯式寻找法"，是推销人员在所选择的目标客户的活动区域内，对目标客户进行挨家挨户的访问，然后进行说服的方法。

1. 优点

（1）能在锁定的目标客户中不放过任何一个有可能成交的客户。

（2）可借机进行市场调查，了解目标客户的需求倾向。

（3）是让推销人员与各种类型的客户打交道并积累经验的好机会。

2. 缺点

（1）家庭或单位出于安全方面的考虑多会拒绝接受访问。

（2）需耗费大量的人力。

（3）推销人员为人处世的素质和能力是能否成功的关键。

（4）若赠送样品则成本更高。

一般来说，推销人员采用此法开发出的目标客户的数量与走访的人数成正比，要想获得更多的目标客户，就得访问更多的人。

（二）会议寻找法

会议寻找法是指到目标客户出席的各种会议中，如订货会、采购会、交易会、展览会和博览会，捕捉机会与目标客户建立联系，从中寻找开发目标客户的机会。

如出版社利用全国书市聚集全国各地的大小书店、图书馆等的机会，与这些书店、图书馆的负责人接触、交谈，争取把他们培养成自己的目标客户。

（三）俱乐部寻找法

物以类聚、人以群分，几乎每个人都有自己的圈子和特定的活动场所，因此，推销人员如果能够进入目标客户的社交圈，开发其的工作就容易进行了，胜算也大一些。

例如，打高尔夫球的一般是高收入的人士，有个叫小张的保险推销员为了能够接触到这类人士，参加了一家高尔夫球俱乐部，这使得他有机会经常与这些高收入人士交流球技，从而与他们做朋友……结果，他签到了许多大的保险单。

（四）在亲朋故旧中寻找法

在亲朋故旧中寻找是指将自己接触过的亲戚、朋友列出清单，然后一一拜访，争取在这些亲朋故旧中寻找到目标客户。每个人都有一个关系网，通常由同学、同乡、同事等组成，推销人员可以依靠关系网开发目标客户。

1. 优点

（1）容易接近目标客户，不需要过多地寒暄和客套即可切入主题。

（2）较成功，比拜访陌生客户的成功率要高出许多倍。

2. 缺点

因为开发目标是亲朋故旧，所以推销人员可能会因害怕遭拒绝、丢面子而患得患失，不敢开口。

3. 注意事项

（1）对亲朋故旧负责，绝不欺骗、隐瞒，否则将众叛亲离。

（2）绝不强迫营销。

（3）提供最优质的服务。

案例链接："250 人法则"

乔·吉拉德是美国著名的汽车推销大王。他曾自豪地说："'250 人法则'的发现，使我成为世界上最伟大的推销员！"原来，有一次乔·吉拉德从朋友母亲葬礼的主持人那里偶然了解到，每次葬礼来祭奠死者的人数平均为 250 人。后来，乔·吉拉德参加一位朋友在教堂里举行的婚礼，又偶然从教堂主人那里得知，每次婚礼新娘方参加婚礼的人数大概为 250 人，新郎方大概也有 250 人参加婚礼。由此，他总结出"250人法则"，即认为一个人一生的亲戚、朋友、同学等经常往来的人数平均大约是 250人。他联想到他的客户后说，能把产品卖给一位客户，就意味着可能再卖给 250 位客户，但关键是要让那位客户将他的亲朋好友介绍给自己。

（五）资料查询法

资料查询法是指通过查询目标客户的资料来寻找目标客户的方法。

1. 优点

（1）能较快地了解市场需求量和目标客户的情况。

（2）成本较低。

2. 缺点

时效性较差。

3. 可供查询的资料来源

（1）电话号码簿——记录了公司或机构的名称、地址和电话号码。

（2）团体会员名册——如刊物订阅者的名册、协会会员名册、股份有限公司的股东名册、行业的公司名册、工商企业名录等。

（3）证照核发机构——如企业经营许可证、烟酒专卖证、驾驶执照等。

（4）税收名册——如纳税记录、纳税排行榜等。

（5）报纸、杂志登载的信息——如新公司成立、新商店开业、新工程修建等，往往需要多种产品，他们都可能成为企业的目标客户。

（六）咨询寻找法

咨询寻找法是指利用信息服务机构提供的有偿咨询服务来寻找目标客户的方法。

1. 优点

方便快捷，节省时间。

2. 缺点

咨询机构的可靠性很难判断，此外成本比较高，因为咨询机构提供的都是有偿服务。

（七）"猎犬"法

"猎犬"法又称"委托助手法"，指委托与目标客户有联系的人士协助寻找目标客户的方法。

1. 优点

（1）可节省推销人员的时间，使他们把精力用在重点推销的对象上。

（2）委托的助手所从事的多是直接使用推销品的行业或与之对口、相关的行业，这样有利于捕捉有效信息，扩大信息情报网，甚至可利用职业的关系，并且以第三方的公正形象出现，说服能力可能更强。

（3）在地域辽阔、市场分散、交通通信不发达、供求信息比较闭塞的地方，利用助手既可及时获得有效的推销情报，有利于开拓新的推销区域，又可以降低推销成本，提高推销的经济效益。

2. 缺点

助手的人选不易确定，因此确定适当的助手是该方法成功的关键。

（八）介绍法

介绍法是指通过他人的介绍来寻找有可能购买的目标客户的方法。

人与人之间有着普遍的交往与联系，每个人的消费需求和购买动机常常互相影响，促使同一个社交圈内的人可能具有某种共同的消费需求和购买动机。也就是说，企业只要取得现有客户的信任，就可以通过现有客户的自愿介绍，寻找到可能成为目标客户的其他人，而且说服的可能性较高。

此外，商业伙伴也可以帮助介绍和推荐。企业是无法单独生存的，它至少必须有进货的上家和销售的下家。由于大家都处在同一利益链中，很容易因"唇亡齿寒"的"同伴意识"而"互相照顾""互相捧场"。企业如果能利用这种心态和利害关系，请上家和下家帮助介绍和推荐客户，将会有个小的收获。

另外，有的企业客户很多，甚至没有时间招呼客户，如果企业与这类企业搞好关系，就可能得到他们的帮助——获取自己来不及照顾、顾不上招呼的客户。当然，这里的关键点在于处理好与这类企业的关系，这样它们才可能做介绍。

1. 优点

（1）信息比较准确、有用。介绍人知道什么时候、他的哪位朋友需要这样的产品，这样就可减少开发过程中的盲目性。

（2）能够增强说服力。由于是经熟人介绍，企业容易取得客户的信任，开发的成功率较高——一般适用于寻找具有相同消费特点的客户，或销售群体性较强的产品。

2. 缺点

由于客户没有介绍新客户的义务，所以客源往往不稳定。

3. 注意事项

（1）不管业务达成与否都请他帮忙介绍。要学习"即使摔倒了，也要抓把沙"的精神，坚持不懈。

（2）让客户相信你——客户只有相信了你的为人、你的产品，才有可能为你介绍，所以一定要取得客户的信任。

（3）给帮你介绍的客户一定的好处。

例如，只要任何人给乔·吉拉德介绍客户，成交后，乔·吉拉德会付给每个介绍人 25 美元，25 美元在当时虽不是庞大的金额，但也足够吸引一些人。乔·吉拉德说："一定要守信、一定要迅速付钱"。在碰到有些介绍人坚决不收下这笔钱时，吉拉德会送他们一份礼物或在好的饭店请他们吃一餐大餐。

（九）"中心开花"法

"中心开花"法是指在某一特定的目标客户群中选择有影响力的人物或组织，并使其成为自己的客户，借助其将该目标客户群中的其他对象转化为现实客户的方法。

一般来说，可作为"中心"的人物或组织，有政商要人、文体艺人、知名学者、名牌大学、星级酒店、知名企业等，他（它）们往往在公众中具有很强的影响力和很高的社会地位，拥有很多的崇拜者，其购买与消费行为能起示范作用和先导作用，从而引发甚至左右崇拜者的购买与消费行为。

1. 优点

利用名人的影响力可提高企业及其产品的影响力，容易让客户接受。

例如，Tanden 公司是"不停歇"计算机的先驱，它把第一代产品系统卖给了纽约的花旗银行。很快，《商业周刊》就发表了关于花旗银行青睐 Tanden 公司的文章，对外界来讲，这一消息再明确不过了——花旗银行能信任 Tanden 公司，就说明它一定是个成功者。于是，很多企业和机构也纷纷成为 Tanden 公司的客户。

2. 缺点

（1）选择恰当的"中心"是非常重要的，否则可能"成也萧何，败也萧何"。

（2）这个中心人物或组织是否愿意合作，以及其后期的表现会影响其介绍的客户的忠诚。

（十）电话寻找法

电话寻找法是指通过打电话给客户来寻找目标客户的方法。

1. 优点

成本较低，节约人力。

2. 缺点

无法从客户的表情、举止判断他的反应，无"见面三分情"的基础，很容易遭到拒绝。

3. 注意事项

（1）电话寻找是一项重复性高、易疲劳的工作，需要为电话推销人员提供一个良好的交流环境，保证电话推销人员在与客户交流时有放松的心情，如配备半封闭式的工作台、提供私密的空间等。

（2）打电话前必须提前做好功课，明确目标客户的名称，要说的内容，目标客户可能提出的问题，以及如何应对目标客户的拒绝等。

（3）打电话时口齿要清晰，语气要热情，另外要注意通话的时机（一般应该是在正常的工作时间通话），也要注意通话时间的长短和谈话技巧，最好能用简短的话语引发对方的兴趣，激发其进一步了解产品的欲望，否则极易遭到拒绝。

（4）如果第一个接听电话的是秘书，你必须简短地介绍自己，接下来用礼貌、坚定的语气，说出要找的客户的名称，要让秘书感觉你很重要，你和客户谈论的事也很重要，但是不要说得太多。

（5）如果感觉这次电话开发的成功性不大，就要退而求其次，争取获得一个见面的机会。对方如果答应，就要立即确定时间和地点，收线之前，要再重复与对方见面的时间和地点。

（十一）网络寻找法

网络寻找法，即借助互联网宣传、介绍自己的产品从而寻找目标客户的方法，包括采用微博、微信寻找。

1. 优点

方便、快捷，获得的信息量大，成本低。

2. 缺点

受到网络普及程度、上网条件以及网络诚信的影响。

随着上网人数的日渐增多，企业很容易在网络上找到目标客户，因此网络寻找法前景广阔。方式是：首先，根据自己的经营范围登录专业网站，浏览国内外的需求信息，并与这些有需求的客户联系；在网上发布供应信息，吸引客户，进而积累客户资源；其次，登录专门的商务网站寻找客户并与客户即时沟通，从而挖掘和开发客户；再次，还可以进入聊天室，广交海内外的朋友，从中寻找客户，或者请结交的朋友帮忙介绍客户；最后，企业可以自建网页、微博、微信公众号吸引和方便潜在的客户主动与自己联系。

（十二）挖对手的客户

挖对手的客户是指企业运用各种正当竞争手段，如通过提供创新的产品、免费的培训和优惠的价格等方式，从竞争对手手中获取目标客户的方法。当对手的产品、服务明显不能满足目标客户的需求时，此法最适合采用。

例如，有家企业想把自己的高档写字楼租出去，而当时写字楼出租市场处于严重的供过于求状态。经过分析，该公司认为客户只能来自在其他写字楼办公的公司，于是派销售人员收集客户情报，与这些客户保持密切联系，并赠送一些内部刊物，把工作做在前面，以使自己处于"替补"地位。果然，有些租期满而又对现租的写字楼不满意的客户纷纷选择了这家"替补"的写字楼。

二、如何接近客户

（一）馈赠接近法

馈赠接近法指推销人员通过赠送礼物来接近客户的方法，此方法比较容易博得客户的欢心，取得他们的好感，从而拉近推销人员与客户的距离，使客户比较乐于合作。

（二）赞美接近法

赞美接近法指推销人员以称赞的语言博得客户的好感，从而接近客户的方法。需要注意的是，推销人员称赞客户时要真诚、要恰如其分，切忌虚情假意，否则会引起客户的反感。

（三）服务接近法

服务接近法指推销人员通过为客户提供有效并符合需要的服务，如维修服务、信息服务、免费试用服务、咨询服务等来博得客户的好感，赢得客户的信任，从而接近客户的方法。

（四）求教接近法

求教接近法指推销人员请客户帮忙解答疑难问题，从而接近客户的方法。使用此方法要提对方擅长解答的问题，而不要刁难对方，如果让客户下不了台，生意也就黄了。在求教后，要注意及时、自然地将话题导入有利于促成交易的谈话。

知识链接

立即获得客户好感的方法

问候。面带微笑，有礼貌地与客户打招呼，适当地尊称对方，热情称呼他们的名字，向他们问好，表达自己的喜悦与兴奋。要记住客户的名字，并且不时亲切地、动听地称呼他。频频称呼客户的名字会使客户产生被尊重的感觉，因此能够加深与客户之间的感情。

感谢与称赞。首先感谢对方的接见，语气要热忱有力，接着要对客户做出具体、真诚的称赞，而不要随便奉承——如果做不到，就不要勉强，宁可省略，否则会产生反效果。

微笑。"饭店之王"希尔顿旅馆的创始人希尔顿的母亲告诉希尔顿，要使经营持久发展，就要掌握一种简单、易行、不花本钱却又行之长久的秘诀，那就是微笑。服务、环境可以令客户"宾至如归"，热情、微笑会令客户"流连忘返"。

三、如何说服客户

（一）说服客户的技巧

1. 介绍到位

大大方方地介绍自己的企业和自己的名字，自信地说出拜访理由，让客户感觉你专业及可信赖。要向客户介绍企业的情况和产品的优点、价格及服务方式等信息，及时解答和解决客户提出的问题，消除客户的疑虑，并且根据客户的特点和反应，及时调整策略和方法。

在介绍时还可以运用富兰克林式的表达，即向客户说明，如果你买了企业的产品，能够得到的第一个好处是什么，第二个好处是什么，第三个好处是什么，第四个好处是什么……同时也向客户说明不买企业的产品，蒙受的第一个损失是什么，第二个损失是什么，第三个损失是什么，第四个损失是什么……这样，客户权衡利弊得失之后，就会做出选择。

2. 善于聆听

推销人员要想更多地鼓励客户参与交流，了解更多的信息，还要善于聆听。聆听不仅有助于了解客户，也显示了对客户的尊重。良好的聆听表现如下。

（1）身体稍微前倾，保持真诚的身体姿势，眼睛保持与客户的视线接触（不时对视，但不是目不转睛），经常点头，表示在听。

（2）认真听客户讲话，把客户所说的每一句话、每一个字，都当作打开成功之门不可缺少的密码，绝不放过，当然也要意会客户没有讲的话。

（3）适当地做笔记，适时地提问，确保理解客户的意思，并且思考客户为什么这么说，或为什么不这么说。

如果推销人员能够有意识地从这些方面提高聆听的技巧，那么大多数客户都会乐意讲话。毕竟，这个世界上愿意听别人讲话的人并不是太多。

3. 换位思考

一般来说，客户很关心自己的事，也很关心自己能够从企业那里得到什么，因此，推销人员应当站在客户的立场上去想问题。

管理大师德鲁克曾经讲过一个故事：20 世纪 60 年代，美国一家润滑油企业的推销人员到南美洲一家著名的矿厂推销润滑油，这里的机器设备很多，每年需要大量的润滑油，因此世界上许多润滑油生产厂家都把该矿厂作为重点的目标客户。为了应对竞争，这位推销人员不得不把价格压得很低，并许下很多承诺，但矿厂老板不为所动。在一次次的失败之后，这位推销人员苦思冥想，终于发现了真相——客户根本不需要润滑油！客户需要的是让机器设备能够正常运转！在发现了客户的根本需要之后，推销人员找到矿厂老板，对他说："我负责赔偿你因机器设备出现故障而停工造成的各种损失。"矿厂老板颇感意外，但显然产生了极大兴趣。推销人员接着说："条件是你要按照我提出的保养计划保养机器，并要使用我的润滑油……"不用说，这位推销人员成功了，他的成功在于他将自己的身份由润滑油推销人员转换成机器设备的保养顾问！

4. 投其所好

每个人都有自己的爱好，而这种爱好往往又希望得到别人的赞赏和认同，因此，我们应当积极发现客户的爱好和兴趣，尽量"迎合"对方的爱好、实现其愿望，投其所好。这样客户会把你当成"知音"，你们之间的距离会一下子拉近很多，甚至成为好朋友，如此做接下来的说服工作就容易得多了。

案例链接：投其所好促合作

某通信设备公司的产品在业内处于前列，产品性价比也不差。一年来，该公司的张经理多次拜访某集团单位的设备采购部经理李经理，但都未能获得对方对产品的认可和采购，每次都是不欢而散。该单位每年用于采购同类产品的费用高达几千万元，张经理尝试了很多方法但都未能如愿，难以同对方建立良好的客户关系，的确是江郎才尽，不知如何是好。

一次偶然拜访时，恰好李经理外出不在，张经理发现其办公桌上放了很多篆刻作品。经询问才知道，李经理喜欢篆刻到了如痴如醉的地步，这些作品也全是李经理的得意之作。得知此事，张经理心生一计，不由得心花怒放起来。

拜访归来，张经理赶紧收集相关的篆刻书籍资料，努力学习篆刻知识，待到积累了一定的基础知识后，又去拜访李经理。这次张经理闭口不谈产品，而以篆刻为题谈古论今，并以篆刻爱好者的角色赞赏李经理的作品，不断请教对方，高度赞赏对方在篆刻方面的造诣。多年来，李经理身边的朋友不少，但真正喜欢篆刻和懂得篆刻的人却少之又少，如今碰巧遇到一个，而且又特别欣赏自己的作品，他不禁心花怒放，很快双方的关系升华到前所未有的地步。

此次过后，张经理又亲自陪同李经理观看一次篆刻展览，于是，双方的感情日益增进。没过多久，张经理轻易就从李经理那里获得了每年近 3000 万元的订单。

（二）要有恒心

荀子的《劝学》告诫我们："锲而舍之，朽木不折；锲而不舍，金石可镂。"

有一个古老的故事：一个人试图用锤子锤烂一块巨石，他锤了十几下，巨石纹丝不动，又锤了几十下，巨石依然如故，他又连续锤了两百下，还是没有任何结果。但是这个人毫不灰心，接着锤啊锤……突然，一锤砸下后，巨石一下就裂开了，碎成许多小块。

这则故事启发我们：做事要持之以恒，"只要功夫深，铁杵磨成针""滴水可以穿石"，说服客户也是同样的道理。

案例链接：好事多磨

庄经理刚到分行营业部上任，就发现隔壁的某证券公司并没有在他们的营业部开户。他问了几个人，都说这家证券公司与另一家商业银行不仅在业务上是"老交情"，而且两位老总之间的私人关系也非常"铁"。营业部的人都知道这些，所以几年来从来没有人动某证券公司的念头。

庄经理说："你们试过没有？没有试过怎么知道不行？"下午，庄经理就带了一位副经理登门造访。开始，证券公司的老总听说是近邻来访，十分热情。因为是第一次上门，庄经理也不谈业务，看上去只是一次上任后的正常拜访。但他接着就有了第二次、第三次拜访，并将业务问题摆到了桌面上。一提到业务，证券公司的老总立刻面露难色，他说："我们多年来都在另一家银行办业务，而且那家银行的行长是我的好朋友，我说什么也不能从他那里退出来。"

庄经理笑着说："我们哪里敢让您做不仁不义之人呢。我们只是想我们离得近，如果您在这边开一个户，遇到急事可以更方便一些。"

证券公司的老总依然没有答应，毕竟这种老交情不是一朝一夕就能打破的。尽管没有成为业务上的伙伴，但在庄经理的心里，这家证券公司就是自己的客户：银行每推出一项新的业务，他都会送去一些宣传资料；召开产品推介会，他也会送去一份请帖；营业部装修剪彩，他也会把证券公司的与会者安排到最醒目的位置，甚至自己珍藏多年的剪报，凡是关于证券方面的，他都给证券公司的老总复印了送过去……无论这位老总的态度多么坚定，他从来都没有放弃过。

一天早晨，庄经理又来到了证券公司老总的办公室，这里他已经熟悉的像自己的经理室一样了，但他从不敢有任何懈怠或随意。他心里明白：客户永远是客户，要多给他们一份尊重，他们才会更尊重自己。证券公司老总刚刚上班，他也熟悉了庄经理的身影，习惯了他坐一坐就走的适度。

庄经理这一次来时告诉他，在今年全市举办的公众评选中，他们的营业厅荣获"青年文明窗口"称号。说完之后，证券公司老总依然表示不会舍弃他的朋友。庄经理笑着说："这没什么，我们不会勉强您的，我们只想让您尝试一下我们的服务，感受一下我们营业厅里年轻人的朝气。您可以试一个月，如果在这一个月里，您或者您的下属有任何不满意，我从此只跟您做朋友，不再提一个关于业务的词。"证券公司的老总终于同意了。一个月过去了，庄经理的营业部与证券公司成了业务上的伙伴，他与证券公司老总也成了好朋友。

任务讨论

举例说明企业推销导向的客户开发策略。

习题

一、选择题（可能不止一个正确选项）

1. 客户的开发就是企业让（　　　）产生购买欲望并付诸行动，促使他们成为企业的现实客户的过程。

   A. 目标客户　　　　　　　B. 潜在客户
   C. 忠诚客户　　　　　　　D. 满意客户

2. 企业开发目标客户的策略可分为（　　　）的开发策略。

   A. 营销导向　　　　　　　B. 推销导向
   C. 客户导向　　　　　　　D. 产品导向

3. 企业为客户提供产品或服务的地理位置不仅影响客户接受产品或者服务的便利程度，还体现了企业的（　　　），因而设店选址对企业来说尤为重要。

   A. 市场定位　　　　　　　B. 形象
   C. 态度　　　　　　　　　D. 理念

4. （　　　）是指针对不同的客户制定不同的价格，以吸引特定类型的客户群。

   A. 客户差别定价　　　　　B. 需求导向定价
   C. 消费时间差别定价　　　D. 成本导向定价

5. （　　　）是指在某一特定的目标客户群中选择有影响力的人物或组织，并使其成为自己的客户，借助其将该目标客户群中的其他对象转化为现实客户的方法。

  A. 中心开花法   B. 逐户访问法

  C. 咨询寻找法   D. "猎犬"法

二、判断题

1. 营销导向的开发策略是客户开发策略的最高境界，也是获得目标客户的理想途径。   （ ）

2. 价格对客户而言，不是利益的载体，而是代表一种牺牲。 （ ）

3. 企业要努力通过技术手段提高消费的可获得性和便利性。 （ ）

4. 广告可以大范围地进行信息传播和造势，起到提高产品或服务的知名度、吸引客户并激发客户的购买欲望的作用。   （ ）

5. 咨询寻找法是指利用信息服务机构所提供的有偿咨询服务来寻找目标客户的方法。   （ ）

三、思考题

1. 什么是营销导向的客户开发策略？

2. 什么是推销导向的客户开发策略？

3. 寻找目标客户有哪些途径？说服目标客户的技巧有哪些？

四、案例分析题：哈根达斯——冰淇淋中的劳斯莱斯

  1989 年，格兰德·梅特在欧洲知名的富人街区开设了几个冰淇淋大厅，并塑造了一种高贵、优质、洁净而自然的气氛，让走进这些咖啡馆似的哈根达斯大厅的人都在这个环境里流连忘返。当哈根达斯进入超市和便利店时，它用具有品牌特征的玻璃门冷冻柜展示不同口味的产品，这些柜子把哈根达斯和其他品牌的产品区分开了——其他品牌的产品一般放在柜子下面或随便放在零售商的冷冻架上，显得无足轻重。哈根达斯这种品牌创建是成功的，在为客户创造品牌价值的基础上，哈根达斯走上了顺利发展的道路。

  在媒体投放上，哈根达斯从来不与传播电池、洗衣粉之类的"大众媒体"混为一谈，它认为那是一种资源浪费，为此，哈根达斯几乎从不大张旗鼓地做电视广告，原因是电视的覆盖面太广、太散，对于哈根达斯来说没必要。哈根达斯的大部分广告都是平面广告，而且是在某些特定媒体上刊登大篇幅的广告。如此既节省了广告费，又增加了广告效果，以此锁定那些金字塔尖的消费者。哈根达斯的广告语针对的目标也十分明确："爱她就请她吃哈根达斯"，将甜蜜的味道与爱情结合在一起十分和谐，给情侣消费一个新的理由。

  哈根达斯进入上海市场之前就认真分析了上海消费者的心态。当时上海人认为：出入高档办公场所的公司白领和金发碧眼的老外是时尚的代言人。于是，哈根达斯就邀请这些人参加特别活动，吸引电视台、报纸的视线，使其争相报道，一举把"哈根达斯"定义为时尚生活的代名词。一批在哈根达斯有过"高贵、时尚生活"的人成了其口碑宣传者，很快更多的人蜂拥而至。让消费者觉得物有所值。这种分析消

费者心态、口碑宣传的手法被业内认为是哈根达斯的专长，而且极为有效，每进入一个新的城市，它就如法炮制，从未失手。

与此同时，哈根达斯还有选择地切入了其他零售渠道，以扩大自己的零售面，如在上海，它慎重地选择了五六百家超市，进入家庭冰淇淋市场。哈根达斯最经典的动作之一，就是给自己贴上爱情标签，由此吸引恋人们的眼球。在情人节，哈根达斯把店里、店外布置得柔情蜜意，不但特别推出由情人分享的冰淇淋产品，而且还给来消费的情侣们免费拍合影照，让他们从此对哈根达斯"情有独钟"。相对其他冰淇淋而言，哈根达斯是奢侈的，但是相对于情侣们的其他消费方式，它又是廉价的。再加上耗费大量的人力、物力的选址与环境打造，精心设计的"哈根达斯一刻"带来的浪漫感觉一点都不廉价。

哈根达斯为了留住消费者，采取了会员制，一位消费者消费累计 500 元，就可以填写一张表格，成为他们的会员。到目前为止，哈根达斯的数据库里已经有了几万名核心会员的资料。哈根达斯细心呵护每一位重点会员，其结果是在中国市场上这些消费者对其品牌忠诚度之高、之久，很少有其他品牌能企及。其具体策略包括：定期寄送直邮广告，自办"酷"杂志来推销新产品；不定期举办核心消费群体的时尚 party，听取他们对产品的意见；针对不同的消费季节、会员的消费额和特定的产品发放折扣券。

中国巨大的企业购买市场也吸引了哈根达斯。针对中秋节礼品市场，哈根达斯专门开发了价高质优的冰淇淋月饼，向所在城市的各大公司推销，很多公司把这款月饼作为送给普通员工的节日礼物，着实让哈根达斯猛赚了一把。哈根达斯的销售员还专门带上新鲜的冰淇淋样品跑遍各大公司，让那些主管当场品尝。这种近距离营销的新鲜手法也吸引了一些大客户。有一年，上海对外服务公司——与所有外企有关系的一个公司，向哈根达斯订了两万多份产品作为礼物。其实这部分销售额还是小收益，哈根达斯最大的收获是由此接触了这些目标群体，又一次将其触角伸向了目标消费者。

案例思考题：

1. 哈根达斯是怎样开发客户的？
2. 哈根达斯为什么会令人无法抗拒？

实训

实训内容

介绍、分析××企业是如何成功开发目标客户的。

实训步骤

1. 教师布置实训任务，指出实训要点和注意事项。

2．全班分为若干小组，采用组长负责制，组员合理分工、团结协作。

3．收集相关资料和数据时可以进行实地调查，也可以采用第二手资料。

4．小组内部充分讨论，认真研究，形成分析报告。

实训汇报

1．小组需制作一份 3～5 分钟能够演示完毕的 PPT 文件在课堂上进行汇报，之后其他小组可提出质询，台上台下进行互动。

2．教师对每组的分析报告和任务讨论情况进行点评和总结。

模块三
客户关系的维护

音频课导学

管理学专家德鲁克告诫我们："衡量一个企业是否兴旺发达，只要看其客户队伍有多长就一清二楚了。"

当前，许多企业把工作重心放在建立客户关系和不断开发新客户上，消耗了大部分的人力、物力和财力，却没有维护或不善于维护客户关系，或者缺乏维护客户关系和实现客户忠诚的策略。于是伴随着新客户的到来，老客户却流失了，这就是西方营销界所称的"漏桶"现象——一方面企业开发新客户就像往桶里添水，另一方面老客户不断流失就像桶里的水因为漏洞而不断流失，漏洞的大小实际上代表着客户流失的速度，出现"漏桶"现象实际上体现了客户对企业的不忠诚——这给企业带来很大的损失。

可见，企业固然要努力争取新客户，但维护老客户与争取新客户一样重要。企业应当既不断建立新的客户关系，不断争取新客户，开辟新市场，又努力维护已经建立的客户关系，并且不断加深关系和提升关系，从而让客户为企业创造更多的价值。

客户关系的维护是企业巩固及进一步发展与客户的长期、稳定关系的过程。企业要全面掌握客户的信息，注意对不同价值的客户进行分级管理，还要与客户进行有效沟通，同时努力让客户满意，争取实现客户忠诚。

项目四

客户信息管理

【项目目标】

1. 理解客户信息的重要性及内容。
2. 掌握收集客户信息的渠道。
3. 熟悉数据库在客户关系管理中的作用。
4. 了解数据挖掘及大数据在客户关系管理中的应用。

音频课导学

➤ 引 例

沃尔玛的意外发现

零售业的龙头沃尔玛在 20 世纪 80 年代就建立了客户数据库，用于记载客户的交易数据和背景信息，时至今日，该数据库已成为世界上最大的客户数据之一。利用客户数据库，沃尔玛对商品购买的相关性进行分析，意外发现：跟尿布一起购买最多的商品竟然是啤酒。原来美国的太太们经常叮嘱她们的丈夫下班后为小孩买尿布，而丈夫们在买尿布后又随手带回两瓶啤酒。既然尿布与啤酒一起被购买的机会最多，沃尔玛就干脆将它们并排摆放在一起，结果是尿布与啤酒的销售量双双增长。

目前，沃尔玛能够跨越多个渠道收集详细的客户信息，并且能够造就灵活、高速供应链的信息技术系统。当沃尔玛的店铺数量成倍地增加时，它们不遗余力地向市场推广新技术。通过信息共享，沃尔玛能和供应商一起促进业务的发展，能帮助供应商在业务的不断扩张和成长中掌握更多的主动权。沃尔玛的模式已经跨越了企业内部管理和与外界"沟通"的范畴，形成了以自身为链主，链接生产厂商与客户的全球供应链。沃尔玛能够参与到上游厂商的生产计划和控制中去，因此能够将消费者的意见迅速反映到生产中，按客户需求开发定制产品。

➤ 启 示

通过对客户数据库的深入挖掘，企业可以发现客户消费行为的规律与特点，从而针对性地开展相应的活动，提升客户的满意度。

任务一 客户信息的重要性及内容

一、客户信息的重要性

（一）客户信息是企业决策的基础

信息是决策的基础，如果企业想要做"事前诸葛亮"，想要维护好不容易与客户建立起来的关系，就必须充分掌握客户信息，就必须像了解自己的产品或服务那样了解客户，像了解库存的变化那样了解客户的变化。

任何一个企业总是在特定的客户环境中经营、发展，如果企业对客户信息掌握不全面、不准确、不及时，判断就会失误，决策就会有偏差，就可能失去好不容易建立起来的客户关系。所以，企业必须全面、准确、及时地掌握客户信息。

（二）客户信息是对客户进行分级管理的基础

企业只有收集到全面的客户信息，特别是客户的交易信息，才能够知道自己有哪些客户，才能知道客户分别有多少价值，才能识别哪些是优质客户，哪些是劣质客户，才能识别哪些是贡献大的客户，哪些是贡献小的客户，才能根据客户带给企业价值的大小和贡献的不同，对客户进行分级管理。

例如，美国联邦快递根据客户的信息和历史交易信息来判断每位客户的贡献能力，从而把客户分为"好""不好"和"坏"3种，并且为3种客户提供不同的服务。

（三）客户信息是与客户沟通的基础

随着市场竞争的日趋激烈，客户信息越显珍贵——拥有准确、完整的客户信息，既有利于企业了解客户、接近客户、说服客户，也有利于与客户沟通，如果企业能够掌握详尽的客户信息，就可以做到"因人而异"地与客户进行沟通。

例如，中原油田销售公司设计了统一的客户基本信息表分发给各个加油站，表格内容包括司机的姓名、性别、出生年月、身份证号、家庭住址、联系电话、个人爱好，以及车型、车号、单位、承运类型、车载标准、动力燃料、油箱容量、主要行车线路、经过本站的时间、累计加油记录等。通过这些信息，中原油田销售公司建立了客户数据库。加油站每天都会从计算机中调出当天过生日的客户，向其赠送蛋糕等作为生日礼物，从而在加油站与客户之间架起了友谊桥梁。

（四）客户信息是实现客户满意的基础

企业要满足客户的需求、期待和偏好，就必须掌握客户的需求特征、交易习惯、行为偏好和预期愿望等信息。

如果企业能够掌握详尽的客户信息，就可以有针对性地为客户提供个性化的产品或者服务，满足客户的特殊需求，从而提高他们的满意度。

例如，日本花王公司随时将收集到的客户的数据、意见或问题输入计算机，现在已经拥有大量的客户资料，每年公司凭借这些资料开展回报忠诚客户的活动，以此来巩固与老客户的关系，并且吸引新客户。

又如，Barista Brava 咖啡连锁店的一名领班连续招待了 28 位客户，却未曾向其中的任何一位问过他想要什么。因为他知道要把客户招待好，最简单、最直接的方法就是把每个客户的口味都记住，而不必劳烦他们再次说明。

美团外卖通过收集消费者以及商家的信息，能够更好地将两者进行匹配，如通过信息的收集能够识别出喜爱吃麻辣烫的客户，针对这些客户，美团外卖 App 能够为其提供更多的麻辣烫商家以供消费者选择，从而更好地满足客户的需求，促成客户下单。美团外卖平台通过客户的订单记录，分析出客户的口味偏好、价格承受度以及店铺偏好度，从而能够在以后更精准地向顾客推荐此类店铺。由此能够实现外卖客户的满意及忠诚。

此外，如果企业能够及时掌握客户对企业的产品或服务的抱怨信息，就可以立即派出得力的人员妥善处理，从而消除客户的不满。如果企业知道客户的某个纪念日，就可以在纪念日当天为其送上适当的礼物，或知道客户正被失眠困扰后，寄一份"如何治疗失眠"的资料给他等，这些都会给客户带来意外的惊喜，从而使客户对企业产生好感。如果企业能够及时发现客户的订货持续减少，就可以赶在竞争对手之前去拜访该客户，同时采取必要的措施进行补救，从而防止客户流失。

总而言之，客户信息是企业决策的基础，是对客户进行分级管理的基础，是与客户沟通的基础，也是实现客户满意的基础。因此，企业应当重视和掌握客户信息，这对企业保持良好的客户关系，实现客户忠诚将起到十分重要的作用。

案例链接：被胡萝卜汁留住的客户

一个客户说，十几年前他在香港丽晶饭店用餐时无意地说起他最喜欢胡萝卜汁，大约 6 个月后，当他再次住进丽晶饭店时，他意外地发现房间的冰箱里有一大杯胡萝卜汁！十几年来，不管这个客户什么时候住进丽晶饭店，丽晶饭店都为他备好胡萝卜汁。他说，在最近一次旅行中，飞机还没在机场降落，他就想到丽晶饭店为他准备好的胡萝卜汁，顿时兴奋不已。尽管丽晶饭店的房价涨了 3 倍多，但他还住在那里，就因为其每次都为他准备好胡萝卜汁。

丽晶饭店之所以能拥有这样忠诚的客户，重要原因之一就是它详尽地掌握了客户信息（如收集和储存客户爱喝胡萝卜汁的信息）。丽晶饭店建立了一个信息量够大的客户数据库，将客户的姓名、生日、家人情况、工作单位、工作性质、爱吃的东西、爱听的歌、喜爱的颜色、什么时间来的饭店、住了几天、每次住宿的价位在什么范围内、每次都住什么类型的房间、房间是否向阳、喜欢的温度和湿度是多少、喜欢什么样的环境等信息输入。这样丽晶饭店就对客户信息了如指掌，进而就可以为客户提供更好的服务，使客户满意。

二、客户信息的内容

（一）个人客户的信息

个人客户的信息应当包括以下 8 个方面的内容。

1. 基本信息

基本信息包括姓名、户籍、籍贯、血型、身高、体重、年龄、家庭住址、电子邮箱、手机号码等。

2. 消费情况

消费情况包括消费的金额、消费的频率、每次消费的规模、消费的档次、消费的偏好、购买渠道与购买方式的偏好、消费高峰时点、消费低谷时点、最近一次的消费时间等。

3. 事业情况

事业情况包括以往的就业情况、职务，目前的职务、年收入等。

4. 家庭情况

家庭情况包括已婚或未婚、结婚纪念日、如何庆祝结婚纪念日，配偶的姓名、生日、血型、受教育情况、兴趣、专长及嗜好，有无子女，子女的年龄、受教育程度，对子女教育的看法，等等。

5. 生活情况

生活情况包括医疗病史、目前的健康状况、是否喝酒（种类、数量）、对喝酒的看法，喜欢在何处用餐、喜欢吃什么菜，对生活的态度、有没有座右铭，休闲习惯是什么、度假习惯是什么，喜欢哪种运动、喜欢聊的话题是什么，最喜欢哪类媒体，等等。

6. 教育情况

教育情况包括高中、大学等的起止时间，最高学历、所修专业、主要课程，在校期间所获奖励、参加的社团、最喜欢的运动项目，等等。

7. 个性情况

个性情况包括曾参加过什么俱乐部或社团、目前所在的俱乐部或社团，对宗教的信仰或态度，喜欢看哪些类型的书，忌讳哪些事、重视哪些事，是否固执、是否重视别人的意见，待人处世的风格，等等。

8. 人际情况

人际情况包括亲戚的情况、与亲戚相处的情况、最要好的亲戚，朋友的情况、与朋友相处的情况、最要好的朋友，邻居的情况、与邻居相处的情况、最要好的邻居，对人际关系的看法等。

例如，房地产企业在收集客户信息时，通常关注客户目前拥有房地产的数量、品牌、购买时间等，以这些信息为基础，结合家庭人口、职业、年龄和收入等数据进行分析后，往往能够得出该客户是否具有购买或持续购买的需求、购买的时间和数量、购买的档次等结论。

➡ **知 识 链 接**

二维码在客户关系管理中的应用

企业可以生成自己的二维码，将优惠信息、宣传信息等存入其中，客户在使用"扫一扫"功能后便能获取这些信息，从而了解企业动态。该模式能使企业对客户实现精准的定位，适用于能够满足大多数客户日常生活需求的企业。很多企业通过设置"扫描二维码可享受折扣优惠"吸引更多的客户，从而达到宣传推广的目的。

二维码在服务场景中，其应用本质就是一种"代号"或者"凭证"，用来标识内容数据及内容数据背后的服务。例如，健身会所的会员卡、餐饮店的积分卡、SPA 馆的养生美容卡等，服务人员扫一扫即可识别客户身份，同时能够根据客户数据库内记录的客户以往的消费习惯、房间偏好、兴趣爱好等，做出更好的服务安排或者人员配置。

（二）企业客户的信息

企业客户的信息应当包括以下 5 个方面的内容。

1. 基本信息

基本信息包括企业的名称、地址、电话、创立时间、组织方式、资产规模等。

2. 客户特征

客户特征包括服务区域、经营观念、经营方向、经营特点、企业形象、声誉等。

3. 业务状况

业务状况包括销售能力、销售业绩、发展潜力与优势、存在的问题及未来的对策等。

4. 交易状况

交易状况包括订单记录、交易条件、信用状况及出现过的信用问题、与客户的关系及合作态度、客户评价与意见等。

5. 负责人信息

负责人信息包括所有者（法人代表）、经营管理者的姓名、年龄、学历、个性、爱好、家庭、能力、素质等。

案例链接：淘宝的客户信息

淘宝一般是通过注册账号&实名认证、权限管理、页面操作行为来收集个人客户和商家客户信息的。

个人信息包括：基本信息——姓名、性别、手机号码、年龄、居住地址、电子邮箱、身份证号码、银行卡号、淘宝昵称、手机通讯录等信息；消费情况——消费金额、消费频率、消费档次、消费偏好、最近消费时间、复购次数、消费高低峰时点、购物车商品数、购物车支付转化率、退款金额、退款率等；页面行为情况——浏览历史、页面浏览时长、关键词偏好、优惠偏好、收藏宝贝、搜索历史、关注店铺情况、购物车、推荐商品率、转化率等；评价投诉情况——评价数、上传图片数、好评率、差评率、投诉数、投诉率、撤销投诉率；其他，如出行旅行情况、用餐情况、资产权益、互动参与等。

商家信息包括：基本信息——店铺的名称、所在地、电话、创立时间、资产等；业务状况——销售业绩、客单价、销售毛利、毛利率、成交金额、产品品牌数、产品 SKU 数、上架产品数、产品库存；交易状况——订单记录、信用状况、访客数、总订单数、访问到下单转化率；会员状况——注册会员数、活跃会员数、会员复购率、会员留存率；营销活动情况——新增访问数、新增会员数、总访问数量、新增下单数、下单转化率、投资回报率。

▶ 任务讨论

举例说明某机构应当掌握的个人客户信息及企业客户信息的内容。

任务二　收集客户信息的渠道

对客户信息的收集只能从点点滴滴做起，企业可通过直接渠道和间接渠道来完成。

一、直接渠道

直接渠道即直接收集客户信息的渠道，主要是指企业与客户直接接触的各种机会，从客户购买前的咨询开始到售后服务，包括处理投诉或退换产品，这些都是直接收集客户信息的渠道。

以电信业为例，收集客户信息的直接渠道包括营业厅、呼叫中心、网站、客户经理等。也有很多企业通过展会、市场调查等途径来获取客户信息。

具体来说，收集客户信息的直接渠道如下。

（一）在调查中获取客户信息

在调查中获取客户信息即调查人员通过面谈、问卷调查、电话调查等方法得到第一手的客户资料，通过仪器观察被调查客户的行为并加以记录而获取信息。

例如，美国尼尔逊公司就曾通过计算机系统，在全国各地 1250 个家庭的电视机里装上了电子监视器，该监视器每 90 秒扫描一次电视机。只要有人收看某节目 3 分钟以上，该监视器就会将其记录下来，这样公司就可以得到家庭、个人收视偏好的信息。

优秀的营销人员往往善于收集、整理、保存和利用各种有效的客户信息。如在拜访客户时，他们除了进行日常的信息收集外，还会思考这个客户与其他客户有什么异同，并对重点客户进行长期的信息跟踪。

目前，IBM 就在已有的市场经理、销售经理职位的基础上，增设了客户关系经理职位，其职责是尽可能详尽地收集一切相关的客户资料，追踪所属客户的动向，判断和评估从客户那里还可能获得多少赢利的机会，并且努力维护和发展客户关系，以便争取更多的机会。IBM 的这种做法，使它拥有了大量的客户信息。

（二）在营销活动中获取客户信息

例如，广告发布后，潜在客户或者目标客户可能会与企业联系，一旦有所回应，企业就可以把他们的信息添加到客户数据库中。

此外，与客户的业务往来邮件可以反映客户的经营品质、经营作风和经营能力，也可以反映客户关注的问题及其交易态度等。因此，往来邮件也可以帮助企业获取客户信息，是企业收集客户信息的极好方式。另外，在与客户的谈判中，客户的经营作风、经营能力及对本企业的态度都会得到体现，谈判中还往往会涉及客户的资本、信用、目前的经营状况等资料，所以，谈判也是收集客户信息的极好机会。

当然，启动频繁营销方案、实行会员制，或者成立客户联谊会、俱乐部等，也可以收集到有效的客户信息。

例如，麦德龙是一家实行会员制的企业，会员入会不需要交纳会员费，只需填写"客户登记卡"，主要项目包括客户名称、行业、地址、电话、传真、邮编、税号、账号和授权购买者姓名。将此卡记载的资料输入计算机系统，系统就有了客户的初始资料，当客户发生购买行为时，系统就会自动记录客户的购买情况。

此外，由于博览会、展销会、洽谈会的针对性强且客户群体集中，因此它们可以成为迅速收集客户信息、达成购买意向的场所。

（三）在服务过程中获取客户信息

服务客户的过程也是企业深入了解客户、联系客户、收集客户信息的最佳时机之一。

在服务过程中，客户通常会直接并且毫无避讳地讲述自己对产品的看法和预期，对服务的评价和要求，对竞争对手的认识，以及其他客户的意愿和销售机会，其信息量之大、准确性之高是在其他条件下难以实现的。服务记录、客户服务部的热线电话记录以及其他客户服务系统能够收集到客户信息。

此外，客户投诉也是企业收集客户信息的重要渠道，企业可对客户的投诉意见进行分析整理，同时建立客户投诉的档案资料，从而为改进服务、开发新产品提供基础数据资料。

（四）在销售终端获取客户信息

销售终端是企业直接接触最终客户的前沿阵地，企业通过面对面地接触客户，可以收集到客户的第一手资料。目前超市普遍都设置了结账扫描仪，并且利用前端收款机收集、存储大量的售货数据，而会员卡的发放也可以帮助超市记录单个客户的购买历史。

例如，星巴克的收银员要在收银机中输入客户性别和年龄段，否则收银机就打不开，这样就确保公司可以知道客户的消费的时间、消费了什么、金额多少、性别和年龄段等。

又如，服装商场可以要求客户在优惠卡上填写基本情况，如住址、电话、邮编、性别、年龄、家庭人数等，只要客户在收款处刷一下优惠卡，就可以将采购信息记录在数据库中。服装商场通过客户采购商品的档次、品牌、数量、消费金额、采购时间、采购次数等，可以大致判断客户的消费模式、生活方式、消费水平以及对价格和促销的敏感度等。这些信息不仅对服装商场的管理和促销具有重要的价值，因为可据此确定进货的种类和档次以及促销的时机、方式和频率，而且对生产厂家也具有非常高的价值——通过这些信息，生产厂家可以知道什么样的人喜欢什么颜色的衣服，何时购买，在什么价格范围内购买，这样生产厂家就可以针对特定的客户来设计产品，以及制定价格策略和促销策略。

应当看到，在终端收集客户信息一般难度较大，因为这关系到商家的切身利益，因此，生产企业要通过激励机制调动商家的积极性，促使商家乐意去收集客户信息。

案例链接：乐购对客户信息的管理

乐购将客户经常购买的产品分为50种类别，每种类别和消费者的一种生活习惯和家庭特征相对应，如"奶粉、尿片类别"代表年轻父母，"水果、蔬菜类别"代表健康的生活习惯。乐购通过客户在付款时出示的"俱乐部卡"，掌握了大量翔实的客户购买习惯数据，了解了每个客户每次采购的总量，主要偏爱哪类产品、使用产品的频率等。通过软件分析，乐购将这些客户划分成了十多个不同的"利基俱乐部"，如单身男士的"足球俱乐部"、年轻母亲的"妈妈俱乐部"等。"俱乐部卡"的营销人员为这十几个俱乐部制作了不同版本的"俱乐部卡杂志"，刊登最吸引他们的促销信息和其他一些他们关注的话题。一些乐购连锁店甚至还在当地为不同俱乐部的成员组织了各种活动。

（五）呼叫中心、网站留言、电子邮箱、微信公众号等是收集客户信息的新渠道

客户拨打呼叫中心的电话，呼叫中心可以自动将客户的来电记录在计算机数据库内。另外，信息技术及互联网技术的广泛使用为企业开拓了新的获取客户信息的渠道，如网站留言、电子邮箱、微信公众号等已经成为企业收集客户信息的重要渠道。

在以上这些渠道中，客户与企业接触的主动性越强，客户信息的价值就越高，如客户呼入电话，在投诉、请求帮助或者抱怨时所反馈的信息就比呼叫中心的呼出电话得到的信息价值高。同时，客户与企业接触的频率越高，客户信息的质量就越好，如在营业厅或呼叫中心获取的客户信息一般要比在展会中得到的客户信息真实，而且成本较低。

二、间接渠道

间接渠道即间接收集客户信息的渠道，一般有以下 5 种形式。

（一）各种媒介

国内外各种权威媒体、图书和各大通讯社、电视台发布的有关信息，往往都会涉及客户信息。

（二）市场管理部门及驻外机构

市场管理部门一般掌握了客户的注册情况、资金情况、经营范围、经营历史等，是可靠的信息来源。企业要收集国外客户的信息，可向我国驻各国大使馆、领事馆的商务参赞寻求帮助，另外，也可以通过我国一些大公司的驻外业务机构了解客户的资信情况、经营范围、经营能力等。

（三）国内外金融机构及其分支机构

一般来说，客户均与各种金融机构及其分支机构有业务往来，企业通过金融机构及其分支机构调查客户的信息，尤其是资金状况是比较准确的。

（四）国内外咨询公司及市场研究公司

国内外咨询公司及市场研究公司具有业务范围较广、获取信息速度较快、信息较为准确的优势，企业可以充分利用这个渠道对指定的客户进行全面调查，从而获取客户的相关信息。

（五）其他渠道

例如，企业也可以从战略合作伙伴或者老客户，以及行业协会、商会等获取相关的客户信息，另外，还可以与同行业的一个不具有竞争威胁的企业交换客户信息。

总之，收集客户信息有许多渠道，企业在具体运用时要根据实际情况灵活选择，有时也可以把不同的途径结合在一起综合使用。

案例链接：美团收集客户信息的渠道

收集消费者信息的渠道：注册时，在消费者首次使用美团外卖 App 时，会要求注册个人信息。营销活动中，美团外卖通过在广告、促销等营销活动中收到的消费者的"反馈"获取信息。其根据日常活动中"天天神券""津贴联盟"等活动页面，观察消费者在页面中停留的时间、点击的品类，以判断消费者的即时购买倾向；点餐过程中，美团外卖通过互联网手段在 App 内收集消费者必要信息，通过对消费者历史信息的收集形成准确、动态的客户信息系统。以便更好地达到精准营销的目的；售后服务过程中，美团外卖通过消费者的点评反馈收集信息，并利用算法等对消费者的反馈（配送服务、商家服务、商家菜品等）进行处理，判断消费者的满意程度。

收集商家信息的渠道有：首次注册所需要的信息，即完成美团外卖基础功能所必需的信息，如注册时填写的位置信息、主营品牌信息、实体店铺图、营业执照信息等；商家的基本信息包括商家的菜品目录信息、菜品价格信息等。

任务讨论

举例说明企业收集客户信息的渠道有哪些。

任务三　数据库在客户关系管理中的作用

企业的客户有多少？客户是谁？重要客户是谁？主要客户又是谁？他们会购买多少产品或者服务？每隔多长时间购买一次？他们怎样购买？他们去哪里购买？他们通过什么途径了解企业？他们对企业的产品或者服务有什么意见或建议？他们想要企业提供什么样的产品或者服务？……要回答这些问题，企业需要花费大量的时间、精力和财力去调查，但获得的结果往往不尽如人意。因为只通过一两次的调查，即使调查方式是科学的，结果也带有很强的主观性和随意性，往往会出现这样或那样的偏差。所以，企业应当积极运用数据库来管理客户信息。

一、客户数据库

数据库是信息的中心存储库，是由一条条记录构成的，记载着相互联系的一组信息，许多条记录连在一起就是一个基本的数据库。数据库是面向主题的、集成的、相对稳定的、与时间相关的数据集合，能够及时反映市场的实际状况，是企业掌握市场的重要途径。有营销专家说："没有数据库，企业就像在沙漠中迷失了方向一样会付出惨痛的代价。"

客户数据库是企业运用数据库技术，收集现有客户和目标客户的综合数据资料，追踪并掌握他们的情况、需求和偏好，并且进行深入的统计、分析和数据挖掘，而使企业的营销工作更有针对性的一项技术措施，是企业维护客户关系、获取竞争优势的重要手段和有效工具。

二、运用客户数据库可以深入分析客户的购买行为

客户数据库可以帮助企业了解客户过去的购买行为，而客户过去的购买行为是其未来购买模式的最好指示器，因此，企业可通过客户数据库来推测客户未来的购买行为。客户数据库还能反映每个客户的购买频率、购买量等重要信息，并保存客户每次交易的记录及客户的反馈情况。通过客户数据库，企业可以对客户进行定期跟踪，从而对客户的资料有详细全面的了解；利用"数据挖掘技术"和"智能分析"可以发现赢利机会，继而采取相应的营销策略，这就是数据库营销。

由于客户数据库是企业经过长时间对客户信息（客户的基本资料和历史交易行为）的积累和跟踪建立起来的，剔除一些偶然因素，因而对客户行为的判断是客观的。此外，通过客户数据库对客户过去的购买行为和购买习惯进行分析，企业还可以了解到客户是被产品所吸引还是被服务所吸引，或是被价格所吸引，从而有根据、有针对性地开发新产品，或者向客户推荐相应的服务，或者调整价格。

例如，饭店可以通过客户数据库建立详细的客户档案，包括客户的消费时间、消费频率以及偏好等，如客户喜欢什么样的房间和床铺、喜爱哪种品牌的香皂，是否吸烟，有什么特殊的服务要求等。通过客户数据库，饭店可使每一位客户都得到满意的服务，从而提高营销效率，并降低营销成本。

许多航空公司也利用常旅客留下的信息建立了"常旅客数据库"，在此基础上，航空公司可统计和分析常旅客的构成、流向、流量，分析常旅客出行及消费的趋势，订票、购票的方式与习惯，以及对航空公司市场营销活动的反馈建议等，从而采取相应的措施，如挑选适当的时机定期、主动地对常旅客进行回访，变被动推销为主动促销。例如，美国航空公司建立了一个"重要旅行者"数据库，其中存有80万名旅客的资料。这部分人虽然占该公司每年乘客总数的比例不到4%，但他们每人每年平均乘坐该公司飞机约13次，对公司总营业额的贡献在60%以上。美国航空公

司每次举行宣传活动，总是把他们作为重点推广对象。

三、运用数据库可以对客户开展精准营销

客户数据是企业内部最容易收集到的营销信息，通过对客户基础信息和交易信息进行加工、提炼、挖掘、分析、处理和对比，企业可以在海量数据中探求客户现有及潜在的需求、模式、机会，从而直接针对目标客户进行精准营销，而无须借助大众宣传的方式，因而减少了竞争对手的注意度，有效地避免"促销战""价格战"等公开的对抗行为。

精准营销是企业依托信息技术手段，对客户的相关数据进行搜集，然后运用技术平台对这些数据进行统计和分析，从而掌握每一个客户的消费倾向，再通过微信、邮件等传播方式进行的营销，并根据客户反映和市场效果不断进行修改和完善。精准营销非常适用于管理个性化、分散化的小客户，是对小客户进行管理的一种非常好的方法。

例如，纽约大都会歌剧院设立了一个可容纳大于 140 万人的"歌迷"资料的客户数据库，歌剧院运用计算机分析各种类型的"歌迷"的特点，从中找出了潜在客户，然后用直接通信的方式宣传推销歌剧票，结果在歌剧票正式公开发售之前，70%以上的票就已经通过数据库销售出去了。

蒙牛初次进入上海市场时想采取进入连锁超市的销售方式，但是这些体系的"门槛"太高，于是找到了麦德龙公司。麦德龙利用其强大的客户数据优势，将蒙牛的牛奶样品赠送给经过分析、精心挑选出的 4000 户家庭品尝，随后跟踪客户的反馈信息，同时在网上及直邮单上发布蒙牛促销的消息，从而促进了蒙牛在上海的销售，使其销售额从一开始每月只有几万元一下子增加到几十万元。就这样，蒙牛没有投入大量资金进行广告宣传，也没有付出巨额的超市"入场费"，而是仅仅投入了数千盒样品的成本，就顺利地打开了上海市场。这一切，如果没有麦德龙庞大的客户数据库的支持是不可能做到的。

美国最大的零售公司西尔斯公司，为稳定自己众多的客户，将所有与公司打过交道的客户名单收集起来，建立了一套达 6 万多个家庭的"西尔斯家庭档案"。根据该档案，公司查阅这些家庭的收入情况、消费购物习惯，设计出各种档次的家庭用品消费方案，并分寄给这些家庭。结果，家庭用品销售额立即猛增了三倍。

四、运用客户数据库可以实现客户服务及管理的自动化

客户数据库还能强化企业跟踪服务和自动服务的能力，使客户得到更快捷和更周到的服务，从而有利于企业更好地保持客户。例如，通过对客户历史交易行为的监控、分析，当某一客户的购买金额累计达到一定金额后，可以提示企业向该客户提供优惠或个性化服务。

案例链接：澳大利亚国民银行运用客户数据库实现对客户的自动管理

澳大利亚国民银行是一家全球性的银行，它每天都会将所收集到的客户信息放在客户数据库中，并且设定了一些智能分析机制，对客户的交易状态进行管理。例如，对一些非正常的交易金额，即大额的提款和大额的存款进行专门的处理，一旦有异常客户状态发生，客户数据库就会自动做出相关统计，并将统计的结果提交给营销部门的人员，由相关人员及时与客户进行接触，找出客户状态异常的原因。

一次，银行发现一位77岁的老太太提款很多，原来她提款是为女儿买房子。于是银行立即与老太太的女儿联系，表示愿意为其提供买房贷款。结果，老太太将从银行提出的款项又全部存回银行，而且银行为老太太的女儿提供了一笔贷款，老太太的女儿也将自己在其他银行的存款转存到国民银行——一举三得，银行和客户共同受益。

五、运用客户数据库可以实现对客户的动态管理

企业运用客户数据库还可以了解和掌握客户的需求及其变化，可以知道客户何时应该更换产品。

例如，美国通用电气公司通过建立详尽的客户数据库，可以清楚知道哪些客户何时应该更换电器，并时常赠送一些礼品以吸引他们继续购买公司的产品。

由于客户的情况总是在不断地发生变化，所以客户的资料应随之不断地进行调整。企业如果有一套运行良好的客户数据库，就可以对客户进行长期跟踪，通过调整剔除陈旧或已经变化的资料，及时补充新的资料，就可以使企业对客户的管理保持动态性。

例如，美国金百利公司建立了一个包括全美74%孕妇资料的资料库，这些准妈妈在怀孕期间就会收到企业寄来的杂志和信件。新生儿出生后，企业带计算机条码的折价券被送到产妇手中，产妇可获取优惠的纸尿布。企业凭此折价券可记录客户的购买情况，并继续追踪客户持续使用该产品的情况。

此外，客户数据库还可以帮助企业在以下4种情况下进行客户预警管理，从而提前发现问题客户。

外欠款预警。企业可以在客户资信管理方面给不同的客户设定不同的授信额度，当客户的欠款超过授信额度时，客户数据库就发出警告，使企业对此客户进行调查、分析，从而及时回款，以避免出现真正的风险。

销售进度预警。客户数据库根据记录的销售资料，在客户的进货进度和计划进度相比有下降时就发出警告，使企业对此情况进行调查，给出相应的解决办法，以防问题恶化。

销售费用预警。企业在客户数据库中记录每笔销售费用，当销售费用攀升或超出费用预算时，客户数据库就发出警告并及时中止销售，防止企业陷入费用陷阱。

客户流失预警。客户数据库根据记录的销售资料，在客户不再进货时就会发出预警，使企业及时进行调查，并采取对策，防止客户流失。

案例链接：前程无忧的客户信息管理

收集求职者信息的渠道有：直接渠道，收集求职者注册时填写的信息。求职者在前程无忧 App 上注册，必须填写手机号码、邮箱、求职意向等一系列信息。填写完这些信息后，前程无忧还会引导求职者进行各种认证，以便了解求职者更多的信息。前程无忧为求职者提供职业测评、应聘指导等辅导时，引导求职者填写表单，收集求职者信息。前程无忧通过 App 发起求职者调研活动，收集求职者对前程无忧的评价、对前程无忧活动的期待和建议等；间接渠道，前程无忧会从猎头手上购买猎头数据补充自己的数据库，通过猎头获取更深入的信息，补充已有求职者的信息库。另外，前程无忧还与第三方征信平台考拉征信合作，收集平台求职者的职业征信报告，甄别候选人的背景信息。

收集招聘企业信息的渠道有：对合作企业进行调研，通过实地调研等考察方式，评估企业的环境、经营状况、发展前景等相关信息。企业来前程无忧发布招聘信息的时候，必须提供企业的相关信息，包括企业法定代表人、企业的行业类别、经营情况。企业还必须上传营业执照才能进行招聘。前程无忧每年会向咨询公司购买企业的数据，获得企业一系列的相关信息。所有的企业信息都被前程无忧收进自己的数据库里。

收集到的求职者信息包括：基本信息——姓名、年龄、出生日期、手机号码、邮箱、年收入、开始工作年份、住址、婚姻状况、政治面貌；教育经历——最高教育经历，毕业院校、学历、在校时间、专业、是否全日制、在校情况；事业情况——求职意向、工作地点、期望薪资、期望行业、开展副业情况、工作经验；个性情况——核心优势、技能、语言熟练程度、兴趣爱好。

收集到的招聘企业信息包括：基本信息——企业的名称、地址、负责人信息（法定代表人及其联系方式）、营业执照；经营情况——行业类别、企业规模、企业简介；招聘情况——招新岗位、职位要求。

前程无忧基于大数据和全渠道的信息收集，构建数据标签体系并且建立求职者和企业信息数据库。通过机器学习和数据挖掘，精准匹配求职者和企业。收集了求职者的感兴趣行业、目标薪资、心仪岗位信息后，通过大数据匹配，为求职者提供精准化的岗位推荐。在这个过程中，求职者找到满意的工作，企业挑选到合适的员工。通过大数据智能匹配信息，大大缩减了双方的时间成本。为了确保客户信息安全管理，前程无忧强化实名认证。对企业有效的营业执照等资质证明进行审核，对法定代表人进行个人实名认证，对身份证、手机验证码进行验证，只有通过全部审核才能发布招聘信息。强化个人用户授权流程。求职者可以设置简历是否为"公开状态"，如果选择不公开，那么简历仅对平台公开，只有得到求职者的授权，企业才能浏览。同时，求职者可以通过"谁看过我的简历"功能查看简历被企业浏览的情况，当有新的企业查看求职者简历时，平台会提醒求职者前往查看。

六、客户数据库的管理

客户是企业最宝贵的资产，是企业的命脉，客户档案泄密势必影响企业的发展（曾经发生过员工跳槽前将企业所有的客户资料刻录下来，将其作为"见面礼"送给企业的竞争对手的事情）。因此，企业对客户数据库的管理要慎之又慎。

对客户数据库的管理应当由专人负责，并且要选择在企业工作时间较长、对企业满意度高、归属感较强、忠诚度较高、有一定的调查分析能力的老员工作为客户数据库的管理人员，要避免低工资人员、新聘用人员、临时人员做这方面的工作。此外，企业必须抱着对客户负责的态度，严格保密客户的信息，避免客户信息外泄。

需要说清楚的是，维护好客户关系并不一定要建立客户数据库，没有客户数据库同样可以维护好客户关系，只不过有客户数据库可以更方便地维护客户关系。

建立和维护一个客户数据库需要投入庞大的资金，因此，在以下3种情形下，企业可以考虑不建立客户数据库。首先，客户一生当中对企业的产品或者服务（如丧葬用品、婚礼用品、高价别墅等）的购买次数非常有限，或者重复购买的可能性没有或者很小，所以，相关企业建立客户数据库的意义就不大；其次，对没有品牌忠诚度的客户，企业也没有必要为之建立数据库；最后，考虑成本核算——如果建立客户数据库的代价远远高于从中得到的收益，那么企业也不用考虑建立客户数据库。

任务讨论

举例说明数据库在客户关系管理中的作用。

任务四 数据挖掘及大数据在客户关系管理中的应用

一、数据挖掘在客户关系管理中的应用

数据挖掘是从大型数据库中提取人们感兴趣的知识，这些知识是隐含的、未知的、有用的信息，提取的知识表示为概念、规则、规律、模式等。

数据挖掘在客户关系管理中的应用

第一，客户画像。交互设计之父阿兰·库伯（Alan Cooper）最早提出了用户画像（persona）的概念，用户画像又称人群画像，是根据用户人口统计学信息、社交关系、偏好习惯和消费行为等信息而抽象出来的标签化画像，包括客户基本属性、

购买能力、行为特征、兴趣爱好、心理特征、社交网络等信息的画像。企业可以基于客户终端信息、位置信息、消费信息等丰富的数据，为每个客户打上人口统计学特征、消费行为和兴趣爱好标签，并借助数据挖掘技术（如分类、聚类、RFM 等）进行客户分群，完善客户的 360 度画像，深入了解客户行为偏好和需求特征。

第二，客户群体分类。数据挖掘中的决策树和聚类等算法可以把大量客户分成不同群体。通过对数据库中收集和存储的大量客户消费信息进行分析和处理，数据挖掘可以确定特定类别客户群体或个体的消费兴趣、习惯、倾向和需求。

第三，精准营销和个性化推荐。数据挖掘中的聚类分析能够发现对特定产品感兴趣的客户群，神经网络能够预测客户购买新产品的可能性，关联规则能发现客户倾向于关联购买哪些产品。在此基础上企业可以实现精准营销，为客户提供定制化的服务，优化产品和定价机制，实现个性化营销和服务，提升客户体验与感知。

第四，分析客户信用。数据挖掘中的差异分析技术能让企业从大量历史数据中分析出客户信用等级，使企业能够对不同信用等级的客户采取不同的营销方案。数据挖掘中的离群点检测、神经网络和聚类等分析方法可以预测出客户欺诈发生的可能性、原因、程度及防范措施等，使得企业可以准确及时地对各种欺诈风险进行监视、评估、预警和管理，进而采取有效的规避和监督措施，控制欺诈风险。

第五，客户生命周期管理。客户生命周期管理包括新客户获取、客户成长、客户成熟、客户衰退和客户离开等五个阶段的管理。在客户获取阶段，企业可以通过算法挖掘和发现高潜客户；在客户成长阶段，通过关联规则等算法进行交叉销售，提升客户人均消费额；在客户成熟阶段，可以通过大数据方法进行客户分群并进行精准推荐，同时对不同客户实施忠诚计划；在客户衰退期，需要进行流失预警，提前发现高流失风险客户，并进行相应的客户关怀；在客户离开阶段，可以通过大数据挖掘高潜回流客户。

🔘 **知 识 链 接**

客户数据库中的几个重要指标

根据美国数据库营销研究所阿瑟·休斯的研究，客户数据库中有 3 个特别的要素，这 3 个要素构成了数据分析最好的指标：最近一次消费、消费频率、消费金额。

（一）最近一次消费

最近一次消费是指客户上一次购买的时间，它是企业维系客户的一个重要指标，可以反映客户的忠诚度。一般来说，最近一次消费时间越近越理想，因为最近才购买企业的产品或者服务的客户是最有可能再购买的客户。吸引一位几个月前购买了本企业的产品或者服务的客户，比吸引一位几年前购买的客户要容易得多。如果客户最近一次消费的时间离现在很远，说明客户长期没有光顾，企业就要调查客户是否已经流失。

（二）消费频率

消费频率是指客户在一定的时间内购买企业的产品或者服务的次数。一般来说，最常购买的客户，可能是满意度最高、忠诚度最高的客户，也可能是最有价值的客户。

（三）消费金额

消费金额是客户购买企业的产品或者服务花费的金额的多少。企业通过比较客户在一定期限内购买的产品或者服务的数量，可以知道客户购买态度的变化，如果消费金额下降，则要引起企业足够的重视。

企业综合分析上述指标可识别最有价值的客户、忠诚客户和即将流失的客户。将最近一次消费、消费频率结合起来分析，企业可判断客户下一次交易的时间距离现在还有多久。将消费频率、消费金额结合起来分析，企业可计算出在一段时间内客户为自身创造的利润，从而明确谁才是自己最有价值的客户。当客户最近一次消费的时间离现在很远，而消费频率或消费金额也出现显著萎缩时，说明这些客户很可能即将流失或者已经流失，企业应实施相应的对策，如对其重点拜访或联系等。

二、大数据在客户关系管理中的应用

大数据，具有 5V 特点：Volume（大量）、Velocity（高速）、Variety（多样）、Value（价值密度）、Veracity（真实性）。大数据分析指的是在数据密集型环境下，对数据科学的再思考和进行新模式探索的产物。随着大数据技术的发展，企业可以得到关于客户的各种数据，如年龄、性别、住址、收入、购物习惯等。企业可以从众多的数据中勾勒出客户的虚拟画像。

大数据的计算和运用，可以帮助企业搜集并对消费数据进行分析，可推断出客户的个人偏好、需求等，进一步预测客户将来的购物行为和需求，从而将相对应的产品信息精准推送到客户面前，最大限度地挖掘市场机会。

案例链接：大数据技术在商业银行客户服务中的应用

商业银行通过对大企业的经营管理状况、资金周转周期、竞争对手经营状况等数据进行分析，可以对大企业客户提供系统、及时的服务，满足大企业客户在资金使用上的及时性需求，从而增加客户对商业银行的黏性和满意度、忠诚度。

同样，商业银行大数据技术对中小企业的风险状况、信用进行评估，能够迅速对中小企业客户融资问题做出决策。同时，商业银行通过大数据帮助中小企业提高闲置资金的利用率，提高中小企业的还款能力，降低商业银行的风险。

对于个人客户，商业银行可以通过对个人客户的账户数据、交易消费数据、电子平台操作记录数据分析出个人客户对风险的偏好、消费习惯、消费能力等信息，从中识别出商业银行所需要的优质客户，并采取个性化的服务来满足不同客户的需求。

此外，商业银行通过大数据对已流失客户群体的业务、行为习惯等因素进行分析，可以分析出流失的客户群体的特点、出现流失的原因，根据实际情况采取相应的策略进行挽回。

在大数据时代下，基于大数据分析，提取出背后的数据逻辑，从而准确地预测、分析市场，在此基础上制定相应的服务策略将更准确、更有针对性，也更实用。基于大数据分析平台，还可通过购买集中度分析等，集中更多的促销资源回馈高价值、高贡献的客户。

随着大数据、云计算等新兴网络信息技术蓬勃发展，企业可以通过移动通信、物联网、数据分析等技术应用，及时了解用户购买偏好、购买习惯、购买频率、品牌忠诚等消费行为，精准把握用户的需求，提供相应的产品和服务，有利于实现个性化的定制营销。

大数据、云计算等不仅是技术的变革，也改变了人们的思维方式，即从以前的因果关系的挖掘转变为如今对相关关系的挖掘。因此，管理者通过对客户的所有数据进行相关性分析、聚类分析，可对客户群体进行偏好分类、年龄层分类、消费习惯分类等，根据类别做出相应的销售策略、服务策略以期满足客户的个性化需求。

以马蜂窝提供的旅游服务为例，当客户通过马蜂窝的网站、应用软件进行在线搜索、购买旅行服务时，线上相关的浏览数据如目的地、旅游时间段、机票航班、酒店住宿、游玩项目等数据都会传到云端，结合其他客户的个人数据，马蜂窝可对该客户的行为偏好进行聚类分析，从而为该客户推荐相应的旅游服务项目，贴合客户的旅游服务需求。

总而言之，大数据技术的发展赋予了我们更先进的客户关系管理手段。例如，过去企业必须通过昂贵的用户调研、焦点小组讨论等方式去了解客户的需求，而且由于种种偏差，结果往往令人不满意。今天，企业和客户之间的触点越来越丰富：用户论坛、社交网络、网页浏览记录、智能硬件交互等。这些触点留下了客户的蛛丝马迹，帮助企业更好地把握客户的需求，提高产品的定制化水平。通过无处不在的数字化触点，企业得以与客户展开信息互动，对需求做出快速响应。

任务讨论

举例说明数据挖掘及大数据在客户关系管理中的应用。

习题

一、选择题（可能不止一个正确选项）

1. 客户信息是（　　）的基础。

   A. 进行客户分级　　　　　　　B. 实现客户满意

   C. 与客户沟通　　　　　　　　D. 保持客户流动

2. 收集客户信息的间接渠道包括（　　）。

   A. 各种媒介

   B. 市场管理部门及驻外机构

   C. 国内外金融机构及其分支机构

   D. 国内外咨询公司及市场研究公司

3. 可以考虑不建立客户数据库的情形有（　　）。

   A. 客户一生当中重复购买企业的产品或者服务的可能性没有或者很小

   B. 企业没有拥有品牌忠诚的客户

   C. 建立客户数据库的代价高于从中得到的收益

   D. 经常投诉的客户

4. 个人客户的信息应当包括（　　）等。

   A. 基本信息　　　　　　　　　B. 消费情况

   C. 事业情况家庭情况　　　　　D. 教育情况

5. 企业客户的信息应当包括（　　）等。

   A. 基本信息　　　　　　　　　B. 客户特征

   C. 业务状况　　　　　　　　　D. 负责人信息

二、判断题

1. 企业无须对客户负责，不需要严格保密客户的信息。　　　　　　　（　　）

2. 最近一次消费、消费频率、消费金额、每次的平均消费额都是客户数据库的重要指标。　　　　　　　　　　　　　　　　　　　　　　　　　　　　（　　）

3. 依据客户数据库对客户行为的判断是客观的。　　　　　　　　　　（　　）

4. 最近一次消费是指客户购买本企业产品或服务的次数。　　　　　　（　　）

5. 通过客户数据库对客户过去的购买行为和购买习惯进行分析，企业可以向客户推荐相应的服务，或者调整价格。　　　　　　　　　　　　　　　　　（　　）

三、思考题

1. 对个人客户应掌握哪些信息？对企业客户应掌握哪些信息？

2. 收集客户信息有哪些渠道？

3. 数据库在客户关系管理中有哪些作用？

四、案例分析题：美国第一银行 CRM 支持"如您所愿"

作为世界上最大的 Visa 信用卡发卡行，拥有超过 5 600 万信用卡客户的美国第一银行的核心理念是"成为客户信任的代理人"，在与客户建立联系时采用一种被称为"ICARE"的要诀：I（inquire）——向客户询问并明确其需求；C（communicate）——向客户保证将尽快满足其需求；A（affirm）——使客户确信有争先完成服务工作的能力和愿望；R（recommend）——向客户提供一系列服务的选择；E（express）——使客户银行接受单个客户的委托。

在"ICARE"的基础上，美国第一银行推出了一项名为"At Your Request"（如您所愿）的客户服务，赢得了客户的信任，获得巨大的商业成功。无论是"ICARE"还是"At Your Request"，都离不开第一银行先进的数据仓库的全面信息支持。

美国第一银行的客户可通过电话、电子邮件或网络得到"At Your Request"提供的三项服务：金融服务、旅行娱乐服务和综合信息服务。在客户使用美国第一银行的信用卡一段时间后，在信用记录良好的情况下，银行会寄一份"At Your Request"业务邀请函给客户。客户如果接受，只需填写一份爱好简介，包括其每个家庭成员的姓名、生日、最喜欢的杂志、最喜欢的文娱活动等，就可获得各种相关服务。银行通过"At Your Request"帮助客户满足其各种需求，如"At Your Request"提供"提醒服务"，称为"Just-in-Time"，在客户的周年纪念日、特殊事件和重要约会前，会按客户所希望的时间、方式、渠道来提醒。再如，客户想在饭店订座或想要送花，都可以通过"At Your Request"来实现。

在业务后台，第一银行开发了庞大而先进的数据库系统，从每一笔信用卡交易中提取大范围的有重要价值的数据。在银行看来，其可以从大多数使用信用卡的客户的业务记录中"发现"客户最感兴趣的商品或服务。

利用所掌握的交易数据，第一银行建立了高度准确、按等级分类的单个客户实际偏好的记录，当然也能分析群体客户的消费情况和偏好。银行可以根据客户的消费偏好信息确定商业合作伙伴，从他们那里得到最优惠的价格并提供给客户。银行的数据仓库通过持续的更新，会越来越清晰地反映客户的需求和消费偏好，这为"At Your Request"业务的开展提供了最有力的信息支持。

案例思考题：
美国第一银行是如何管理和利用客户信息的？

实训

实训内容

介绍、分析××企业是如何收集客户信息的，收集了哪些客户信息，以及是如何管理客户信息的。

实训步骤

1. 教师布置实训任务，指出实训要点和注意事项。

2. 全班分为若干小组，采用组长负责制，组员合理分工、团结协作。

3. 收集相关资料和数据时可以进行实地调查，也可以采用第二手资料。

4. 小组内部充分讨论，认真研究，形成分析报告。

实训汇报

1. 小组需制作一份3～5分钟能够演示完毕的PPT文件在课堂上进行汇报，之后其他小组可提出质询，台上台下进行互动。

2. 教师对每组的分析报告和任务讨论情况进行点评和总结。

项目五

客户分级管理

【项目目标】

1. 理解为什么要对客户分级。
2. 熟悉怎样对客户分级。
3. 掌握怎样管理各级客户。

音频课导学

引例

IBM 的觉悟

IBM 公司原先以为所有的客户都可能成为大宗产品和主机的购买者,所以即便是小客户也提供专家销售力量且上门服务,即便是带来赢利较少的客户也为其免费修理旧机器。IBM 公司因此赢得了很高的美誉度,然而这是以牺牲利润为代价的。后来,IBM 意识到这种不计成本的策略从长远来说并不可行,于是果断地区别对待不同层级的客户,降低服务小客户的成本,并且向非赢利客户适当地收取维修费,从而使公司利润大幅上扬。

启示

客户有大小,贡献有差异,每个客户带来的价值是不同的,企业不能一视同仁地对待所有的客户,而应区别对待。

客户分级是指企业依据客户的不同价值,将客户区分为不同的层级,从而为企业针对不同级别的客户进行区别服务与管理提供依据。

任务一 为什么要对客户分级

一、不同客户带来的价值不同

尽管每个客户的重要性都不容低估,但是由于其在购买力、购买欲望、服务(维系）成本等方面的差异，每个客户能给企业创造的收益是不同的，对企业来讲，一些客户会比另一些客户更有价值。

国外的一份统计资料证明，23%的成年男性消费了啤酒总量的81%，16%的家庭消费了蛋糕总量的62%，17%的家庭购买了79%的即溶咖啡。也就是说，大约20%的客户消费了产品总量的80%左右，其余80%的客户的消费量只占总量的20%。

1897年，意大利经济学家维尔弗雷多·帕累托（Vilfredo Pareto）发现了经济及社会生活中无所不在的二八定律，即关键的少数和次要的多数的比率约为2∶8。也就是说，80%的结果往往源于20%的原因，这就是帕累托定律。对企业来说，即企业80%的收益总是来自20%的有高贡献度的客户，即少量的客户为企业创造了大量的利润，其余80%的客户创造的是微利、无利，甚至是负利润。

根据美国学者雷奇汉的研究，企业从10%的最重要的客户那里获得的利润，往往比从10%最次要的客户那里获得的利润多5～10倍，甚至更多。

伍尔夫·布莱恩（Woolf Brian）曾针对某个超市的连锁店进行调查，通过收集该店15000名客户的年度消费额，他发现年度消费额最高的、占客户总数20%的客户（黄金客户）的年保持率为96%，销售额占总销售额的近84%。

以上的研究结果虽然不尽相同，但是都表明了一个道理，那就是客户有大小、贡献有差异。每个客户带来的价值是不同的，有的客户提供的价值可能比其他客户高10倍、100倍，甚至更多，而有的客户则不能给企业带来多少利润甚至还会吞噬其他客户为企业带来的利润。

二、企业有限的资源不能平均分配

任何一家企业的资源都是有限的，因此企业把资源平均分配给价值不同的客户的做法既不经济，也会引起大客户、"好客户"的不满。

现实中有些企业对所有的客户一视同仁，无论是大客户还是小客户，无论是能带来赢利的"好客户"，还是根本无法带来赢利，甚至会造成亏损的"差客户"都平等对待，从而导致企业成本增加、利润降低、效益下降。

小客户、"差客户"享受大客户、"好客户"的待遇，自然没有意见，而大客户、"好客户"就会心理不平衡，因为不受重视，他们轻则满腹牢骚，重则产生不满甚至"叛离"，如果这个时候竞争对手乘虚而入，为这些最能使企业赢利的大客户、"好客户"提供更多的优惠，就可以轻而易举地将他们"挖"走，毕竟在买方市场中，大客户、"好客户"的选择面很宽。

可见，企业不能平均对待大客户、小客户，"好客户"、"差客户"，不能"眉毛胡子一把抓"。因为那样做不但大客户、"好客户"不会满意，而且有提升潜力的小客户、"差客户"也不愿意成为大客户、"好客户"——对企业的贡献再大也不过如此,又何必呢!

三、客户分级是与客户沟通、实现客户满意的基础

企业与客户沟通应当根据客户价值的不同采取不同的沟通策略,因此,区分不同客户的价值是与客户沟通的前提。

企业实现客户满意也要根据客户的不同采取不同的策略,因为每个客户给企业带来的价值不同,他们对企业的预期也就会有差别,满意标准也不一样。为企业创造较多利润、带来较大价值的关键客户会预期得到有别于普通客户的待遇,如更优质的产品或服务以及更优惠的条件等。如果企业能够找出这些能带来丰厚利润、最有价值的客户,并且把更多的资源用在为他们提供优质的产品和有针对性的服务上,就很可能提高他们的满意度。

例如,某旅游企业根据客户以往的消费记录将客户分成 A、B、C 3 级,并针对不同级别给予不同待遇。例如,消费金额最低的 C 级客户如果提出很费时的服务要求(如行程规划),就必须预付 25 美元作为订金,而 A 级和 B 级客户则无须预付订金。其道理是"过滤掉随口问问或三心二意的客户,我们才能把大部分时间放在服务前两级的客户上面。"

花旗银行把客户市场细分为不同的类别,然后采用针对性的服务方式,如对大众市场提供各种低成本的电子银行,对高收入人士则提供多种私人银行业务。

美国第一联合银行的客户服务中心采用了"Einstein"系统,这套系统能在计算机屏幕上用颜色对客户的级别进行区分。例如,红色标注的是不能为银行带来盈利的客户,对他们不需要提供特殊的服务,利率不得降低,透支也不准通融;绿色标注的是能为银行带来较多盈利的客户,需从多方取悦,并提供额外的服务。

又如,American Airlines 向其机组人员提供一份"铂金"客户、"黄金"客户及其座位号清单,明确提示必须为其提供优质的服务。这样做的结果是,在美国从伦敦飞往纽约的同一次航班上,对于同样 7 个小时的飞行,乘客所付的费用为 200～6 000 英镑不等,而对于这样大的价格差异,乘客都没有意见。

总之,由于不同客户带来的价值不同,企业的资源又是有限的,而客户分级是与客户沟通、实现客户满意的基础。因此,企业只有对客户进行分级管理,才能强化与高价值客户的关系,降低为低价值客户服务的成本,也才能在实现客户满意的同时实现企业利润的最大化。

任务讨论

企业应当对客户分级吗?

任务二 怎样对客户分级

企业对客户的选择在开发客户之前进行，因而对客户的"好"与"坏"只能用科学的理论或经验去主观判断、去推测。企业对客户的分级则是在开发客户之后，判断客户价值的大小要用事实、数据，如消费金额、消费频率、消费档次、信用状况、利润贡献等。

企业根据客户为自身创造价值的大小按由小到大的顺序将客户"垒"起来，可以得到一个客户金字塔，创造价值最大的客户位于客户金字塔的顶部，创造的价值最小的客户位于客户金字塔的底部。

我们可以将客户金字塔进行三层级划分，分出的这3层是关键客户、普通客户和小客户，如图5-1所示。

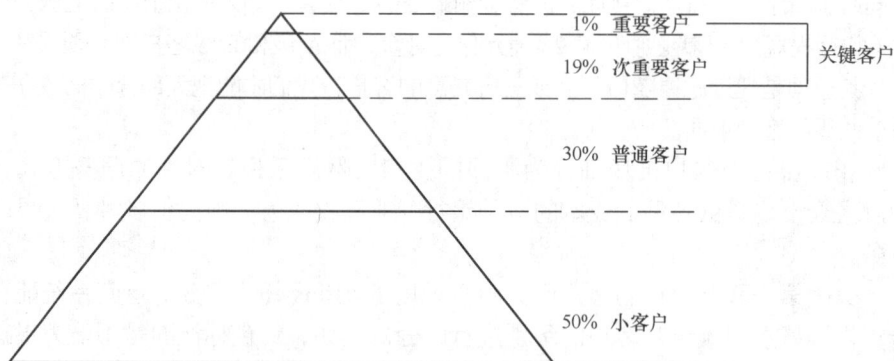

图5-1 客户金字塔三层组划分

一、关键客户

关键客户是企业的核心客户，一般占企业客户总数的20%，企业80%的利润靠他们贡献，是企业的重点保护对象。关键客户由重要客户和次重要客户构成。

（一）重要客户

重要客户是客户金字塔中最高层的客户，是能够给企业带来最大价值的客户，约占客户总数的1%。

重要客户往往是产品的重度用户，他们为企业创造了绝大部分的利润，而企业只需为其支付较低的服务成本。他们对价格不敏感，也乐意试用新产品，还可为企业介绍客户，帮助企业节省开发新客户的成本。他们不但有很高的当前价值，而且有巨大的增值潜力，其业务总量在不断增大，未来在增量销售、交叉销售等方面仍有潜力可挖。

重要客户是最有吸引力的一类客户，可以说，企业拥有重要客户的多少，决定了其在市场上的竞争地位。

（二）次重要客户

次重要客户是除重要客户以外给企业带来最大价值的客户，一般约占客户总数的 19%。

次重要客户也许是企业产品或者服务的大量使用者，也许是中度使用者，他们对价格的敏感度比较高，因而为企业创造的利润和价值没有重要客户那么高。他们为了降低风险可能会同时与多家同类型的企业保持长期关系。他们也在真诚、积极地为企业介绍新客户，但在增量销售、交叉销售方面可能已经没有多少潜力可供企业进一步挖掘。

二、普通客户

普通客户是前 50%为企业创造最大价值的客户中除关键客户之外的客户，一般约占客户总数的 30%。普通客户的数量较多，但他们单个带来的价值比不上单个关键客户，不值得企业去特殊对待。

三、小客户

小客户是客户金字塔中最底层的客户，指除了关键客户、普通客户外，剩下的后 50%的客户。虽然小客户数量多，但其单个带来的价值远远比不上单个关键客户或单个普通客户。

图 5-2 所示是客户金字塔和客户利润金字塔示意图，体现了客户类型、数量分布和创造利润的能力之间的关系。

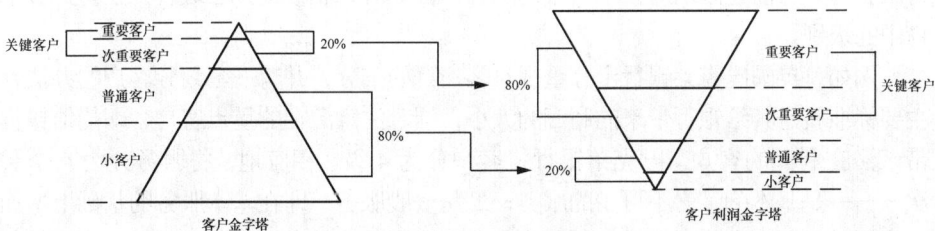

图 5-2 客户金字塔和客户利润金字塔对应关系示意图

客户金字塔包含着重要的思想，那就是企业应为对本企业的利润贡献最大的关键客户提供最优质的服务，配置最丰富的资源，并加强与这类客户的关系，从而使赢利能力最大化。

例如，美国大通银行根据客户的不同贡献将其所有的客户分为 5 级——蓝色客户每年能为银行提供 500 万美元的综合效益或 300 万美元的中间业务收入；绿色客户每年能为银行提供 300 万美元的综合效益或 100 万美元的中间业务收入；红色客户需求比较单一，为银行带来的利润少，却是银行的忠诚客户；转移客户需求复杂，却不能给银行带来很多利润；清退客户基本上不能给银行带来利润。

案例链接：携程旅行的客户分级

携程旅行作为中国领先的综合性旅行服务公司，整合了高科技产业与传统旅行业，向超过 3 亿会员提供集无线应用、酒店预订、机票预订、旅游度假、商旅管理及旅游资讯在内的全方位旅行服务，被誉为"互联网和传统旅游无缝结合的典范"。

携程旅行按照等级分来划分客户等级，等级分是根据客户在携程旅行的个人账户近 12 个月内的订单消费情况、任务活动完成情况及信誉记录，综合计算得出的分值。携程旅行将客户分为钻石会员、黄金会员、普通会员等。此外，会员等级的有效期限为 60 天，期限结束后，系统会根据客户当前的等级分重新划分会员等级。

➡️ **任务讨论**

举例说明企业应当怎样对客户分级。

任务三 怎样分级管理客户

客户分级管理是指企业依据客户带来价值的多少对客户进行分级，不是平等对待所有客户，而是区别对待不同级别的客户，同时，积极提升各级客户在客户金字塔中的级别。

例如，英国巴克莱银行十分重视对客户群的细分，并有一套划分客户的办法，主要标准就是其给银行带来的利润的大小，同时注意潜在的重点客户，即能给银行带来潜在利润的客户。巴克莱银行将客户分为 4 级，相应地，将服务分为 4 个层次——一是基本的、必不可少的服务；二是一般服务，即在基本服务的基础上增加一些不是对所有客户都提供的服务，如电话银行；三是高级服务，包括一些可以不提供但提供了能使客户很高兴的服务；四是全面服务，包括一些客户本身都没有想到的、为客户特定提供的服务。

一、关键客户的管理

关键客户是企业实现可持续发展的最重要的保障之一，因而关键客户的管理在企业管理中处于重要的地位。关键客户管理，对整个企业的经营业绩具有决定性的影响。

一般来说，企业花了很大的代价才与关键客户的关系进入稳定、良好的状态，然而竞争对手，总是瞄准这些客户并伺机"诱惑"他们，而一旦失去关键客户，企业的生产经营会受到很大的伤害。因此，企业必须认真维护与关键客户的关系，牢牢地抓住关键客户这个龙头，只有这样才能保证企业持续稳定发展，才能使企业保持竞争优势及对竞争对手的顽强抵御能力，才能在市场竞争日益激烈的今天，屹立潮头，稳操胜券。为此，企业要做到以下几点。

（一）成立专门机构服务关键客户

目前，许多企业对关键客户都比较重视，管理高层经常亲自出面处理与这些客户的关系，但是这样势必分散高层管理者的精力。如果企业能成立一个专门服务关键客户的机构，便可一举两得——一方面可使企业高层不会因为频繁处理与关键客户的关系而分散精力，从而能够集中精力考虑企业的战略和重大决策；另一方面也有利于企业对关键客户的管理系统化、规范化。

关键客户服务机构的职能主要体现在以下 3 个方面。

首先，关键客户服务机构要为企业高层提供准确的关键客户信息，协调技术、生产、企划、销售、运输等部门根据关键客户的要求设计不同的产品和服务方案。

其次，关键客户服务机构要负责联系关键客户，要利用客户数据库分析每位关键客户的交易历史，注意了解关键客户的需求和采购情况，及时与关键客户就市场趋势、合理的库存量进行商讨。

最后，关键客户服务机构要关注关键客户的动态，并强化对关键客户的跟踪管理，对出现衰退和有困难的关键客户要进行深入分析，必要时向其伸出援手。当然，也要密切注意其经营状况、财务状况、人事状况的异常变化等，以免出现倒账的风险。

此外，对关键客户的服务是一项涉及部门多、要求非常高的工作，需要企业各部门无边界协同，各个部门和员工都要以整体利益为重，主动承担责任，追求协同效率和效果的最大化。

例如，花旗银行的分支机构普遍设有公关部专门负责联系客户，每个花旗银行的重要客户在公关部都有专职的客户经理，他们负责与重要客户联系，跟踪重要客户的生产、经营、财务、发展等情况，协调和争取银行的各项资源（产品），及时了解并受理重要客户的服务需求。

（二）集中优势资源服务关键客户

为了进一步提高企业的赢利水平，企业可按帕累托定律进行反向操作：为 20% 的客户付出 80% 的努力。即企业要将有限的优势资源用在前 20% 的最有价值的客户上，用在能为企业创造 80% 的利润的关键客户上——将好钢用在刀刃上！

首先，企业应该准确预测关键客户的需求，把服务想到他们的前面，主动提供售前、售中、售后的全程、全面、高档次的服务，如专门定制的、精细化的服务，甚至邀请关键客户参与企业产品或者服务的研发、决策，从而更好地满足关键客户的需求。

其次，企业要集中优势"兵力"，加大对关键客户的服务力度，如在销售旺季到来之前，要协调好生产及运输等部门，保证在旺季对关键客户的供应，避免因缺货而导致关键客户不满。当出现供货紧张的情况时，要优先保证满足关键客户的需求，从而提高关键客户的满意度，使他们坚信本企业是他们最好的供应商或服务商。

例如，AT&T采用高新科技手段，将不同层次的客户分配给各个彼此独立的服务中心，分别为他们提供不同的服务并收取不同的费用，但客户对其中的差别一无所知。当客户呼叫客户服务中心时，客户服务中心能迅速甄别出客户类型，根据客户给企业带来的价值不同，这些自动系统能迅速地把客户呼叫转接到不同的服务中心。此外，AT&T对不同类型客户的服务标准（如不同客户呼叫对应的服务时间长度）也不一样，对于带来高赢利的客户，客户呼叫的服务时间没有限制，唯一的目标是满足客户的需要。然而，对于带来低赢利的客户，目标是使客户呼叫的服务时间最短，降低成本，尽量保持从该类型客户中得到赢利。为了不使带来低赢利的客户感到他们被匆促挂线，公司专门对与该类型客户打交道的服务代表进行培训，从而使这些客户感觉享受到的仍然是高水准的服务。

最后，企业要增加给关键客户的财务利益，为他们提供优惠的价格和折扣，以及为关键客户提供灵活的支付条件和安全便利的支付方式，并且适当放宽付款时间限制，甚至允许关键客户在一定时间内赊账，目的是奖励关键客户的忠诚，提高其流失成本。

例如，现在几乎所有航空公司均实行多等级舱位的定价方法，并且制定了不同的退改规则。一般来说，高票价旅客为了得到一张机票付出了更高的成本，因各种原因弃乘的负效用会更大，所以高票价旅客主动乘机的意愿会更加强烈；而低票价旅客得到一张机票付出的成本相对较低，因各种原因弃乘的负效用相对会小一些，所以低票价旅客主动乘机的意愿稍弱。为此，航空公司在制定退改规则时，针对高票价旅客的退改规则相对宽松，这是航空公司对其更大负效用的一种补偿和鼓励；而针对低票价旅客的退改规则较为严格，这是航空公司对其较小负效用的一种制约。

当然，也许有些关键客户并不看重优惠，而看重企业带给他们的超值服务，他们更需要的是企业对其地位和身份的"特别关心"。例如，在机场的贵宾候机室里找到"贵宾"的感觉、优先免费使用时尚的业务等，都会使关键客户觉得自己与众不同。为此，企业可实行VIP制，创建VIP客户服务通道，更好地为关键客户服务，让关键客户尽享"荣耀"，这对巩固企业与关键客户的关系，提高关键客户的忠诚度将起到很明显的作用。

（三）通过沟通加强双方的关系

企业应利用一切机会加强与关键客户的沟通，让关键客户感觉到双方之间不仅是一种买卖关系，还是合作关系、双赢关系。

1. 定期拜访关键客户

一般来说，有着良好业绩的企业营销主管每年大约有 1/3 的时间是在拜访客户中度过的，其中关键客户正是他们拜访的主要对象。对关键客户的定期拜访，有利于企业营销主管熟悉关键客户的经营动态，并且能够及时发现问题和有效解决问题，有利于与关键客户搞好关系。在与客户的沟通中，企业营销主管要根据客户给企业带来的价值的不同进行"分级沟通"，即针对客户的不同级别进行不同级别的沟通，如对重要客户，每个月打一次电话，每季度拜访一次；对次重要客户，每季度打一次电话，每半年拜访一次；对普通客户，每半年打一次电话，每年拜访一次；对小客户，每年打一次电话或者根本不必打电话和拜访。

2. 经常性地征求关键客户的意见

企业高层经常性地征求关键客户的意见，将有助于增加关键客户对企业的信任度。例如，企业每年组织一次高层与关键客户的座谈会，听取关键客户对企业的产品、服务、营销、产品开发等方面的意见和建议，以及对企业下一步的发展计划进行研讨等，这些都有益于企业与关键客户建立长期、稳定的战略合作伙伴关系。为了随时了解关键客户的意见和问题，企业应适当增加与其沟通的次数和时间，并且提高沟通的有效性。

3. 及时有效地处理关键客户的投诉或者抱怨

客户的问题体现了客户的需求，无论是投诉还是抱怨，都是其需求未被满足的标志。处理投诉或者抱怨是企业向关键客户提供售后服务必不可少的环节之一，企业要积极建立有效的机制，优先、认真、迅速、有效及专业地处理关键客户的投诉或者抱怨。

4. 充分利用多种手段与关键客户沟通

企业要充分利用包括移动互联网在内的各种手段与关键客户建立快速、双向的沟通渠道，不断地、主动地与关键客户进行有效的沟通，真正地了解他们的需求，甚至了解他们的客户的需求或能影响他们购买决策的群体的偏好，只有这样才能够加强与关键客户的关系，促使关键客户成为企业的忠诚客户。企业还应利用一切机会，如关键客户举行开业周年庆典时，或在关键客户获得特别荣誉时，或在关键客户有重大商业举措时，表示祝贺与支持，这些都能加深企业与关键客户之间的感情。

案例链接：招商银行走到高端客户背后

颐和园文昌院里，几株桂花树幽雅地挺立着，招商银行北京分行在这里为它们的高端客户——"金葵花"客户举办招待活动。

看上去，这似乎是一个很老套的营销活动：很多单位此时都在举办类似的活动，招商银行年年也为"金葵花"客户举办这种活动。不过，这次有点不同，与这些高端客户同时到来的还有他们的家庭成员。"我们还邀请了3名家庭成员同时参加，并为他们专门设计了相关活动"，如为女士准备了化妆礼品、为孩子们准备了毛绒玩具。这让此次招待活动变得很轻松。差别仅此而已吗？招商银行北京分行行长助理并不这样认为："这次活动折射出的是招商银行高端客户整体营销思路的改变，我们把营销的重点之一转向了客户的家庭，对中资银行来说，这还是第一次；更重要的是，我们不再把营销的重点放在丰富产品的低级层次上，开始导入全新的价值理念，让高端客户去认同我们的价值观。"

原来，招商银行经过调查发现，"金葵花"客户虽然各有特点，但却有几个共性，他们的年龄处在30～45岁，这个年龄段的人大多上有老、下有小，所以普遍对家庭和子女教育强烈关心；他们对健康很重视，这种重视甚至超越了对财富和工作的重视；同时，这些人对理财非常重视，对金融产品的价格并不敏感。

"看到这份调查报告，我们眼前一亮。"于是招商银行针对这些客户对家庭和子女教育重视的特点，形成了一套全新的高端客户营销方案。"在这个方案中，我们设计了专门针对家庭的活动，而且选择了中秋节这个对中国家庭有着特殊意义的节日。这次活动取得了非常好的效果，标志就是客户被感动了。"很多客户打电话给招商银行的客户经理表达了自己深受感动，因为这些人虽然家庭观念较强，但由于工作很忙，他们和家人聚少离多。家人的欢笑使"金葵花"客户对招商银行的产品和服务很满意，招商银行由此也极大地稳定了客户。

应当注意的是，企业与客户之间的关系是动态的，企业识别关键客户的过程也应该是一个动态的过程。一方面现有的关键客户可能因为自身的原因或企业的原因而流失，另一方面又会有新的关键客户与企业建立关系。因此，企业应对关键客户的动向及时做出反应，既要避免现有关键客户流失，又要及时对新出现的关键客户采取积极的行动。

二、普通客户的管理

（一）扶持有升级潜力的普通客户成为关键客户

对于有潜力升级为关键客户的普通客户，企业可以通过引导、创造、增加普通客户的需求，鼓励普通客户购买更高价值的产品或者服务，如饭店鼓励客户吃更贵的菜等，来提升普通客户创造的价值，提高他们的贡献度。

为此，企业要设计鼓励普通客户增加消费的项目，如常客奖励计划，对一次性或累计购买额达到一定标准的客户给予相应级别的奖励，或者让其参加相应级别的抽奖活动等，以鼓励普通客户购买更多的产品或服务。

企业还可根据普通客户的需求扩充相关的产品线，或者为普通客户提供"一条龙"服务，以充分满足他们的潜在需求，这样就可以增加普通客户的购买量，提升他们的层级，使自身进一步获利。例如，美国时装零售业巨头丽姿·克莱朋通过扩充产品线，使产品涵盖了上班服、休闲服、超大号服装及设计师服装等，有效地增加了客户的购买量，从而实现了客户层级的提升。又如，当客户在银行开立一个账户或者购买某一项金融产品时，银行就应该努力争取为这个客户提供尽可能多的服务，从而争取提升客户的级别，如中国工商银行推出的"旅游套餐"包括了个人旅游贷款、个人旅游支票、牡丹信用卡、牡丹灵通卡、牡丹中旅卡、异地通存通兑等"一揽子"金融服务，以扩大客户在旅游中的消费规模，争取提升客户级别。

此外，为了使普通客户能够顺利地升级为关键客户，企业还有必要伸出援手，以帮助普通客户提升实力，进而增加他们对企业的需求和贡献。例如，企业可以成为普通客户的经营管理顾问，帮助他们评估机会、威胁、优势与劣势，制订现在与未来的市场发展规划，包括经营定位、网点布局、价格策略、促销策略等，同时，通过咨询、培训、指导，以传、帮、带等方式帮助普通客户提高经营管理水平。

总之，对于有升级潜力的普通客户，企业要制订周密、可行的升级计划，通过付出一系列努力，成人达己，使普通客户为企业创造更多的价值。

案例链接：Home Depot 通过提供"一条龙"服务提高客户的级别

家居装修用品巨头 Home Depot 为了开发两大潜力客户群——想要大举翻修住宅的传统客户和住宅小区与连锁旅馆的专业维护人员，刻意在卖场内增加了"设计博览区"，展示了运用各种五金、建材与电器组成的新颖厨房、浴室，以及运用系列产品装修的高档样品房。

这些设计博览区为客户提供可能需要的一切产品和服务，包括装修设计服务和装修用品。此外，还提供技术指导、员工培训、管理咨询等附加服务。

Home Depot 为客户提供了"一条龙"服务，增加了客户对企业的需求，也因此增强了与客户的关系，伴随着客户级别的提高，企业的利润也提升了。

（二）降低没有升级潜力的普通客户的服务成本

针对没有升级潜力的普通客户，企业可以采取"维持"战略，在人力、财力、物力等方面不增加投入，甚至减少促销努力，以及要求普通客户以现款支付甚至提前预付。另外，企业还可以缩减对普通客户的服务时间、服务项目、服务内容，甚至不提供任何附加服务，以降低服务成本。

例如，航空公司会用豪华轿车接送能带来高额利润的关键客户，而普通客户则没有此等待遇。

知识 扩展

客户价值矩阵

马库斯依据消费频率与平均消费金额构造了客户价值矩阵，如图 5-3 所示。

对于"最好的客户"，企业要全力保留他们，因为他们是企业获得利润的基础。

对于"乐于消费型的客户"和"经常消费型的客户"，由于他们是企业发展壮大的保证，企业应该想办法提高"乐于消费型的客户"的消费频率，通过促进交叉购买和增量购买来提高"经常消费型的客户"的平均消费金额。

对于"不确定型的客户"，企业需要找出有价值的客户，并促使其向另外三类客户转化。

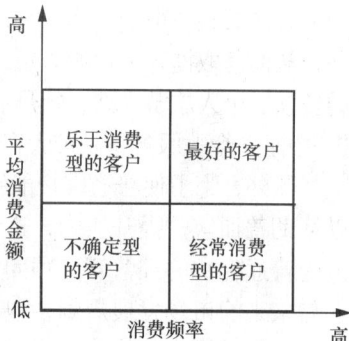

图 5-3　客户价值矩阵

三、小客户的管理

2004 年 10 月，美国《连线》杂志的主编克里斯·安德森（Chris Anderson）在一篇文章中首次提出了"长尾"这个概念，后来进一步延伸出长尾理论——只要存储和流通的空间足够大，需求量小、非主流的产品所共同占据的市场份额可以和那些需求量大的主流产品所占据的市场份额相匹敌，甚至更大，即企业如果能够把大量市场价值相对较小的部分都汇聚起来，就可能创造更大的经济价值。例如，Google 是一个典型的"长尾"公司，其成长历程就是把广告商和出版商的"长尾"商业化的过程。Google 通过为数以百万计的中小型网站和个人提供个性化的定制广告服务，将这些数量众多的群体汇集起来，从而获得了非常可观的利润。

二八定律关注"二"（少数对象），忽视"八"（大众对象），强调重视"抓大放小"，重视作为单个个体的大客户的价值；而长尾理论告诉我们，不要忽视众多小客户的集体力量和贡献。因此，企业也应该重视管理小客户，从而使小客户为企业带来更大的利润。

（一）使有升级潜力的小客户成为普通客户甚至关键客户

企业应该给予有升级潜力的小客户更多的关心和照顾，帮助其成长，挖掘其升级的潜力，从而将其培养成为普通客户甚至关键客户。如此一来，伴随着小客户的成长，企业的利润就可以不断增加。

例如，目前还普遍是小客户的大学生，可能在就业后成为"好客户"，招商银行就看到了这一点。招商银行的信用卡业务部一直把大学生作为业务推广的重点对象之一，尽管他们当前的消费能力有限，信贷消费的愿望不强烈，使银行盈利的空间非常小，但招商银行还是频繁进驻大学校园进行大规模的宣传促销活动，运用各种优惠手段促使大学生开卡，并承诺每年只要进行 6 次刷卡消费，无论金额大小，都可以免除信用卡的年费，甚至还推出了各种时尚、炫彩版本的信用卡，赢得广大年轻客户群体的青睐。通过前期的开发和提升，当大学生毕业以后，紧随而来的购房、购车、结婚、生子、子女教育等大项消费往往需要其分期付款和超前消费，此时，招商银行巨大的利润空间开始显现。

（二）降低没有升级潜力的小客户的服务成本

对于没有升级潜力的小客户，有的企业的做法是拒绝为之提供服务，不与他们联系和交易。这种做法过于极端，不可取，这是因为如果企业直接、生硬地把小客户扫地出门或拒之门外，可能会使小客户向其他客户或者亲戚朋友表达他们的不满，从而给企业形象造成不良的影响。被"裁减"的小客户还可能投诉企业，而且媒体、行业协会等社会力量也有因此介入的可能性，弄不好企业就会背上"歧视弱者"这个"黑锅"。

此外，小客户帮助企业创造和形成了规模优势，在降低企业成本方面功不可没。聚沙可以成塔，集腋可以成裘，保持一定数量的小客户是企业实现规模经营的重要保证，是企业保住市场份额、保持成本优势、赶超竞争对手的重要手段。如果企业放弃这些小客户，任其流失到竞争对手处，就可能失去成本优势，同时可能壮大竞争对手的客户队伍和规模。竞争对手一旦客户多了、生产服务规模大了，成本得以下降了，就会对企业不利。

总而言之，针对没有升级潜力的小客户，企业也不能简单地把他们淘汰掉，但可以通过提高服务价格、降低服务成本的办法来获取他们的价值。

首先，提高对小客户的服务价格，或对以前属于免费服务的项目收取一定的费用，或向新客户推销高利润的产品。这样就可以增加企业的收入，从而将其变成使企业"有利可图"的客户。例如，香港汇丰银行向存款不足 5000 港元的储户每月征收 40 港元的服务费，这样储户要么增加存款达到 5000 港元，要么自行退出。

其次，适当限制为小客户提供服务的内容和范围，压缩、减少为小客户服务的时间。例如，从原来的每天提供一次服务改为每周提供一次服务，从而降低成本、节约企业的资源。

最后，运用更经济、更省钱的方式提供服务。例如，从原来的人工服务改为自助服务，或者从原来的线下销售转为线上销售，这样不仅保证了销售收入，也降低了成本，提高了利润水平。又如，银行通过减少分支机构的数量，以及用 ATM 代替柜员和银行职工，从而降低服务成本。再如，美国前进保险公司是一家专营摩托车保险等高风险业务的公司，该公司发现并非所有的摩托车车手风险都高——一般来说，年轻车手比年龄大的车手风险高，为此，该公司对年轻车手的定价较高，对年龄大的车手定价较低。该公司还发现，许多风险较高的车手往往光顾路边的保险代理处，为了避开这类客户，公司鼓励自己的代理人把办事处设在僻静的写字楼里，远离交通动脉。同时，公司通过直邮广告，主动争取那些年龄较大的摩托车车手的业务。

知识链接

管理你的低价值客户

在区别对待不同价值的客户上，一些公司开始不重视低价值客户。例如，当航班发生延误时，美国大陆航空公司只会向高价值客户发送邮件表示歉意，并为他们提供常客里程累计作为赔偿。

沃顿商学院教授的研究警示，淘汰低价值客户实际上可能损害企业利润，而尝试提高这些客户的价值可能产生反作用，因为这的确会迫使企业投入无谓的资金。在某种程度上，如果你因为淘汰低价值客户而让自己的客户基础暴露，竞争对手可能就会沉重打击你，甚至钻你的漏洞，让这些人变成他的客户。

美国的 ING Direct 银行就是依靠为传统银行眼中的低价值客户提供服务而迅速崛起的。这些客户没有太多的钱，也不需要太多服务，却被迫在大银行中浪费了太多排队时间，所以，当 ING Direct 开始为他们"量身打造"服务时，这些人立即成了 ING Direct 的客户。

由此可见，一个企业在淘汰低价值客户的时候，很有可能在为自己培养强大的竞争对手。所以，比淘汰低价值客户更好的方法，就是在获取高端客户的同时，找到其他成本消耗更低的方法来管理低价值客户，这样才能避免竞争对手挖墙脚。要知道，客户金字塔底部的客户虽然不是公司的主要利润来源，但却是一道阻隔竞争对手的有效防火墙。

当然，处于客户金字塔最底层的小客户在察觉到自己所受的待遇不如较高层的客户时，有可能会被激怒。为了避免出现这种不愉快的局面，企业可把为不同级别的客户提供的服务从时间上或空间上分割开来。例如，在飞机和客轮上，不同的客户因票价不同而分别处于不同等级的舱位，分别接受不同等级的服务，彼此互不干扰。企业分别增强他们的感知，就能够使头等舱客户、商务舱客户和经济舱客户"各得其所"。

四、坚决淘汰劣质客户

实践证明，并非所有的客户关系都值得保留——劣质客户会吞噬、蚕食企业的利润，与其让他们消耗企业的利润，不如及早终止与他们的关系，压缩、减少直至终止与其的业务往来，以减少利润损失，使企业的资源能够投入其他客户群体。

例如，银行对信用状况差、没有发展前途的劣质客户采取停贷、清算等措施，以此淘汰劣质客户。

只有适时终止与没有价值、负价值或者前景不好的客户的关系，企业才能节省有限的资源去寻找和服务能够更好地与自身的利润、成长和定位目标相匹配的新客户和老客户。

对于赖账的客户，企业可以"先礼后兵"，在"晓之以理，动之以情"均无效时，再考虑是否需要对簿公堂。

总之，企业针对不同级别的客户进行分级管理，可以使关键客户自豪地享受企业提供的特殊待遇，并激励他们努力保持这种地位；同时刺激有潜力的普通客户向关键客户看齐，鞭策有潜力的小客户向普通客户甚至关键客户看齐，并坚决淘汰劣质客户……这样就可以让不同级别的客户分别为企业创造更多的价值，这就是对客户进行分级管理的理想境界。

◆ 任务讨论

举例说明企业应当怎样分级管理客户。

习题

一、选择题（可能不止一个正确选项）

1. 在客户关系管理中，对客户价值进行分析与评价，常用所谓的二八定律，这个定律指的是（　　）。

A. VIP 客户与普通客户的比例通常为 2∶8

B. 企业 80% 的利润或更高来自 20% 的客户，80% 的客户给企业带来的利润不到 20%

C. 企业的内部客户与外部客户的分布比例为 2∶8

D. 企业 80% 的利润来自 80% 的客户，20% 的客户给企业带来 20% 的利润

2. （　　）可划分为重要客户、次重要客户。

A. 关键客户　　　　　　　　B. 普通客户

C. 小客户　　　　　　　　　D. 核心客户

3. （　　）的数量较多，但他们单个带来的价值比不上单个关键客户。

A. 重要客户　　　　　　　　B. 次重要客户

C. 普通客户　　　　　　　　D. 小客户

4. （　　），购买量不多，忠诚度也很低，偶尔购买，会消耗企业的资源，有时

还是问题客户，会向他人抱怨，损害企业的形象。

    A. 重要客户　　　　　　　　B. 次重要客户

    C. 普通客户　　　　　　　　D. 小客户

5. （　　　）是所创造的利润占整个企业的总利润的 80%的客户，是企业获得利润的基础，是企业实现可持续发展的最重要的保障之一。

    A. 关键客户　　　　　　　　B. 普通客户

    C. 小客户　　　　　　　　　D. 核心客户

二、判断题

1. 企业应该对所有客户一视同仁。　　　　　　　　　　　　　　　　（　　　）

2. 企业拥有普通客户的多少，决定了其在市场上的竞争地位。　　　　（　　　）

3. 企业应为重要客户提供最优质的服务，配置最丰富的资源，并加强与这类客户的关系。　　　　　　　　　　　　　　　　　　　　　　　　　　　　　　（　　　）

4. 对有升级潜力的普通客户，企业要制订周密、可行的升级计划，努力使普通客户为企业创造更多的价值。　　　　　　　　　　　　　　　　　　　　　　（　　　）

5. 企业应该给予有升级潜力的小客户更多的关心和照顾，帮助其成长，挖掘其升级的潜力。　　　　　　　　　　　　　　　　　　　　　　　　　　　　　（　　　）

三、思考题

1. 如何对客户分级？

2. 如何管理各级客户？

3. 什么是客户分级管理的理想境界？

四、案例分析题：兴业银行家庭理财卡的客户分级

兴业银行成立于 1988 年 8 月，是经国务院、中国人民银行批准成立的首批股份制商业银行之一，总行设在福建省福州市，2007 年 2 月 5 日正式在上海证券交易所挂牌上市（股票代码：601166），注册资本 50 亿元。

兴业银行主要业务经营范围包括：吸收公众存款；发放短期、中期和长期贷款；办理国内外结算；办理票据承兑与贴现；发行金融债券；代理发行、代理兑付、承销政府债券；买卖政府债券、金融债券；代理发行股票以外的有价证券；买卖、代理买卖股票以外的有价证券；资产托管业务；从事同业拆借；买卖、代理买卖外汇；结汇、售汇业务；从事银行卡业务；提供信用证服务及担保；代理收付款项及代理保险业务；提供保管箱服务；财务顾问、资信调查、咨询、见证业务；经国务院银行业监督管理机构批准的其他业务。

兴业银行于 2005 年推出的"自然人生"家庭理财卡，是国内首套家庭系列理财卡，它利用电子货币综合理财工具和综合性个人金融服务平台，实现了集存取款、转账结算、自助融资、代理服务、交易消费、综合理财于一体的多账户、多功能的集中管理服务。

一、兴业银行家庭理财卡的分级

兴业银行将"自然人生"家庭理财卡分为黑金卡、白金卡、金卡和银卡四个层次。

（一）黑金卡的申请条件

个人卡，只要在兴业银行的所有个人账户中折合人民币总额达到100万元，即可凭借本人有效身份证件向兴业银行任何一个营业网点提出开卡申请，也可申请同卡号换卡，直接成为黑金卡用户。

家庭卡，家庭成员日均综合金融资产平均达到80万元，即可凭借有效家庭证件和本人身份证件，向兴业银行任何一个营业网点为每个登记的家庭成员申请开立一张黑金卡。如果家庭成员日均综合金融资产平均只达到25万元至80万元之间，但在剔除为其他家庭成员申请白金卡所需25万元日均综合金融资产后，剩余综合金融资产仍达到80万元，也可以单独申请办理黑金卡。

（二）白金卡的申请条件

个人卡，只要在兴业银行的所有个人账户中日均综合金融资产折合人民币总额达到30万元，即可凭借本人有效身份证件向兴业银行任何一个营业网点提出开卡申请，也可申请同卡号换卡，直接成为白金卡用户。

家庭卡，家庭成员日均综合金融资产平均达到25万元，即可凭借有效家庭证件和本人身份证件，向兴业银行任何一个营业网点为每个登记的家庭成员申请开立一张白金卡。如果家庭成员日均综合金融资产平均只达到8万元至25万元之间，但在剔除为其他家庭成员申请金卡所需8万元日均综合金融资产后，剩余综合金融资产仍达到25万元，也可以单独申请办理白金卡。

（三）金卡的申请条件

个人卡，只要在兴业银行的所有个人账户中日均综合金融资产折合人民币总额达到10万元，即可凭借本人有效身份证件向兴业银行任何一个营业网点提出开卡申请，也可申请同卡号换卡，直接成为金卡用户。

家庭卡，家庭成员日均综合金融资产平均达到8万元，即可凭借有效家庭证件和本人身份证件向兴业银行任何一个营业网点为每个登记的家庭成员申请开立一张金卡。

（四）银卡的申请条件

只需凭借本人有效身份证件即可向兴业银行任何一个营业网点提出开卡申请。

二、兴业银行家庭理财卡的分级管理

（一）黑金卡尊贵礼遇

1. 家庭理财顾问，专业专属服务

特别配备"一对一"的专属理财顾问，针对个人情况与独特需求提供贴身的理财分析与投资建议，悉心打理财富人生。

2. 时尚高尔夫行，品味时尚生活

提供订场专线、免果岭费畅打等多项高球增值服务，蓝天绿地、挥洒自信，体验时尚运动、品味悠闲生活。

3. 机场贵宾服务，彰显尊贵身份

可在北京、上海、广州、深圳、福州等全国主要机场享受易登机特别服务，尽显尊贵身份。

4. 全国道路救援、全球旅行医疗紧急支援

全球旅行医疗紧急支援以及五星级全国道路救援（每年一次免费拖车）服务，提供出行贴心保障，令差旅全程无忧。

5. 免费精灵信使，丰富资讯支持

免费提供"精灵信使"短信通知服务，资金变动尽在掌握；还可及时传递最新的证券、外汇、期货等方面的金融信息与市场资讯。

6. 绿色通道服务，业务全面优惠

兴业银行在营业网点专设了贵宾窗口和贵宾理财区域，到兴业银行办理业务可以享受全面优先和优惠待遇。

7. 贴心人文关怀，顶级客户联谊会

每逢重大节假日或特殊纪念日，兴业银行将送上诚挚祝福。每年兴业银行均会选择一些顶级家庭开展联谊活动。

8. 附赠商旅保险，保您全程无忧

兴业银行赠送保额高达 110 万元的商旅保险，保障出行安全无忧。

9. 应急支付支持，为您雪中送炭

在国内异地发生理财卡丢失、被盗等意外情况时，客户只需凭本人有效身份证件即可享受兴业银行特别提供的应急支付服务，以解燃眉之急。

（二）白金卡尊贵礼遇

1. 专属客户经理，专业优质服务

特别配备专属客户经理，实施优先、优质、专业的"一对一"投资理财服务。

2. 时尚高尔夫行，品味时尚生活

提供订场专线、免果岭费畅打等多项高球增值服务，体验时尚运动、品味悠闲生活。

3. 机场贵宾服务，彰显尊贵身份

可在北京、上海、广州、深圳、福州等全国主要机场享受易登机特别服务，尽显尊贵身份。

4. 全球旅行医疗紧急支援

全球旅行医疗紧急支援服务，提供出行贴心保障，令差旅全程无忧。

5. 免费精灵信使、丰富资讯支持

免费提供"精灵信使"短信通知功能，资金变动尽在掌握；还可及时传递最新

的证券、外汇、期货等方面的金融信息与市场资讯。

6. 绿色通道服务，业务全面优惠

兴业银行在营业网点专设了贵宾窗口和贵宾理财区域，到兴业银行办理业务可以享受全面优先和优惠待遇。

7. 贴心人文关怀

逢重大节假日或特殊纪念日，奉送诚挚祝福，温馨服务，真情速递。

8. 附赠商旅保险，保您全程无忧

兴业银行赠送保额高达 50 万元的商旅保险，保障出行安全无忧。

（三）金卡礼遇

1. 专属客户经理，优先优质服务

配备专属客户经理，给您优先、优质的"一对一"投资理财服务。

2. 免费精灵信使，账户变动通知

免费提供"精灵信使"短信通知服务，一旦账户资金发生任何变动，系统将实时为您发送资金变动信息，让您随时随地掌握资金变动情况，理财更清晰。

3. 业务优先办理，享受优惠服务

兴业银行提供转账汇款、异地通存通兑等规定项目的手续费折扣或免费的贵宾礼遇。

4. 贴心人文关怀，真情温馨速递

逢重大节假日或特殊纪念日，兴业银行将通过电话、短信或寄送贺卡等方式，传达温馨问候和诚挚祝福。

5. 各项贴心提醒服务

兴业银行将友情提醒您的贷款还款期、信用卡还款日、预约理财产品、汇款到账等重要业务的办理时限，以可以减少不必要的利息损失。

（四）银卡礼遇

兴业银行对这部分客户只是提供最基本的服务，但是在保证令绝大多数客户满意基础上的，以避免小客户过多流失，因为虽然小客户价值低，也要尽力维持不能任其自由流失到竞争对手那边。

案例思考题：

兴业银行是如何对家庭理财卡的客户进行分级的？起到了什么效果？

实训

~❀❀❀❀❀~

实训内容

介绍、分析××企业是通过哪些指标、数据、规则对客户分级的，将客户分为了哪几级，以及是如何管理各级客户的。

实训步骤

1. 教师布置实训任务，指出实训要点和注意事项。

2. 全班分为若干小组，采用组长负责制，组员合理分工、团结协作。

3. 收集相关资料和数据时可以进行实地调查，也可以采用第二手资料。

4. 小组内部充分讨论，认真研究，形成分析报告。

实训汇报

1. 小组需制作一份 3～5 分钟能够演示完毕的 PPT 文件在课堂上进行汇报，之后其他小组可提出质询，台上台下进行互动。

2. 教师对每组的分析报告和任务讨论情况即时进行点评和总结。

项目六

客户沟通管理

【项目目标】

1. 理解客户沟通的作用。
2. 了解客户沟通的内容。
3. 熟悉客户沟通的途径。
4. 掌握如何处理客户投诉。

音频课导学

引例

联想运用微信公众平台与客户沟通

联想推出了基于微信公众平台的官方微信客服中心系统，沟通模式有文字、语音和视频，客户可以自由选择与售后人员沟通的方式，这个系统比传统的呼叫中心系统具有更多的优势。

例如，客户对于之前通过电话咨询描述不清的一些问题，现在可以拍一张照片，或者录一段视频直接发送给售后人员，提高了解决问题的效率。还有一种情况，以前客户在拨打电话与客服沟通时，经常会碰到"坐席忙，请等待"的情况。现在只要客户有微信，联想的客服就会在其"身边"。

再如，在想送修或需要上门服务时，很多人可能在电话中无法说清自己的位置，现在客户可以直接向联想微信客服中心发送自己当前的位置信息。售后人员会直接将离客户最近的服务网点的位置发给客户，或者直接按照客户发送的位置信息上门服务，避免客户走冤枉路。这样既节省了双方的时间，又提高了沟通的效率。

另外，过去一些客户在与客服沟通时通常较急躁，而微信提供的一些搞笑、赞扬、求助等的表情图片，可以潜移默化地营造轻松友好的氛围。

启示

联想利用微信公众平台，将手机变成了与客户沟通的主要载体，摆脱了空间的束缚，使得很多需要服务人员上门或者需要客户送修才能完成的服务，通过手机就全部完成，同时也使复杂的沟通变得简单到只需要动动手指就能完成。这一切的原因都是充分利用了移动互联网和移动终端的优势，从而为用户带来了便捷、高效的服务。

任务一　客户沟通概述

所谓沟通，就是信息的交流与互换。

客户沟通就是企业通过与客户建立信息交流与互换的桥梁或纽带，加深与客户的感情，从而赢得客户满意与客户忠诚所采取的行动。有效的客户沟通，有助于企业拉近与客户的距离，有利于企业巩固、提升和发展与客户的关系。

一、客户沟通的作用

企业通过与客户沟通，可把企业的产品或服务的信息传递给客户，把企业的宗旨、理念介绍给客户，使客户知晓企业的经营意图，还可以主动向客户征求对产品或服务及其他方面的意见和建议，从而了解他们的预期，增进与他们的关系。

（一）客户沟通是实现客户满意的基础

根据美国营销协会的研究，不满意的客户有 1/3 是因为产品或服务本身有毛病，其余 2/3 的问题都出在企业与客户沟通不畅上。可见，客户沟通是使客户满意的一个重要环节，企业只有加强与客户的联系和沟通，才能了解客户的实际需求，才能理解他们的预期。特别是当企业出现失误时，有效的沟通有助于获得客户的谅解，减少或消除客户的不满。一般来说，企业与客户进行售后沟通可减少退货情况的发生，如通用汽车公司的做法是向新车主发祝贺信，在信中祝贺新车主选中了一辆好汽车，并且说明通用公司可以提供的售后服务。

（二）客户沟通是实现客户忠诚的基础

企业只有经常与客户沟通，才能向客户介绍双方长远合作的意义并描绘合作的远景，才能在沟通中加深与客户的感情，才能稳定客户关系。如果企业与客户缺少沟通，那么好不容易建立起来的客户关系，可能会因为一些不必要的误会没有得到及时消除而土崩瓦解。因此，企业要及时、主动地与客户沟通，并且要建立顺畅的沟通渠道，这样才可能实现客户忠诚，才可能赢得一大批稳定的老客户。

案例链接：沟通使经销商抵制了竞争者的诱惑

面对竞争者提出的诱人条件，有些经销商很快就心动了，为了使经销商不"叛离"，有家企业是这样说服经销商抵制诱惑的。

"对成本相差不大的产品来说，他们许诺的高利润和高返利从哪里来呢？没有人会做亏本买卖！'羊毛出在羊身上'，他们一定在产品质量上打了折扣，或者在其他我们还不知道的方面做了手脚，你们如果经销这样的产品会有很大的风险！

我们的产品虽说价格高点，但质量可以保证，而且我们生产的这种产品有一定的科技含量，市场潜力巨大，我们还有很好的信誉，返利可以顺利到达你们手中，经销我们的产品保证你们能得到稳定的收益。"

就这样，通过及时的沟通，经销商终于拒绝了竞争者。

二、客户沟通的内容

沟通的内容主要有信息沟通、情感沟通、理念沟通、意见沟通，有时还有政策沟通。

所谓信息沟通，就是指企业把产品或服务的信息传递给客户，也包括客户将其需求或者要求的信息反映给企业。

所谓情感沟通，主要是指企业为加强与客户的情感交流，加深客户对企业的感情所采取的行动。

所谓理念沟通，主要是指企业为把其宗旨、理念介绍给客户，并使客户认同和接受所采取的行动。

所谓意见沟通，主要是指企业主动向客户征求意见，或者客户主动将意见（包括投诉）反映给企业的行动。

所谓政策沟通，主要是指企业向客户传达、宣传有关的政策、规定、制度等时所采取的行动。

三、客户沟通的策略

（一）向客户表明诚意

由于沟通的成功有赖于双方的共同努力，因此企业与客户沟通时，要首先向客户表明自己是很有诚意的，企业可安排高层管理者拜访客户，通过真诚的交流和情感沟通，增进彼此的感情。如果企业没有诚意，就不要指望得到客户的响应，也不要指望与客户的沟通能够获得成功。

（二）站在客户的立场上与客户沟通

一方面，客户通常关心的是有关自己切身利益的事，另一方面，客户购买的不仅是产品或者服务，还包括企业对客户的关心。因此，企业只有站在客户的立场上，充分考虑客户的利益，把客户视为一个合作伙伴，才能获得沟通的成功。

（三）建立有利于客户与企业沟通的制度

企业要积极建立客户沟通制度、建议制度、投诉制度，清清楚楚、明明白白地告诉客户企业接访部门和接受投诉部门的联系方式和工作程序。

➡ 知 识 链 接

把客户当熟人

有人说把客户当亲人、当朋友是套近乎的表现，易引起客户反感，因为这种举动明显不是无偿的。但实事求是地说，企业应当把客户当熟人。

原因有3个：熟人关系不亏——不亲也不疏，既能维持情感关系又能维护利益，做到利与义的完美结合；熟人关系舒服——相互依赖但不相互依存，企业可在主动与被动之间找到平衡；熟人关系不累——相互尊敬但不相互恭维，相互欣赏、信任但不追捧、放纵，不卑不亢。

四、客户沟通的形式

企业与客户之间的沟通应当是双向沟通，既要让客户了解企业，也要使企业了解客户，这样企业与客户才能增进彼此的了解和交流，才能消除隔阂、化解误会、荣辱与共、利益相连。一般而言，客户沟通的形式有以下两种。

（1）企业与客户的沟通，指企业积极保持与客户的联系，通过人员沟通和非人员沟通的形式，把产品或服务的信息及时传递给客户，使客户了解并且理解和认同企业及其产品或服务。

（2）客户与企业的沟通，指企业要为客户提供各种渠道，并保持渠道畅通，使客户可以随时随地与企业进行沟通，沟通内容包括客户向企业提出意见、建议和投诉。

➡ 任 务 讨 论

举例说明客户沟通应当包含哪些内容。

任务二 客户沟通的途径

一、通过人员与客户沟通

企业人员可以向客户介绍企业及其产品或者服务的信息，及时答复和解决客户提出的问题，并对客户进行主动询问和典型调查，了解客户的意见及客户对投诉处理的意见和改进建议等。

例如，雅芳通过专业的美容代表与客户进行面对面的沟通。她们不仅把雅芳的产品和服务信息、促销活动等传递给客户，更向客户传授各种美容心得，并教给客户一些美容方面的技巧，帮助客户成就美丽。业务人员扎实的专业知识和亲切耐心的讲解，不仅让客户更直接地了解了雅芳，也让客户懂得了更多美容方面的知识，从而更加信赖雅芳。

又如，招商银行在每个支行均设置了两名以上的大堂经理，为的是第一时间了解客户需求，将客户分流到最合理的处理区域，同时引导、帮助客户以最合理的方式完成业务。大堂经理会在营业厅不断巡视，主动、热情地解答客户的问题，帮助客户处理业务，提高业务处理的效率。

案例链接：拜访客户，百事施展"天龙八步"

百事要求所有的销售代表在每天的销售过程中，必须按照公司制定的、深具规范性和模式化的"计划拜访八步骤"来拜访小店客户。"计划拜访八步骤"是百事服务客户、制胜终端的有利武器，被喻为"计划性拜访客户的'天龙八步'"。

第一步：准备工作

每天，销售代表在拜访客户前，都要做好相应的准备工作。这些工作主要包括：一是检查个人的仪表。销售代表是公司的"形象大使"，其外表和服装要整洁、胡子要刮干净、不得留长发、皮鞋要擦亮、夏天不准穿凉鞋和拖鞋、手指甲要干净、不留长指甲，同时还要保持交通工具（公司配发的摩托车、自行车等）的清洁等。二是检查客户资料。百事采用的是线路"预售制"销售模式，所以销售代表每天都要按照固定的线路拜访客户。这样在拜访客户之前就需要检查并携带当天所要拜访的客户的资料，这些资料主要包括当天线路的客户卡、线路拜访表、装送单（订单）、业绩报告等。三是准备产品生动化材料。产品生动化材料主要包括商标（品牌贴纸）、海报、价格牌、促销牌、冷饮设备贴纸以及 POP 广告。销售代表在小店内充分、合理地利用这些产品生动化材料，可以正确地向客户传递产品信息，有效地刺激客户的购买欲望，从而塑造百事品牌的良好形象。四是准备清洁用品。带上干净的抹布，用来帮助小店清洁陈列的百事产品。

第二步：检查户外广告

百事的销售代表要及时更换外观破损的海报招贴并要在小店选择最佳的张贴位置，以使POP广告取得最佳的市场显现效果。

第三步：和客户打招呼

进入小店时，百事要求销售代表要面带微笑，称呼客户（店主）的名字，以展现自身的亲和力，树立公司的良好形象。与此同时，对店内的其他人员也要以礼相待。在和客户寒暄时，不要直接谈及订货的事情，而是要和客户进行友好的交谈以了解其生意的状况，甚至要帮助客户出出点子，以提高他的经营业绩以及百事产品在其店内的销售量，让客户感觉到你是在真切地关心他，而不仅仅是出于生意的关系才来拜访他。长此以往，这有助于销售代表和客户之间产生良性的互动，为建立坚实的客户关系奠定良好的基础。

第四步：进行产品生动化处理

进行产品生动化处理是百事销售代表拜访客户时的重点环节，并且是提升产品销量的最有效途径之一。百事要求销售代表根据小店的实际状况，按照百事模式的生动化标准来规划小店的产品陈列。如要在小店内摆放百事的冷水柜、现调机等冷饮设备，则要按冷饮设备的陈列标准进行生动化操作；该设备内缺货，则应立即补充百事产品。

第五步：清点库存

做完产品生动化之后，百事的销售代表要按品牌/包装的顺序来清点小店的库存，主要清点两个地点的存货，即前线存货和库房存货。前线存货主要是指小店的货架、柜台上摆放的没有售卖完的产品，库房存货则是指存放在小店仓库中用于补货的货物，将两个地点的存货数量加在一起，就是小店的实际库存总量。

第六步：提出订货建议

清点完小店的库存之后，销售代表必须按照"1.5倍的安全库存原则"向客户提出订货建议。客户根据该原则订货，可以在正常的经营状况下不至于发生缺货或断货的现象，避免造成生意上的损失，还可以有效地利用空间和资金，不出现货物积压、资金被无效占用的现象。涉及"1.5倍的安全库存原则"的计算公式：安全库存=上次拜访后的实际销售量×1.5；建议订货量=安全存货量−现有库存。向客户提出建议订货量之后，客户大多会提出异议。销售代表要善于处理客户提出的异议，说服客户接受自己提出的建议订货量。同时，销售代表要主动地推荐新产品，并努力做到百事产品的全系列销货。如果公司有小店促销计划，销售代表就要积极地介绍促销内容，并向客户提出有实效性的操作建议，从而成为客户的专业行销顾问。

第七步：订货

拜访结束后，销售代表要确认客户的订货量，并按照客户的实际订货量填写客户卡和订单。客户卡，是百事销售代表最有效的销售工具。客户卡上清晰地记载着客户的名称、地点、电话、类型、上次进货数量、存货数量等。客户卡按星期设置，即星期一一本，星期二一本……一直延续下去。销售代表要养成良好的填写客户卡习惯，这有助于其更有条理地了解客户的需求，以便更好地为客户提供服务。

第八步：向客户致谢并告知下次拜访时间

"定时、定线、定人、定车"是百事对销售代表的要求。"定时"是指拜访每一位客户的时间要固定。"定线"是指每天的销售线路是固定的。"定人"是指一个销售区域设一个主任，每一条销售线路设一个销售代表和一个驾驶员。"定车"是指每条销售线路固定一辆送货车。每一个小店客户都在销售代表的计划拜访路线之上，销售代表在拜访客户结束后，都要表示谢意，并要明确告知下次拜访时间，这样可以加深客户对销售代表在固定时间来拜访自己的记忆，从而有助于客户养成在固定时间接待销售代表的习惯，以提高客户的满意度。

二、通过开展活动与客户沟通

开展活动可以让客户放松心情，从而增强沟通的效果。

例如，企业通过座谈会的形式，定期把客户请来进行直接的、面对面的沟通，让每个客户畅所欲言，或者发放意见征询表，向他们征求投诉和意见。这种敞开心扉的交流，可使企业与客户的沟通不存在障碍，同时也为客户提供了广交朋友的机会——在座谈会上，客户们可以相互学习、相互取经。此外，企业通过定期或不定期地对客户进行拜访，与客户进行面对面的沟通，也可以收集他们的意见，聆听他们的看法、想法，并消除与他们的隔阂。

另外，企业邀请客户联谊也是能加深与客户的感情的好方式，如举行一个可携带配偶出席的晚会将增进企业与客户的情谊。联谊活动有多种形式，如宴会、娱乐活动、健身活动、参观、考察等。企业开展联谊活动的目的是拉近与客户的距离，与客户建立一种朋友式的关系。例如，花旗银行为了加强与客户的联系，经常为客户举办招待酒会、宴会，邀请部分客户周末去郊区活动、观看演出和运动会等。花旗银行的客户说，任何一家银行都没有像花旗银行那样对客户献殷勤。

当然，企业还可以通过开展促销活动与客户沟通，使潜在客户和目标客户有试用新产品的理由，也使现实客户有再次购买或增加购买的理由，从而有利于提升和发展客户关系。以"雅芳春天之约"大型活动为例，活动发放了雅芳品牌的宣传材料，尤其是展现品牌精髓中与青年生活能产生共鸣的契合点，同时通过"爱情宣言""告别情感冬天""爱我就给我美丽"等游戏和活动，将每种产品形象化。例如，选择洗发水的人对爱人的感情是山高水长，选择护肤液的人对爱人的感情是温和细腻，选择护手霜的人对爱人的感情是体贴入微，选择唇膏的人对爱人的感情是真挚热烈等，很好地诠释了雅芳产品的特性，给客户更加深刻的感受。

此外，企业通过开展公益活动也可以取得很好的与客户沟通的效果，例如，作为出色的企业公民，沃尔玛自进入中国就积极开展社区服务和慈善公益活动，如开展"迎奥运、促和谐、做先锋""奥运年 中国心""关爱农民工子女"等公益活动，对非营利组织和公益事业（如学校、图书馆、医院、医学研究计划和环保方案等）的捐赠沃尔玛也十分慷慨，从而树立了良好的公益形象。

三、通过热线电话及呼叫中心与客户沟通

目前已有不少企业设立了免费热线电话，客户只要拨通热线电话，就可以免费与企业进行沟通，得到有关答复或者服务。日本花王公司运用其电子咨询系统，不仅为客户详细地了解企业及其产品提供了便利，也为企业及时了解和掌握客户的意见、建议和要求提供了可能，从而使企业做到按需生产、按需销售，保证产品适销对路。

呼叫中心，又称客户服务中心，起源于 20 世纪 30 年代，最初是把用户的呼叫转接到应答台或者专家处。此后，随着要转接的呼叫和应答增多，企业开始建立交互式语音应答系统，这种系统能把客户部分常见问题的应答实现由机器"自动话务员"来应答和处理。现阶段的呼叫中心是指综合利用先进的计算机及通信技术，将计算机的信息处理功能、数字程控交换机的电话接入和智能分配、自动语音处理技术、互联网通信技术、商业智能技术与业务系统、人工业务代表等资源紧密结合在一起，对信息和流程进行优化处理和管理，集中实现沟通、服务和生产的统一指挥的高效服务平台。此外，呼叫中心同互联网结合起来，就形成了互联网呼叫中心，它能够通过互联网实现语音呼叫、文本交谈、电子邮件和回呼等功能，给客户提供方便、快捷的个性化服务，从而增强业务代表为客户提供帮助的能力。

客户拨打电话接入呼叫中心后，就能收到呼叫中心任务提示音，按照呼叫中心的语音提示，就能接入数据库获得所需的信息服务，并可进行存储、转发、查询、交换等处理，还可以通过呼叫中心完成交易。呼叫中心根据其工作方式和工作内容的不同还有很多别名，这些别名大都是力图去概括和反映其特色，常见的有：客户服务中心、客户关怀中心、客户联系中心、客户接触中心、客户接触域、客户支持中心、多媒体接入中心、客户关系中心、电话销售中心、信息处理中心等。

知 识 链 接

呼叫中心在客户关系管理中的应用

1. 协调内部管理，为客户提供一站式服务

呼叫中心可将企业内分属各职能部门的客户服务集中在一个统一的对外联系

"窗口"，采用统一的标准服务界面，最终实现一个电话解决客户所有问题的目标，有助于进一步协调企业的内部管理，避免了企业内部门之间相互扯皮、推诿的现象，有效地为客户提供高质量、高效率、全方位、"一站式"的服务。

2. 提高企业运作效率，降低企业成本

由于高新技术的采用，呼叫中心有效地减少了通话时间，降低了网络费用，提高了员工及业务代表的业务量，特别是自动语音应答系统可以将企业员工从繁杂的工作中解放出来，去管理更复杂的、直接和客户打交道的业务，提高了工作效率和服务质量。无须增加服务人员，企业便可以提高服务的等级，同时提高业务代表的利用率。在提供新产品、新业务或增加新系统、新设备时，也能够减少业务代表的培训时间。此外，呼叫中心统一完成语音与数据的传输，用户通过语音提示即可轻易地获取数据库中的数据，有效地减少每个电话的时长。每位坐席工作人员在有限的时间内可以处理更多电话，大大提高电话处理的效率及电话系统的利用率，降低企业成本。

3. 个性化服务提高客户满意度，强化客户忠诚

呼叫中心可为客户提供更好的，而且往往是普通营业网点提供不了的服务。例如，自动语音设备可不间断地提供礼貌而热情的服务，即使在晚上客户也可以利用自动语音设备提取所需的信息，而且由于电话处理速度提高，用户在线等候的时间大大减少了。呼叫中心的坐席代表可以在接听电话时从计算机屏幕上了解到有关来电客户的基本信息，如客户的姓名、住址、个人爱好等。根据这些资料，坐席代表就能为客户提供更加亲切的"个性化"服务。这就可以减少向用户提供所需信息的查询与响应的时间，因此服务质量得到提高，增加了客户价值，提升了客户满意度。另外，不少呼叫中心在接受客户呼叫的同时，也能主动向客户进行产品宣传，实现客户重复购买，在扩大市场份额的同时，也强化了客户忠诚。

4. 增加企业商机，优化资源配置

呼叫中心集中了企业的所有客户信息资料，并进行完善的客户信息管理、客户分析、业务分析等，从而帮助企业判断最有价值客户，留住企业的老客户，找出客户的需要并满足他们的需要，在挖掘商机的同时，为企业的发展、决策提供事实依据。呼叫中心也为企业提供了解客户、与客户保持联系的机会，使企业能从每次呼叫中捕捉到新的商业机遇，能增加企业的收入。呼叫中心的建立还有助于企业充分掌握客户的情况，使企业能在自身资源和能力范围内，合理分配企业有限的人力、物力、财力，按业务重要性程度达到资源的最优化利用，实现资源优化配置。

四、通过互联网、新媒体与客户沟通

随着技术的进步和沟通实践的发展，新的沟通渠道不断出现，特别是互联网的兴起彻底改变了企业与客户沟通、交流的方式。企业可以在强大的数据库系统的支

持下，通过电子商务的手段，开设自己的网站向客户传递产品或服务的信息，与客户进行实时沟通，从而拉近企业与客户之间的距离。另外，现代通信手段的发展，使企业还可以通过新媒体与客户沟通，向客户提供产品及服务信息。

新媒体最早出现在美国，这一概念是一个相对动态的概念，是和传统报纸、广播、电视等传统媒体相区别的，主要依赖现代化的数学及网络技术和通信技术，如通过无线通信网、宽带网络、互联网、卫星等方式，借助计算机、手机、iPad 等用户终端，实现实时快速、便捷的视频、文字、图片、语音等多种数字化信息的传输及娱乐的功能，是一种全新的传播方式和手段。

新媒体时代，信息内容不仅有媒体方面的参与，同时还有受众方面的信息参与，受众既是信息的接受者同时也是信息的创造者，可随时随地将自己看到的内容通过视频、图片等方式，借助网站、论坛、微信、微博、QQ、抖音等这些新的传播方式进行迅速的发布和传播甚至评价及建议，而不受制于传统的制度、格式及内容方面的要求，体现出更强的自主性。受众还能够根据自己的需求自由创建网站、论坛、微博等，实现充分的个性化的交流。

例如，沃尔玛（中国）的官方网站是其与客户沟通的重要平台，也是客户了解沃尔玛中国的窗口。网站的主要栏目：关于沃尔玛、沃尔玛购物广场、山姆会员商店、新闻动态（公司新闻，最新统计信息）、客户服务、企业社会责任、招聘信息、联系我们等。客户可以通过沃尔玛的网页，了解想要了解的信息。

例如，戴尔直通车是戴尔的官方中文博客，博客采取文字、照片、视频等形式介绍戴尔的产品、服务、员工生活等各种信息，客户可以在博客上留言，分享对戴尔的评论、想法和意见，戴尔直通车的站长和其他工作人员代表戴尔在博客上回答大家的问题。通过戴尔直通车，客户可以和戴尔进行信息交流，一起讨论 IT 技术、戴尔文化、戴尔产品、客户体验、公司战略、企业社会责任、戴尔员工的生活等，戴尔员工和客户的对话和直接交流因此变得容易。博客开通的第一个月内，客户讨论最热的话题是希望戴尔预装 Linux 操作系统，在客户投票后，戴尔迅速响应客户需要，很快就在产品中增加了这一系统。

新媒体时代，信息传播更加碎片化，信息传播速度更快，发布范围更广。一些手机视频等能够很迅速地将一些新闻媒体事件借助微信、微博、QQ、抖音等新的传播平台迅速传播，引起广泛关注，甚至成为人人都在关注的重大事件，传播性、宣传性、针对性更强，而且这些信息的发布者会根据受众及自己的喜好和需求，提供具有较强针对性的信息内容，打破了传统媒体在信息传播方面的滞后性等缺点，以更加简单的认识渠道和沟通方式打破了忙碌生活状态下都市人群的交流壁垒。

例如，微信公众平台可以向关注它的客户发送信息（这种信息可以是服务资讯、产品促销，也可以是热点新闻、天气预报等），甚至还可以与客户在平台进行互动，为客户提供包括咨询、客服等服务。通过微信公众平台，企业可以方便地设置调查页面并且随时可以调整调查内容，客户则可以很方便地通过手机对服务进行评价，如此企业就可以在第一时间获得关于服务质量的反馈，清楚地了解服务的哪个环节存在问题，哪些服务人员存在问题，以便及时纠正。一些餐厅在菜单上标注官方微信二维码，客户关注之后，可以对餐厅的菜品进行评价，餐厅经营者则可以向这些客户推送餐厅促销信息，为客户提供就餐指导。这样长期的线上与线下交流，可使餐厅经营者与客户建立良好的关系。另外，微信公众平台还可以对客户投诉进行处理，企业可以在微信公众平台设立投诉、意见箱，并要求相关负责人对所有投诉内容给予足够的重视，如果有做错的地方，应公开向客户道歉，以及要求相关部门进行事后跟踪。

商业银行可通过微信公众号、手机银行等移动互联网应用推送营销软文、优惠信息等——一是向潜在客户进行信息推送吸引新客户，二是向老客户推送信息维护老客户的关系。软文方面，商业银行可根据发生的新鲜事、节日等热点来撰写软文，借助这些热点来营销产品，促进客户了解甚至购买和使用产品。优惠信息主要是有关信用卡使用时的优惠、商业银行网上商城的折扣商品信息，提醒客户使用信用卡或购买优惠产品，以提高客户的满意度和黏度。

五、通过广告与客户沟通

广告形式多样、传播范围广，可对目标客户、潜在客户和现实客户进行解释、说明、说服、提醒等，是企业与客户沟通的一种重要途径。

通过广告与客户沟通的优点是企业能够迅速及时、准确无误地刊登或安排播放的时间，并可全面控制信息内容，能让信息在客户心中留下深刻的印象。

通过广告与客户沟通的缺点是这是一种单向沟通，公众信任度较低，易引起客户的逆反心理。这就要求企业要减少广告中的功利色彩，多做一些公关广告和公益广告，这样才能够博得客户的好感。

六、通过宣传与客户沟通

通过公共宣传与客户沟通的优点是：可以增加信息的可信度，因为它是一个与获利无关的评论，比较可靠。另外，公共宣传还可使企业欲与客户沟通的信息得到免费曝光的机会，从而降低企业的宣传成本。但在这种与客户沟通的方式下，企业对信息没有控制权，企业希望得到宣传的信息，未必会被新闻机构采用，即使采用，企业也无法控制其何时被采用。

企业还可通过内部刊物发布信息，及时将企业经营战略与策略的变化传递给客户。当然，这里的信息还包括新产品的开发信息、产品价格的变动信息，新制定的对客户的奖励措施、返利的变化以及促销活动的开展等。

例如，宜家就精心为每件产品制定"导购信息"，包括产品的价格、功能、使用方法、购买程序等几乎所有的信息都一应俱全。对于组装步骤比较复杂的家具，宜家则在卖场里反复放映录像和使用挂图解释如何组装该家具。如果你不懂怎样挑选地毯，宜家会用漫画的形式告诉你："用这样简单的方法来挑选我们的地毯——一是把地毯翻开看它的背面；二是把地毯展开看它的里面；三是把地毯折起看它鼓起来的样子；四是把地毯卷起看它团起来的样子。"如果你仍不放心，宜家的商场指南里还写着："请放心，您有 14 天的时间可以考虑是否退换。"

七、通过包装与客户沟通

企业给客户的第一印象往往来自企业的产品，而产品给客户的第一印象通常不是来自产品的内在质量，而是来自产品的包装。包装是企业与客户沟通的无声语言，好的包装可以吸引客户的视线，给客户留下美好的印象，能够引起客户的购买欲望。

包装还可以传达企业对社会、对公众的态度，以及对自然和环境的态度。现在，越来越多的企业都采用了无污染的、可自然降解或循环利用的包装材料，这就向客户传达了自己对环境的爱护，从而给客户留下企业爱护环境、富有责任感的印象。

对银行这样的服务机构来说，"包装"就是服务的软硬件展示，如银行的营业环境及工作人员的形象等。例如，招商银行就非常重视服务环境的"包装"，投入了大量资源进行营业厅环境改造，如提高装修水平，设置服务标识，配备饮料，设置报纸、杂志，安装壁挂电视；让客户舒适地坐在椅子上，看着报纸、杂志，喝着饮料，或看着电视等着办理业务，并由此衍生出微笑站立服务、设置低柜服务，改变传统银行的服务模式；当其他银行的客户在柜台前排起长队等待办理业务的时候，招商银行率先推出叫号机，后来又改善排队叫号器的设置，在叫号器的界面设立不同业务种类，让客户按照业务种类取号，分别在不同的区域排队等候，减少了相互干扰，保证营业厅的秩序，从而营造了舒适的氛围。

➡️ *知 识 链 接*

人工智能在客户沟通中的应用

人工智能可以智慧化地服务客户。人工智能的语音识别技术、人脸识别技术、情感感知技术，能够识别客户并且在和客户交流的过程中熟悉客户，回答客户提的问题、介绍产品、语音引导客户办理业务，机器人在客户输入数据办理业务的时候，可以将数据输入后台进行分析，了解客户的需求，智能地向客户进行产品推荐。

人工智能还可以智慧化地与客户沟通。智能语音客服主要运用了语音识别功能和语音数据挖掘功能，当客户提的问题简单的时候，语音客服可以直接回答客户的问题。如果问题比较复杂则会转接人工客服来为客户进行解答。智能文字客服会记录客户在网上银行和电子银行上的操作，通过后台系统智能分析客户可能遇到的问题。当客户点击客服的按钮时，文字客服会智能地为客户提供问题以及最近客户提到的热点问题。只要客户点击问题或者提问其他内容，文字客服就会迅速对其进行解答。

　　总之，企业与客户沟通的途径多种多样，其目的是通过经常性的沟通，让客户清楚企业的理念与宗旨，让客户知道企业是他们的好朋友，企业很关心他们，为了不断满足他们的需要，企业愿意不断地提升产品或者服务的品质及其他一切方面，这样就能够提升客户关系。

任务讨论

　　举例说明客户沟通有哪些途径。

任务三　如何处理客户投诉

一、产生客户投诉的原因

（一）产品或服务的质量问题

　　产品或服务的质量问题如质量没有达到标准，或者经常出现故障。例如，其他通信企业给客户提供了越来越多的服务，网络覆盖范围不断扩大，接通率提高，掉线率下降。而你提供的通信服务却在很多地方打不通，或者经常掉线，那么客户的不满就会不断增加，从而产生投诉。

（二）服务态度或服务方式问题

　　服务态度或服务方式问题如对客户冷漠、粗鲁，表情僵硬，或者表示出不屑；不尊重客户，不礼貌，缺乏耐心，对客户的提问和要求表示烦躁；服务僵化、被动，没有迅速、准确地处理客户的问题；措辞不当，引起客户的误解。

（三）虚假宣传，不守信用

　　虚假宣传，不守信用的内容如企业在广告中过分夸大产品的某些性能，造成客户预期落空；或者企业对客户做了某种承诺而没有兑现，使客户的预期没有得到满足等。例如，有的商场承诺包退包换，但是一旦客户提出退换要求，商场总是找理由拒绝。

二、为什么要重视客户的投诉

（一）投诉的客户很可能是忠诚客户

调查表明，投诉的客户只占不满意客户的 5%，95%的不满意客户是不会投诉的，他们只会停止购买，或转向其他产品，与企业的竞争对手交易，而且还会传播对企业不利的信息，这些客户根本不会给企业解决问题的机会。

由此可见，企业应该感谢这些前来投诉的客户，因为他们把自己的不满告诉了企业，而不是告诉他们的亲朋好友。有期待才会有投诉，客户肯花时间来投诉，说几句怨言，发几句牢骚，表明他们对企业抱有"恨铁不成钢"的心态，表明他们对企业仍然有信心，他们期待"浪子回头金不换"。因此，可以说那些肯投诉的客户很可能是我们的忠诚客户。

（二）投诉带来珍贵的信息

客户是产品或服务最直接的使用者和消费者，所以他们是最权威的评判者，最具发言权。

客户投诉的确是件令人头痛的事，但是如果换个角度看就会发现，投诉是客户对企业的产品或者服务不满的正常反应，是客户因对产品或服务的期待及信赖落空而产生的不满及愤怒，它揭示了企业经营管理中存在的缺陷。因此，客户投诉可为企业带来珍贵的信息，使企业可以及时了解和改进产品或服务的不足之处。

客户投诉还蕴藏着巨大的商机，因为它可以帮助企业产生开发新产品、新服务的灵感，许多知名企业在开发产品方面都得益于客户的抱怨。例如，海尔可以洗地瓜的洗衣机，就是在客户提出洗衣机无法洗地瓜这一"无理"要求后开发出来的新产品。

在松下的创业初期，创始人松下幸之助偶然听到几个客户抱怨现在的插座都是单孔的，使用起来很不方便。松下幸之助得到启发，马上组织力量进行研发，很快就推出了"三通"插座，可以同时插几个电器的插头，投放市场后取得了巨大成功，这也为松下的进一步发展积累了丰厚的资金。对此，松下幸之助总结说："利用顾客抱怨创造契机，顾客的抱怨是很严重的警告，但诚心诚意去处理顾客抱怨的事，往往又是创造另一个机会的开始。"

案例链接：投诉带来的商机

某客户向沙发厂投诉，由于沙发的体积相对大，而仓库的门较小，将沙发搬进、搬出都很不方便，还会在沙发上留下划痕。两个月后，该沙发厂的可以拆卸的沙发研制出来了，不仅节省了库存空间，而且给客户带来了方便——这个商机正是从客户的投诉中得到的。

（三）妥善处理投诉可阻止客户流失

有些企业在处理客户投诉时常常表现出不耐烦，甚至流露出反感的情绪，这是一种危险的做法，往往会使企业丧失宝贵的客户资源。

如果企业对客户的投诉处理不当，那么投诉的客户不仅会流失到竞争对手那边，他还会将其不满广为传播，从而容易引发其他客户流失。同时，由于口碑效应，企业吸引新客户时难度会加大，而且信誉也会下降，发展受到限制，甚至生存受到威胁。

"250 人法则"要求企业对任何客户都需待之以诚，因为如果得罪了一位客户，也就可能得罪了另外 250 位客户；如果让一位客户难堪，就可能有 250 位客户在背后"为难"你；如果不喜欢一个客户，就可能有 250 个客户讨厌你。借助 Internet，这些不开心的客户很容易让成千上万的人知道他的感受，因此企业必须要在这种不愉快的事情发生之前迅速解决问题。

成功处理客户投诉可以为企业带来回头客。美国 TRAP 公司的研究表明，不投诉的客户只有 9%会再上门，投诉的客户有 15%会再上门，投诉得到解决的客户则有 54%会再上门，如果投诉可以迅速解决，则有 82%的客户会再上门。

总之，世界上没有任何一个企业敢拍着自己的胸脯说："我的企业永远不会出现失误，也永远不会出现危机。"从这个角度来讲，客户投诉在所难免。企业要与客户建立长期的、相互信任的伙伴关系，就要妥善处理客户投诉，把处理投诉看作一个弥补产品或者服务欠佳造成的损失以及挽回不满意客户的机会，把处理投诉看作恢复客户对企业的信赖、避免引起更大的纠纷和恶性事件的大好机会，也要把处理投诉看作促进自身进步和提升客户关系的契机。

三、处理客户投诉的四部曲

（一）让客户发泄

客户是给企业带来利润的人，是企业的"衣食父母"，也是能够使企业失败的人，因此，客户不应是我们争辩或斗智的对象。

为此，客户来投诉时，我们应该热情地招呼对方，真诚地对待他们，并且体谅对方的语气——客户在投诉时情绪难免会过于激动。心理专家说，人在愤怒时，最需要的是情绪的宣泄，只要将心中的怨气宣泄出来，情绪便会平静下来。所以，企业要让投诉的客户充分发泄心中的不满乃至愤怒。

在让客户发泄时，企业要注意聆听和认同两个环节。

1. 聆听

企业要做一个好的聆听者，认真聆听，不无礼、轻易地打断客户说话，不伤害客户的自尊心和价值观。聆听时要注意用眼神关注客户，使他感觉到自己、自己的话、自己的意见被重视，从而鼓励客户说出心里话，同时，还要协助客户表达清楚。

另外，可以在客户讲述的过程中不时点头，不时用"是的""我明白""我理解"，表示对投诉问题的理解，让客户知道你明白他的想法。此外，还可以复述客户说过的话，以澄清一些复杂的细节，更准确地理解客户所说的话（当客户发表长篇大论时，复述还是一个总结谈话内容的技巧）。

2. 认同

客户在投诉时，最希望自己能得到同情、尊重和理解，因此这时候要积极地回应客户所说的话，如果你没有回应，客户就会觉得自己不被关注，甚至可能被激怒。

表示认同的常用语有"您的心情我可以理解""您说的话有道理""是的，我也这么认为""碰到这种状况我也会像您那样"。

影响投诉问题能否解决的因素可能是多方面的，即使因为规定或其他方面的原因，根本无法解决，但只要我们在与客户沟通的过程中始终抱着积极、诚恳的态度，那么也会使客户的不满情绪缓解很多。

（二）记录投诉要点、判断投诉是否成立

要记录的内容有投诉人、投诉对象、投诉内容、投诉时间、购买产品的时间、客户的使用方法、投诉要求、客户希望以何种方式解决问题、客户的联系方式等。

在记录的同时，要判断投诉的理由是否充分，投诉的要求是否合理，投诉是否成立。如果投诉不能成立，要用婉转的方式使客户认清是非曲直，耐心解释，以消除误会。

如果投诉成立，企业的确有责任，就应当感谢客户，可以说"谢谢您对我说这件事……""非常感谢，您使我有机会为您弥补损失……"要让客户感到他和他的投诉是受欢迎的，他的意见很宝贵。一旦客户受到鼓励，往往还会提出其他的意见和建议，从而给企业带来更多有益的信息。

感谢之后要道歉，道歉时要注意称谓，尽量用"我"，而不用"我们"，因为"我们很抱歉"听起来缺少诚意，是在敷衍塞责。

俗话说"良言一句三冬暖"，话说得悦耳动听，紧张的气氛自然也就缓和了。

（三）提出并实施可以令客户接受的方案

道歉之后，企业就要着手为客户解决问题，要站在客户的立场来寻找解决问题的方案并迅速采取行动。

首先，要马上纠正引起客户投诉的错误。反应快表示你在严肃、认真地处理这件事，客户对此一定会很欣赏，拖延时间只会使客户感到自己没有受到足够的重视，

会使客户的投诉变得越来越强烈。

其次，根据实际情况，参照客户的处理要求，提出解决问题的具体方案，如退货、换货、维修、赔偿等。在提出解决方案时，要注意用建议的口吻，然后向客户说明它的好处。如果客户对方案不满意，可以问问他的意见——从根本上说，投诉的客户不是要你处理问题，而是要你解决问题。所以，如果客户觉得处理方案不是最好的解决办法，一定要向客户询问如何解决。

最后，要抓紧实施客户认可的解决方案。

（四）跟踪服务

跟踪服务即对投诉的处理情况进行追踪，企业可以通过电话或微信，甚至登门拜访的方式了解事情的进展是否如客户所愿，调查客户对投诉处理方案实施后的意见，如果客户仍然不满意，就要对处理方案再进行修正，重新提出令客户满意的方案。

跟踪服务体现了企业对客户的诚意，会给客户留下很深、很好的印象，客户会觉得企业很重视他提出的问题，是真心实意地帮他解决问题，这样就可以打动客户。

此外，通过跟踪服务对客户进行回访，并告诉他，基于他的意见企业已经对有关工作进行了整改，以避免类似的问题再次发生，这样不仅有助于提升企业形象，而且可以把客户与企业的发展密切地联系在一起，从而提高其忠诚度。

知 识 链 接

处理客户投诉常见的错误行为

① 在事实澄清以前便承担责任，一味道歉或者批评自己的同事。

② 与客户争辩、争吵，不承认错误，只强调自己正确的方面，言辞激烈，带攻击性。

③ 教育、批评、讽刺、怀疑客户，或者直接拒绝客户，说"这种事情绝对不会发生"。

④ 表示或暗示客户不重要，为解决问题设置障碍、吹毛求疵、责难客户，期待客户打退堂鼓。

⑤ 问一些没有意义的问题，以期找到客户的错误，避重就轻，假装关心，实际却无视客户的关键需求。

⑥ 言行不一，缺乏诚意，拖延或隐瞒。

应对3种特殊客户的投诉的方法。

① 感情用事者。碰到这样的客户，务必保持冷静、镇定，让其发泄，仔细聆听，

并表示理解，尽力安抚，告诉客户一定会有满意的解决方案，语气谦和但有原则。

② 固执己见者。碰到这样的客户，先表示理解客户，然后力劝客户站在互相理解的角度看问题，并耐心劝说和解释所提供的解决方案。

③ 有备而来者。碰到这样的客户，既要谨言慎行，也要充满自信，明确表示解决问题的诚意。

四、提高处理客户投诉的质量

（一）建立便捷的投诉途径

根据美国消费者事务办公室的调查，90%～98%的不满意消费者从不抱怨，他们仅仅是转向另外一家，有的是因为怕麻烦，有的是因为商品价值太低而不愿浪费时间和精力，还有的是因为不知道如何投诉。而如果客户不将心中的不满讲出来，企业就很可能不知道自己哪里出错了，从而一错再错，结果是引起更多客户的不满。

因此，为了确保不满意客户能够提出自己的意见，企业就要想办法降低客户投诉的门槛，为客户提供各种便利的投诉渠道，如开通免费投诉电话、24 小时投诉热线或者网上投诉等，并保持渠道的畅通，让客户投诉变得简单。此外，企业还可设置意见箱、建议箱、电子邮箱及微信公众号等，为客户提供便捷的投诉通道。例如，医院可以在走廊上设置"意见箱""建议箱"，或者向病人提供"评议卡""意见卡"等。

总之，企业要创造条件方便客户投诉和提意见，并且尽可能降低客户投诉的成本，减少其花在投诉上的时间、精力和金钱等。

（二）建立完善的客户投诉系统

企业应建立完善的客户投诉系统，对每一位客户的投诉及处理结果都要做详细的记录，包括客户投诉的内容、处理投诉的过程及结果、客户是否满意等。这样做的目的是全面收集、统计和分析客户的意见，不断改进处理客户投诉的办法，并将获得的信息整理后传达给其他部门，以便其他部门及时吸取经验和教训，为将来更好地处理客户投诉提供参考。此外，要对投诉的处理过程进行总结与综合评价，提出改进对策，不断完善客户投诉系统。

（三）提高一线员工处理投诉的水平

一线员工往往是处理客户投诉的人，然而目前一些企业不注重对其的训练，一线员工处理客户投诉凭的是经验和临场发挥，缺乏平息客户怨气的技巧。

因此，企业应当利用各种形式对一线员工进行培训，教会他们处理客户投诉的技巧，使一线员工成为及时处理客户投诉的重要力量。此外，企业要赋予一线员工一定的权力，使他们在处理一些无法预见的问题时有相对大的自主权，以便对客户提出的意见和建议做出迅速的反应，从而保证为客户提供迅速、及时、出色的服务。另外，一线员工要注意心理调节，可采取：合理的自我宣泄，学会倾诉；转移注意力，多从事有益于身心健康的活动；与处理投诉的其他人员相互多沟通；提高成就感；等等。

（四）警钟长鸣，防患于未然

（1）企业要分析客户投诉的原因，查明造成客户投诉的具体责任人，并对直接责任人和部门主管按照有关规定进行处罚，必要时将客户投诉及相关处理结果在企业内部进行通报，让每一个员工都知道这件事，以避免这类错误再度发生。

（2）企业要提出"对症下药"的、可防止投诉问题再次发生的措施，不断改进企业工作中的不足。

总而言之，企业要认真对待客户投诉，敞开心扉，与客户进行平等的沟通、交流，促进客户关系朝积极的方向发展。

任务讨论

举例说明企业应当如何处理客户投诉。

习题

一、选择题（可能不止一个正确选项）

1. 客户沟通的内容主要有（　　）。
    A. 信息沟通　　　　　　　　B. 意见沟通
    C. 理念沟通　　　　　　　　D. 情感沟通
2. 处理客户投诉的步骤包括（　　）。
    A. 让客户发泄　　　　　　　B. 记录投诉要点、判断投诉是否成立
    C. 跟踪服务　　　　　　　　D. 提出并实施可以令客户接受的方案
3. 在让客户发泄时，要注意（　　）。
    A. 聆听　　　　　　　　　　B. 辩解
    C. 制止　　　　　　　　　　D. 解释
4. 企业与客户之间的沟通应当是（　　），既要让客户了解企业，也要使企业了解客户。
    A. 单向沟通　　　　　　　　B. 双向沟通
    C. 横向沟通　　　　　　　　D. 纵向沟通

5. 客户与企业沟通的途径有（　　　　）。

   A. 电话　　　　　　　　　　B. 意见箱

   C. 呼叫中心　　　　　　　　D. 包装

二、判断题

1. 客户与企业的沟通，是客户将其需求或者要求反映给企业的行动。

（　　　）

2. 企业要方便客户与企业的沟通，尽可能降低客户投诉的成本。　（　　　）

3. 客户是产品或服务最直接的使用者和消费者，所以他们是最权威的评判者。

（　　　）

4. 企业应当利用各种形式对一线员工进行培训，使一线员工成为及时处理客户投诉的重要力量。　　　　　　　　　　　　　　　　　　　　　　　　　　（　　　）

5. 投诉往往会带来珍贵的信息。　　　　　　　　　　　　　　　（　　　）

三、思考题

1. 客户沟通的作用与内容是什么？

2. 企业与客户沟通的途径有哪些？

3. 处理客户投诉的四部曲是什么？

四、案例分析题：戴尔与客户的沟通

戴尔公司自创建以来，一直以两位数的百分比增长，在不足20年的时间里，以1000美元起家的戴尔公司年销售额达320亿美元以上，股票上市10年就增值三百倍！戴尔公司带给世人的经验和启迪是不可忽视的，其中在与客户沟通方面的成功经验就值得许多企业借鉴。

戴尔公司以独特的"按需配置、直线订购"的销售模式，允许客户自定义设计其喜欢的产品，自由选择和配置计算机的各种功能、型号和参数，同时，戴尔公司还根据客户的性质（企业或个人）、用途、资金预算等信息推荐合适的机型和配置，再与客户进行进一步的沟通和商讨，最后按客户确认的配置订单通知生产线。由于从产品的最初设计开始就是和客户互动的过程，因此这种灵活的定制方式真正实现了产品功能的满意和需求个性化的满足。

戴尔公司的客户可以通过免费销售热线订购自己所需的计算机，在使用过程中遇到任何问题客户也只需拨打全国统一免费电话，就会直接得到厂家的专业化的服务。戴尔公司也由此及时、准确地了解了客户的使用体验和反馈意见，而这正是其他厂商花大力气也难以获取的信息。为确保服务的及时、周到，戴尔在全球各个客户服务中心都建立了一个服务电话网络。以中国为例，有一百多个免付费电话可以直接打到厦门工厂。

戴尔公司通过计算机电话集成系统对打入的电话进行整理，并建立了一个客户信息数据库，开展售后服务时，只要客户把计算机序列号告诉服务的工程师，他们便能准确地查出客户所购计算机的所有配置和当地采购信息，并据此提供及时、准确的方案。

在按照客户的要求设计、生产并交付产品后，戴尔公司还想方设法了解客户使用产品的体验以获得修改设计或改变制造程序的灵感，根据客户的直接反馈改进产品。例如，公司技术支持工程师通过拜访重要客户、接听客户打入的免费技术咨询电话获得相关信息，经过归纳整理后提交经公司研发部门进行进一步的分析和研究。因而，戴尔公司的主导产品始终能够围绕着客户完美的使用体验不断改进，新产品的开发也始终适应了客户需求的发展趋势。

对于一些全球大客户，戴尔公司对个性化需求的满足更是做到了细致入微的程度，专门派驻小组，针对每位客户的特殊需要提供"专一整合服务"，为客户提供终身技术支持和服务，以维持终身制的客户关系。

1995年，戴尔公司建立了戴尔在线网站，客户也可以直接登录网站，通过界面友好的人机对话，公司让客户在网上获得信息并进行交易，完成从配置到价格、从定购到交付及售后服务的全过程。

戴尔在线网站帮助戴尔公司更准确、快捷地了解客户需求，有计划地组织生产，提供直销服务、网上查询和预订，根据客户订货组织生产，最大限度地满足了客户的需要。戴尔公司还建立了一个全面的知识数据库，包含戴尔公司提供的硬件和软件中可能出现的问题和解决方法。

总之，戴尔公司坚持以客户为中心，利用先进的计算机技术、便捷的现代通信手段和蓬勃发展的互联网络，与客户进行完美的沟通，使大规模定制生产得以完美实现，最大限度地满足了客户个性化的需求，实现了客户满意。

案例思考题：

戴尔公司是如何与客户进行沟通的？你怎样评价戴尔公司与客户沟通的做法？

实训

实训内容

介绍、分析××企业是通过哪些途径与客户进行沟通的，沟通的内容与策略分别是什么。

实训步骤

1. 教师布置实训任务，指出实训要点和注意事项。
2. 全班分为若干小组，采用组长负责制，组员合理分工、团结协作。
3. 收集相关资料和数据时可以进行实地调查，也可以采用第二手资料。
4. 小组内部充分讨论，认真研究，形成分析报告。

实训汇报

1. 小组需制作一份 3～5 分钟能够演示完毕的 PPT 文件在课堂上进行汇报，之后其他小组可提出质询，台上台下进行互动。

2. 教师对每组的分析报告和任务讨论情况即时进行点评和总结。

客户满意管理

【项目目标】

1. 理解什么是客户满意。
2. 了解影响客户满意的因素。
3. 掌握如何让客户满意。

音频课导学

引 例

招商银行的 4A 服务

95555 是招商银行集自动服务、人工服务于一体的全国统一客户服务号码，客户可通过拨打 95555 获得 24 小时不间断的、全方位的一站式服务。作为招商银行的一个优势，电话服务具有以下特色：超时空的 4A 服务——任何客户（Any guest——个人客户、公司客户等银行所有客户），可以在任何时间（Anytime——每年 365 天、每天 24 小时不间断）、任何地点（Anywhere——家里、办公室、旅途中）以任何方式（Anyway——电话、手机、传真、互联网、电子邮件等）获得银行服务。电话服务为客户提供了沟通便利，也帮助客户节省了时间和精力，因此使客户比较满意。

启 示

招商银行的电话服务，使客户可以不受时间、空间、方式的限制来接受服务，超出了客户的预期，因此实现了客户满意。

任务一 客户满意概述

一、客户满意的概念

奥利弗认为，客户满意是客户得到满足后的一种心理反应，是客户对产品或者服务满足自己需求程度的一种判断，判断的标准是这种产品或服务满足客户需求的程度。换句话说，客户满意是客户对所接受的产品或服务进行评估，以判断其是否能达到他们所预期的程度。

亨利·赛尔认为："客户满意取决于产品的实际消费效果和客户预期的对比，当产品的实际效果达到客户的预期时，就导致了满意，否则，就会导致客户不满意。"

菲利普·科特勒认为：满意是指个人将产品或者服务的可感知的效果与他的预期值比较后所形成的愉悦或失望的感觉状态。

综上所述，客户满意是一种心理活动，是客户的主观感受，是客户的需求被满足后形成的状态——当客户的感知没有达到预期时，客户就会不满、失望；当感知与预期一致时，客户就是满意的；当感知超出预期时，客户就感到"物超所值""喜出望外"，就会很满意。

二、客户满意的判断

客户满意度一般可以根据以下 6 个指标来判断。

（一）美誉度

美誉度是客户对企业的褒扬程度。借助美誉度，我们可以知道客户对企业所提供的产品或服务的满意程度。一般来说，持褒扬态度、愿意向他人推荐企业及其产品或者服务的客户，肯定对该企业提供的产品或服务是满意或者非常满意的。

（二）指名度

指名度是客户指名消费或者购买某企业的产品或服务的程度。如果客户在消费或者购买过程中放弃其他选择而指名购买、非此不买，表明客户对该企业的产品或服务是非常满意的。

（三）忠诚度

忠诚度是客户在购买了某企业的产品或者服务之后，愿意重复购买的程度。如果客户持续购买，一般表明客户是满意的。如果客户不再购买而改购其他企业的产品或者服务，表明客户很可能是不满意的。通常来说，客户对该企业的重复购买次数越多，表明客户的满意度越高，反之则越低。

（四）容忍度

容忍度是指客户在购买或者消费了某企业的问题产品或服务之后愿意包容、容忍的程度。一般来说，客户的容忍度越高，表明客户越满意，反之则越不满意。例如，当产品或者服务出现问题时，客户如果仍然能表现出容忍的态度（既不投诉，也不流失），那么表明这个客户对该企业肯定不是一般的满意。又如，当某企业的产品或者服务的价格上调时，如果客户表现出很强的承受能力，那么也表明客户对该企业肯定不是一般的满意；相反，如果客户立马流失，一般说明客户对该企业的满意度是不够高的。

（五）购买额

购买额是指客户购买某企业的产品或者服务的金额多少。一般而言，客户对某企业的产品或者服务的购买额越大，表明客户对该企业的满意度越高，反之，则表明客户的满意度越低。

（六）购买决策时间

一般来说，客户做出购买决策越迅速，购买决策时间越短，说明他对该企业的满意度越高，反之，则可能说明他对该企业的满意度低。

总之，客户满意是一种暂时的、不稳定的心理状态。因此，企业应该经常性地测试，如可经常性地在现有的客户中随机抽取样本，向其发送问卷或打电话，询问客户对企业的产品或服务是否满意？如果满意，达到了什么程度？哪些方面满意？哪些方面不满意？对产品或者服务的改进有什么建议？如果客户的满意度普遍较高，那么说明企业为客户提供的产品或者服务是受欢迎的，企业与客户的关系是处于良性发展状态的，企业就应再接再厉；反之，企业则需多下功夫、下大力气改进产品或者服务。

三、客户满意的意义

（一）客户满意是客户忠诚的基础

从客户的角度来讲，没有理由让自己继续接受不满意的产品或者服务，也就是说，企业如果一次不能够让客户满意，就很可能得不到客户的再次垂青。可见，客户满意是形成客户忠诚的基础，是留住老客户的最好方法。

卡多佐首次将客户满意的观点引入营销领域时，就提出客户满意会带动再购买行为。菲利普·科特勒也认为，留住客户的关键是客户满意。一般来说，客户满意度越高，客户的忠诚度就会越高；客户满意度越低，客户的忠诚度就会越低。所以说，客户满意是形成客户忠诚的基础，是保持老客户的最好方法。

（二）客户满意是企业战胜竞争对手的最好手段

客户及其需要是企业建立和发展的基础，满足客户的需求是企业成功的关键。如果企业不能满足客户的需求，而竞争对手能够满足，那么客户很可能就会流失，

"投靠"能让他们满意的其他企业。因为"如果我们不关照客户，那么别人是会代劳的"。

正如著名企业家福特所说："最有效、最能满足客户需求的企业，才是最后的生存者。"谁能更好、更有效地满足客户的需求，让客户满意，谁就能够营造竞争优势，从而战胜竞争对手，赢得市场。

（三）客户满意是企业取得长期成功的必要条件

客户满意可以节省企业维系老客户的费用，同时，满意客户的口头宣传还有助于降低企业开发新客户的成本，并且树立企业的良好形象。美国客户事务办公室提供的调查数据表明：平均每个满意客户会把他满意的购买经历告诉 12 个人以上，在这 12 个人里面，在没有其他因素干扰的情况下，有超过 10 个人表示一定会光临；平均每个不满意客户会把他不满意的购买经历告诉 20 个人以上，而且这些人都表示不愿意接受这种恶劣的服务。据美国汽车业的调查，一个满意客户会引发 8 笔潜在的生意，其中至少有一笔成交，一个不满意客户会影响 25 个人的购买意愿。可以说，客户满意是企业持续发展的基础，是企业取得长期成功的必要条件。

总之，客户满意是企业维护客户关系的最重要因素，在完全竞争市场中，没有哪家企业可以在客户不满的状态下得到发展。所以，企业想要维护客户关系，就必须努力让客户满意。

⊙ **任务讨论**

如何判断客户是否满意。

任务二　影响客户满意的因素

现实中很多人认为，让客户满意的办法就是尽可能地为客户提供最好的产品和最好的服务，这个出发点没有问题，但它忽略了其中两个隐含的问题。第一，要不要考虑成本问题？回答是肯定的，以营利为目的的企业必须讲成本，而不能不顾一切地付出代价，否则可能得不偿失、入不敷出，造成亏损。第二，要不要考虑效果问题？回答同样是肯定的，因为企业为客户提供最好的产品和最好的服务的目的就是让客户满意，但现实是，即使企业竭尽全力为客户提供了最好的产品和最好的服务，也不一定能够让客户满意。

可见，让客户满意不能蛮干，企业必须找到事半功倍、用较小的代价能够确保实现客户满意的路径。这就要追本溯源，了解影响客户满意的因素是什么。

实际上，从菲利普·科特勒的"满意是指个人将产品或服务的可感知的效果与他的预期值比较后所形成的愉悦或失望的感觉状态"的定义中我们不难看出，影响客户满意的因素就是客户感知价值与客户预期。

一、客户感知价值

客户感知价值是客户在购买或者消费的过程中，企业提供的产品或服务给客户带来的价值，它等于客户购买产品或服务所获得的总价值与客户为购买该产品或服务付出的总成本的差。

（一）客户感知价值对客户满意的影响

假设 A、B、C 3 家企业同时向一个客户供货，客户对 A、B、C 的预期值都是 b，A、B、C 给客户的感知价值分别是 a、b、c，并且 $a>b>c$。

那么，在购买后，客户会对 C 感觉不满意，因为客户对 C 的预期值是 b，但是 C 给他的实际感知价值是 c，而 $b>c$，也就是说，C 提供的产品或服务没有达到客户的预期，因此使客户不满意。

客户在购买前对 B 的预期值为 b，而客户实际感受到的 B 的产品或者服务的感知价值刚好是 b，也就是说，B 提供的产品或服务刚好达到了客户的预期，所以客户对 B 是满意的。

客户在购买前对 A 的预期值为 b，而客户实际感受到的 A 的产品或者服务的感知价值是 a，而 $a>b$，也就是说，A 给客户提供的感知价值不但达到而且超过了客户的预期值，从而使客户对 A 非常满意。

这个例子说明了客户感知价值对客户满意的重要影响，即如果企业提供的产品或者服务的感知价值达到或超过客户预期值，那么客户就会满意或者非常满意。而如果感知价值达不到客户预期，那么客户就会不满意。

（二）影响客户感知价值的因素

影响客户感知价值的因素有客户总价值和客户总成本两大方面，客户总价值是指客户从产品或服务中所获得的总价值，包括产品价值、服务价值、人员价值、形象价值等；客户总成本是指客户在消费产品或服务时需要耗费的总成本，包括货币成本、时间成本、精力成本、体力成本等。

进一步说，客户感知价值与产品价值、服务价值、人员价值、形象价值成正比，与货币成本、时间成本、精力成本、体力成本成反比。

1. 产品价值

产品价值是由产品的功能、特性、品质、品种、品牌与式样等产生的价值，它是客户需要的核心内容，也是客户选购产品的首要因素。在一般情况下，产品价值是决定客户感知价值大小的关键因素和主要因素。产品价值高，客户感知价值就高，产品价值低，客户感知价值就低。

假如产品的质量不稳定，则即使企业与客户建立了某种关系，这种关系也是脆弱的，很难维持下去，因为产品损害了客户的利益。所以，企业应不断提高并保持产品的质量，这样才能提升产品价值，进而提升客户感知价值，使客户关系建立在坚实的基础上。

假如产品缺乏创意、样式陈旧或功能落伍，跟不上客户需求的变化，客户感知价值就会降低，客户自然就会不满意，还会"移情别恋""另觅新欢"，转向购买新型的或者更好的同类产品。

此外，随着收入水平的提高，客户的需求层次也有了很大的变化。面对日益繁荣的市场，许多客户产生了对品牌的需求，同时，品牌还是企业与客户联系情感的纽带。因此，企业可通过塑造品牌形象为客户带来更大的感知价值。

2. 服务价值

服务价值是指伴随产品的出售，企业向客户提供的各种附加服务，包括售前、售中、售后的产品介绍、送货、安装、调试、维修、技术培训、产品保证，以及服务设施、服务环境、服务的可靠性和及时性等所产生的价值。

服务价值是构成客户总价值的重要因素之一，对客户感知价值的影响也较大。服务价值高，客户感知价值就高，服务价值低，客户感知价值就低。虽然再好的服务也不能使劣质产品成为优质产品，但优质产品会因劣质服务而损害客户的利益。例如，有些企业服务意识淡薄、服务效率低，对客户草率、冷漠、粗鲁、不礼貌、不友好、不耐心，使客户的问题不能得到及时解决、咨询无人理睬、投诉没人处理等，这些都会导致客户感知价值降低。总之，优异的服务是提升客户感知价值的基本要素与不可缺少的部分，出色的售前、售中、售后服务对增加客户总价值和减少客户的时间成本、体力成本、精力成本等具有极其重要的作用。

3. 人员价值

人员价值是指企业"老板"及全体员工的经营思想、经营作风、工作效率、业务能力、应变能力等产生的价值。例如，综合素质较高的工作人员会比综合素质较低的工作人员为客户创造的感知价值更高。

此外，工作人员是否愿意帮助客户、理解客户，以及工作人员的敬业精神、响应时间和沟通能力等也会影响客户感知价值。例如，全国劳动模范李素丽的服务给公交乘客带来了温暖、被尊重、体贴和愉悦的感受，而冷漠的乘务人员则会给乘客带来不安全感、不舒服感。

凯马特是美国一家著名的大型折扣连锁店。虽然它的卖场很大，店里陈列的商品品种繁多、价格便宜，但客户想找店员询问问题却不是件容易的事，因为为了节约人工成本，它的店员很少，客户在这里虽然满足了购买便宜商品的要求，但是无法感觉到店员对他们付出哪怕一点点关心，于是客户心中就产生了被冷落的感觉。也就是说，客户在这里得不到多少人员价值，这影响了客户对凯马特的满意。

4．形象价值

形象价值是指企业在社会公众中形成的总体形象所产生的价值，以及企业的品牌、价值观念、管理哲学等产生的价值，还包括企业"老板"及其员工的经营行为、道德行为、态度作风等产生的价值，它在很大程度上是产品价值、服务价值、人员价值3个方面综合作用的反映和结果。

企业形象价值高，将有利于提升客户感知价值。如果企业在客户心目中形象较好，客户就会谅解企业的个别失误。相反，如果企业原有的形象不佳，那么任何细微的失误也会造成客户的极大反感。

例如，竞争对手无所不在、无时不有，但企业在竞争中不能损人利己或相互拆台、造谣、诽谤、中伤，否则最终只能导致两败俱伤。相反，如果企业能与竞争者建立良好的竞争关系，则会塑造一个阳光的企业形象，从而提升客户感知价值。

例如，美国梅西公司把客户介绍给竞争者的做法，既获得了广大客户的普遍好感，又向竞争者表示了友好和亲善，不仅树立了良好的企业形象，也改善了经营环境，因此该公司的生意日趋兴隆。

5．货币成本

货币成本是客户在购买产品或者服务时必须支付的金额，是构成客户总成本的主要因素和基本因素，是影响客户感知价值的重要因素。客户在购买产品或服务时，无论是有意还是无意，总会将价格与其所得相比较，希望以较少的货币成本获取更多的实际利益，以保证自己在较低的支出水平上获得较大的满足。

即使一个企业的产品或服务再好，形象再好，如果需要客户付出超过其预期值很多的价钱，客户也不会乐意。因此，如果客户能够以低于预期值的货币成本买到较好的产品或服务，那么客户感知价值就高，反之，则客户感知价值就低。

6．时间成本

时间成本是客户在购买产品或服务时必须花费的时间，它包括客户等待服务的时间、等待交易的时间、等待预约的时间等。激烈的市场竞争使人们更清楚地认识到时间的宝贵与重要。

在相同情况下，客户所花费的时间越少，客户购买的总成本就越低，客户感知价值就越高；相反，客户所花费的时间越多，客户购买的时间成本就越高，客户感知价值就越低。因此，企业必须努力提高效率，在保证产品和服务质量的前提下，尽可能降低客户的时间成本，从而降低客户购买的总成本，提高客户感知价值。

如今，对客户反应时间的长短已经成为某些行业，如快餐业、快递业成功的关键因素。例如，麦当劳为了突出"快"字，要求站柜台的服务员身兼三职——照管收银机、开票和供应食品，从而使客户只需排一次队，就能取到需要的食物。

7. 精力成本

精力成本是客户在购买产品或服务时必须耗费的精力。在相同情况下，精力成本越低，客户总成本就越低，客户感知价值就越高；相反，精力成本越高，客户的感知价值就越低。

一般来说，客户在一个不确定的情况下购买产品或者服务，都可能存在一定的消费风险。例如预期风险，即当预期与现实不相符时，客户就会有失落感，产生不满；形象风险或心理风险，即客户担心购买的服装会破坏自己的形象，或担心购买价格低的产品会被人取笑，或担心购买价格高的产品会被人指责等；财务风险，即购买的产品是否物有所值、保养维修的费用是否太高、将来的价格会不会更便宜等；人身安全风险，即某些产品的使用可能隐含一定的风险，如驾驶汽车、摩托车可能造成交通事故等，这些可能存在的消费风险，都会导致客户精力成本增加，如果企业不能降低客户的精力成本，就会降低客户感知价值。

例如，在同一个月份、甚至同一周购买的产品，购买时间仅差一天或者几天，价格就不一样，这会让客户时常担心今天买会不会亏了或明天会不会更便宜，从而增加了客户的精力成本，降低了客户感知价值。

根据日本管理顾问角田识之的研究，一般交易活动中买卖双方的情绪热度呈现为两条迥然不同的曲线：卖方从接触买方开始，其情绪热度便不断升温，到签约时达到巅峰，等收款后便急剧降温、一路下滑；然而，买方的情绪热度却是从签约开始逐渐上升，但总是在需要卖方服务的时候，才发现求助无门——这往往是买方产生不满的根源。如果买方始终担心购买后卖方的售后服务态度会很恶劣，那么就会犹豫是否要购买。

客户的精力成本负担往往是企业的失误造成的，也可能来自企业制度和理念上的漏洞。例如，有些通信企业为了防止客户有意拖欠话费和减少欠费，采取了预交话费的办法，一旦客户的通话费用超过预交话费，账务系统就会自动中断对客户的服务。这种办法的确有效地防止了欠费，但同时也让从来就没想有意欠费的客户十分反感和不满，觉得这是对自己的不尊重、不信任，从而增加了客户的精力成本，降低了客户感知价值。于是，这些客户在一定的外因促使下很容易"叛离"企业，寻找能信任他们的更好的合作伙伴。

8. 体力成本

体力成本是客户在购买产品或服务时必须耗费的体力。在相同情况下，体力成本越低，客户感知价值就越高；相反，体力成本越高，客户感知价值就越低。

在紧张的生活节奏与激烈的市场竞争中，客户对购买产品或服务的方便性的要求也在提高，因为客户在购买过程的各个阶段均需付出一定的体力。如果企业能够通过多种渠道减少客户为购买产品或服务而花费的体力，便可降低客户的体力成本，进而提升客户感知价值。

总之，客户总是希望获得最多的产品价值、服务价值、人员价值、形象价值，同时又希望把货币成本、时间成本、精力成本、体力成本降到最低，只有这样客户感知价值才会最高。

二、客户预期

客户预期是指客户在购买、消费之前对产品价值、服务价值、人员价值、形象价值、货币成本、时间成本、精力成本、体力成本等方面的主观认识或期待。

（一）客户预期对客户满意的影响

为什么不同的人在接受同一产品或者服务时，有的人感到满意，而有的人感到不满意呢？因为他们的预期不同。

为什么同一个人接受不同的产品或者服务时，好的不能让他满意，而不够好的却能使他满意呢？因为好的产品或者服务可能比他预期的差，而不够好的产品或者服务可能比他预期的好。

例如，客户对自己的等待时间满意与否，取决于客户对等待时间的预期值和实际等待时间的对比。例如，客户预期等待 10 分钟，而实际上却等待了 30 分钟，这很可能引起客户的极度不满意。同样等了 10 分钟，预期等待 6 分钟的客户会比预期等待 30 分钟的客户更不满意。

上面的例子说明了客户预期对客户满意是有重要影响的，也就是说，如果企业提供的产品或者服务达到或超过客户预期，那么客户就会满意或很满意。而如果达不到客户预期，那么客户就会不满意。

例如，如果以往快递 3 天之内就能够收到，这一次超过 5 天仍未收到，客户就会难以接受；反之，如果以往 1 个月都不能收到退款，现在 15 天就能够收到退款，客户对此的感觉就比较好。

（二）影响客户预期的因素

客户预期不是与生俱来、一成不变的，而是后天得来且动态变化的。一般来说，影响客户预期的因素有以下 5 个。

1. 客户的生理、心理背景因素

不同的客户由于性别、年龄、身份及消费能力等的差异会产生不同的价值观、需求、习惯、偏好等，进而面对同样的产品或者服务会形成不同的预期值。

2. 客户以往的消费经历、经验阅历等

客户在购买某种产品或服务之前往往会结合以往的消费经历、经验，对即将购买的产品或服务产生一个心理预期值。

例如，客户过去吃一份快餐要花 10 元，那么他下次再去吃快餐时可以接受的价格，即对快餐价格的预期值也是 10 元；如果过去吃一份快餐只要 5 元，那么他下次

153

再去吃快餐时可以接受的价格，即对快餐价格的预期值就是 5 元。

再如，若以往打热线电话在 10 秒之内就能够接通，这一次超过 20 秒仍无人接听，客户就会难以接受；反之，以往热线电话很难打进，现在 1 分钟内被受理，则客户感觉就比较好。

而没有消费经历和消费经验的客户如果有消费阅历（即亲眼目睹过别人消费），那么预期值也会受影响——如果看上去感觉不错就会形成较高的预期值，如果看上去感觉不好则会形成较低的预期值。

此外，一般来说，新客户与老客户对同一产品或服务的预期值往往不同，新客户由于没有消费经历、消费经验而往往预期值过高或过低，而老客户由于有丰富的消费经历、消费经验而使预期值比较合理。

知 识 链 接

锚定效应

所谓锚定效应，是指人们对事物的判断容易依赖最初的参考点，而且无法轻易调整。虽然，我们都知道依赖第一印象对事物进行判断并不科学和准确，但我们还是无法摆脱第一印象的影响。

例如，如果你喜欢的某品牌牛仔裤原本 50 元一条，现在 35 元的折扣价一定会让你很动心，而最初的 50 元就起到了"锚"的作用，影响了你的预期。因此，企业对产品进行促销时，把原价写在折扣价的旁边会使消费者更容易接受折扣价。

销售人员为了推销面积 90 平方米，售价 170 万元的房子，先带客户看一套面积 100 平方米，售价 200 万元的房子，使客户有一个心理定式——这里每平方米 20000 元，这就影响了客户对房价的预期。这样，当客户看到每平方米低于 20000 元的房子时，就比较容易满意。

再如，星巴克里摆放的"依云矿泉水"基本上不是用来卖的，而是给你看的。"依云矿泉水"在星巴克一般标价 20 多元人民币。作为星巴克咖啡的相伴品，它向客人传递一个潜台词——你看，一瓶水都卖 20 多元，我 20 元到 30 的咖啡还算贵吗？

3. 他人的介绍

人们的消费决定总是很容易受到他人，尤其是亲戚朋友的影响，他们的介绍对客户预期的影响较大。如果客户身边的人都极力赞扬企业，说企业的好话，那么就容易让客户对企业的产品或服务产生较高的预期值；相反，如果客户身边的人对企业进行负面宣传，则会使客户对企业的产品或服务产生较低的预期值。

例如，某客户的朋友告诉客户，某宾馆的服务好极了，自然该客户对该宾馆的预期值就会很高；如果朋友告诉客户，某宾馆的服务糟糕透了，自然该客户对该宾馆的预期值就会很低。

4. 企业的宣传与承诺

企业的宣传与承诺主要包括广告、产品外包装上的说明、员工的介绍和讲解等，根据这些，客户会对企业的产品或者服务在心中产生一个预期值。

如果企业肆意地夸大宣传自己的产品或者服务，会让客户产生过高的预期值，而客观的宣传，就会使客户的预期比较理性。例如，如果企业预先提醒客户可能需要等待，就会使客户有一个心理准备、产生需要等待的预期值。研究表明，那些预先获得通知需要等待的客户，会比那些没有获得通知需要等待的客户满意。

5. 价格、包装、环境等有形展示

客户还会凭借价格、包装、环境等看得见的有形展示来形成对产品或者服务的预期值。例如，如果餐厅环境脏乱、服务人员穿着邋遢，不修边幅，显然会令客户认为其根本不可能提供好的服务。相反，较高的价格、精美或豪华的包装、舒适的环境等可使客户产生较高的预期值。

任务讨论

举例说明影响客户满意的因素。

任务三　如何实现客户满意

从任务二中我们知道，客户预期和客户感知价值是影响客户满意的因素。那么，如果企业能够把握客户预期，并且让客户感知价值超出客户预期，就能够实现客户满意。实现客户满意的路线图如图 7-1 所示。

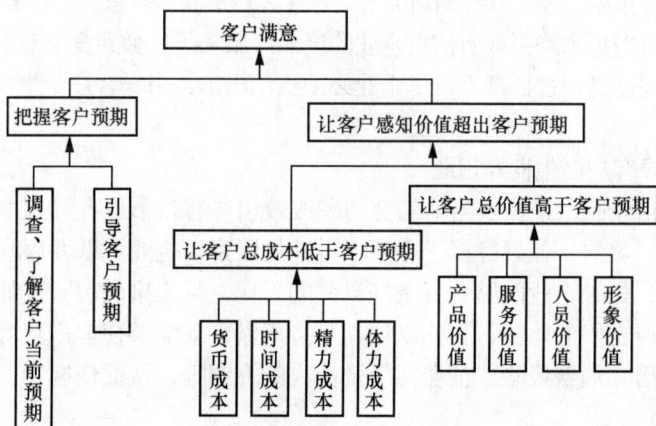

图 7-1　实现客户满意的路线图

一、把握客户预期

（一）把握客户预期的重要性

1. 确保实现客户满意

从前文可知，如果客户感知价值达到或超过客户预期，那么客户就会满意或很满意；而如果客户感知价值达不到客户预期，那么客户就会不满意。因此，为了确保实现客户满意，企业必须把握客户预期，这样才能使企业所有让客户满意的努力有的放矢，否则即使客户感知价值再高也未必能够实现客户满意。

2. 控制和降低实现客户满意的成本

如果企业能够把握客户预期，那么就可以控制和降低实现客户满意的成本——只要让客户感知价值稍稍超出客户预期，就能够事半功倍地实现客户满意——这既是实现客户满意的最经济的思路，也是最科学的思路。

（二）如何把握客户预期

企业可以通过两个路径把握客户预期，一是调查、了解客户当前预期，二是引导客户预期。

1. 调查、了解客户当前预期

企业可以通过市场调查的方式了解客户当前对产品价值、服务价值、人员价值、形象价值、货币成本、时间成本、精力成本、体力成本等的预期。充分了解客户当前预期可以使企业在采取让客户满意的措施时有的放矢、事半功倍。

2. 引导客户预期

我们知道，如果客户预期过高，一旦企业提供给客户的产品或服务的感知价值没有达到客户预期，客户就会感到失望，导致客户不满。但是，如果客户预期过低，他可能就没有兴趣来购买或者消费企业的产品或服务了，会到竞争对手那边去。因此，客户预期过高、过低都不行，企业必须主动出击，引导客户产生良好而又合理的预期。

（1）引导客户产生良好预期

首先，企业应以过往及当前的努力和成效引导客户形成良好预期。客户的价值观、需求、习惯、偏好等属于企业不可控的因素，企业可以发挥的余地和机会不大。但是，如果企业能够认真做好当前的工作，从小事做起，从细节做起，努力使客户获得良好的体验，长此以往、坚持不懈，就能够使客户获得积极的、正面的消费经历、消费经验、消费阅历及他人的介绍等，从而使客户产生对企业的良好预期。

其次，企业应通过企业文化、理念、宗旨、制度、宣传、广告与承诺来引导客户产生良好预期。

案例链接：3 家企业通过广告语引导客户产生良好预期

肯德基的广告语："美味安全、高质快捷；营养均衡、健康生活；立足中国，创新无限。"

京东的广告语："多仓直发，极速配送""正品行货，精致服务""天天低价，畅购无忧""网购上京东，省钱又放心"。

三只松鼠的广告语："五香手撕牛肉，够辣够劲道""非常美味的牛肉干，让爱吃的你随时尽享大口吃肉的快感""好肉，牛后腿肉，嚼劲十足；好吃，肉中藏筋，硬度适中；好色，秉承原色，货真价实""内蒙古传统工艺风干，精心烘烤，原汁原味；精心秘制卤料，小火慢炖而成，味道香浓，闻到让人想流口水的好味道。"

最后，企业应通过价格、包装、环境等有形展示引导客户产生良好预期。例如，一般来说，客户对价格高的产品或者服务的预期高，而精美的包装、优美的环境、高档的装修、现代化的设施与装备等有形展示也会让客户形成良好预期。另外，如果服务机构处在繁华的地段，服务人员统一着装及提供标准化的服务，也有利于客户产生良好预期。此外，证书和奖状，"××之星""××标兵""××模范"等称号也都会增强客户的良好预期。

（2）引导客户产生合理预期

客户预期如果过高，将给企业实现客户满意造成一定的困难，所以，企业要想办法引导客户产生合理预期。

首先，企业应根据自身的实力进行实事求是、恰如其分的宣传与承诺。企业只能宣传与承诺做得到的事，而不能过度宣传与承诺，这样可以避免客户产生不切实际的过高预期。并且，如果企业在宣传与承诺时恰到好处并且留有余地，或者干脆自我揭短、将丑话说在前头，使客户预期保持在一个合理的状态，那么客户感知价值就很可能轻松地超过客户预期，客户就会因感到"物超所值"而"喜出望外"，自然对企业十分满意。

案例链接：3 家企业通过宣传引导客户产生合理预期

大众从最开始就直接指出甲壳虫汽车的缺点，如又小又丑，然后再告诉客户这些缺点能带来哪些好处，如经济实惠。

日本美津浓公司销售的运动服里有纸条写着：此运动服乃用最优染料、最优技术制造，遗憾的是还做不到完全不褪色，会稍微褪色。这种诚实的态度赢得了客户的信任，假如运动服褪色不明显，客户反而会很满意。

迪士尼作为全球三大娱乐服务品牌之一，也非常善于在各个环节引导客户预期，而后往往给客户以超值惊喜。例如，有一种娱乐设施依照广播通知需要等待45分钟，这时选择等待的客户就会产生需要等待45分钟的预期。然而，迪士尼乐园总是能够在不到45分钟时就提前让客户结束等待，这样的结果总是让客户很满意。

企业的宣传与承诺如果得以实现，将在客户中建立良好的信誉。正所谓"低调做人，高调做事"，如IBM所说："所做的超过所说的且做得很好，是构成稳固事业的基础。"相反，如果企业过度承诺和宣传，夸大其词，客户预期就会被凭空抬高，从而造成客户感知价值与客户预期的差距，导致客户不满。例如，人们对承诺捐赠却没有兑现的企业的反感程度，远大于未捐赠也未提捐赠的企业，就说明了这一点。

其次，通过恰当的价格、包装、环境等有形展示来引导客户产生合理预期。假如价格、包装、环境等恰到好处，不过度、过高、过好、过美，客户一般就不会产生不切实际的预期。

最后，通过沟通来引导客户产生合理预期。例如，企业可以通过沟通扬长避短，说明产品或者服务价格高的各种合理原因，或强调比竞争者更优的表现，如"一分钱一分货，虽然价格高但是品质优异"，从而引导客户产生合理预期。

此外，企业还可以通过规则来引导客户产生合理预期。首先，千万不能随便给予优惠，否则客户往往会提出更进一步的要求，直到企业不能接受。其次，让客户感到获得当前这样的优惠已经很不容易。最后，当客户提出过分要求时，可表现出为难情绪，如说明自己的权力有限，需要向上司请示，那"对不起，在我的处理权限内，我只能给您这个价格"，然后再话锋一转，"不过，因为您是我的老客户，我可以向经理请示一下，看能不能再给您一些额外的优惠。但估计很难，我也只能尽力而为。"这样客户的预期就不会太高，即使得不到优惠，他也会因为感到你已经尽力而为而不会怪你。

➡ 知 识 链 接

通过沟通与规则引导客户产生合理预期

（1）向客户展示其忽视的因素

客户："这件衣服100元可以卖吗？"

店员："对不起，太低了，要200元。"

客户："这不是普通棉布做的吗？怎么这么贵呀？"

店员："噢，您没看出来吧？这可是正宗巴西进口的精细棉，不会起皱，透气性也很好，所以要贵些。"

客户："是这样啊，好吧，那我买两件！"

（2）修正对方的经验

客户："这件童装多少钱？"

店员："200 元。"

客户："怎么这么贵！我上次给自己买的衣服比这件大多了，但只要100元，除了布料比这件多些外，其他都没什么不一样的啊？！怎么这件这么贵？"

店员："噢，是这样的，童装虽然用的布料少，但做工要求更高、更精细，所以价格会更贵些。"

（3）修正对方的思维模式

客户："这款手机多少钱？"

店员："2000 元。"

客户："上星期我的一个朋友在另外一家店买才花了1500元啊！"

店员："噢，那几天这款手机刚上市，为了做广告所以按优惠价格销售，当时我们这里也是卖1500元，可现在促销期已经过了，所以要按正常价格销售了。"

总而言之，企业要实现客户满意就必须采取相应的措施来把握客户预期，让客户预期值在一个恰当的水平上，这样既可以吸引客户，又不至于让客户因为预期落空而失望、产生不满。一般来说，引导客户预期的上限是企业能够带来的客户感知价值，引导客户预期的下限是竞争对手能够带来的客户感知价值。此外，企业在引导客户预期时应当做到实事求是、扬长避短，引导客户多关注对企业有利的方面、忽略对企业不利的方面。

二、让客户感知价值超出客户预期

如果企业善于把握客户预期，然后为客户提供超出预期的感知价值，就能够实现客户满意。

例如，有一对已经相处多年的恋人，在过去几年的情人节那天，男士总是送女士9朵玫瑰，而今年男士送女士99朵玫瑰，这大大超出了她的预期。她会怎样呢？她高兴得几乎跳了起来！

为了让客户感知价值超出客户预期，企业要努力使产品价值、服务价值、人员价值、形象价值等高于客户预期，使货币成本、时间成本、精力成本、体力成本等低于客户预期。

（一）产品价值高于预期

为了实现客户满意，企业应当努力让影响产品价值的产品质量、产品功能、产品创新等超出客户预期。

首先，产品质量是提高客户感知价值和客户满意度的基础，高质量的产品本身就是出色的推销员和维系客户的有效手段，企业无论如何也不能企求人们去购买那些质量低劣的产品。企业如果不能保证产品质量，或者产品质量随时间的推移有所下降，那么，客户即使曾经满意，也会逐渐不满意。通用电气公司前总裁韦尔奇说："质量是提升客户忠诚度最好的保证，是通用电气公司对付竞争者的最有力的武器，是通用汽车公司保持增长和赢利的唯一途径"。众多世界品牌的发展历史告诉我们，客户对品牌的满意，在一定意义上也可以说是对其产品质量的满意。只有过硬的质量，才能提升客户感知价值，才能真正在客户的心目中树立起金字招牌，才能让产品受到客户的爱戴。所以，企业应不断地提高并保证产品质量，使客户满意建立在坚实的基础上。

其次，产品功能也是影响产品价值的重要内容，企业应当尽力根据每个客户的不同需求来制造功能强大的产品，从而提高客户的满意度。例如，戴尔公司按照客户的订单进行生产，不仅满足了客户对数量的要求，而且满足了客户对质量、花色、式样或款式等方面的要求，真正做到了适销对路。

最后，企业要努力创新，不断推出新产品、创造新价值。这是因为任何产品和服务都有生命周期，随着市场的成熟，原有的产品和服务带给客户的利益空间可能越来越小，因此，企业要顺应客户的需求，不断地根据客户的意见和建议，站在客户的立场上去研究和设计产品，使不断创新的产品为客户带来更好的体验甚至惊喜，这样就能够不断提高客户感知价值，从而提高客户的满意度。此外，企业通过科技开发提高产品的科技含量，不仅可以更好地满足客户的需要，而且可以构筑阻止竞争者进入的壁垒，有效地阻止竞争对手的进攻。

例如，肯德基自在北京前门开设在中国的第一家餐厅开始，现已在近500个城市开设了2000多家连锁餐厅，是中国规模最大、发展最快的快餐连锁企业。几十年来，肯德基积极打造"美味安全、高质快捷；营养均衡、健康生活；立足中国、创新无限"的"新快餐"，在产品多样化上不断创新，尤其注重对蔬菜类、高营养价值食品的开发。目前，除了吮指原味鸡、香辣鸡腿堡、香辣鸡翅等代表产品外，由中国团队研发的老北京鸡肉卷、新奥尔良烤翅、四季鲜蔬、早餐粥、蛋挞等都受到好评和欢迎。

（二）服务价值高于预期

随着购买力水平的提高，客户对服务的要求也越来越高，给客户提供优质的服务已经成为提高客户感知价值和客户满意度的重要因素。这就要求企业站在客户的角度，想客户所想，在服务内容、服务质量、服务水平等方面进行改进，从而提升客户感知价值，进而提高客户的满意度。

例如，麦当劳专门设置了儿童游乐园，供孩子们边吃边玩。麦当劳还为小孩举办生日庆祝会，吃什么、花多少钱，由家长决定，一切游乐服务则由快餐店负责。

又如，马蜂窝曾拍摄过一个关于明信片环球旅行求婚记的微电影，这个事件的背景是一对热爱旅行的年轻情侣要结婚，于是在马蜂窝上发布了一个帖子，希望收集到世界各地的朋友寄来的明信片。马蜂窝很重视这个帖子，并将其顶上了主页头条，许多人看到了纷纷响应，而这对情侣也收到了 200 多张来自世界各地的祝福明信片。该微电影在网上发布后，被观看、分享上万次，使更多人对马蜂窝印象深刻。

<h3 align="center">案例链接：南航提升特殊旅客出行的体验</h3>

"四优关爱"的服务对象为南航特殊关注的旅客群体。通过优先值机、优先安检、优先登机、优先行李交付等服务，消除特殊旅客在外出行时的担忧和焦虑，为旅客献上更多体贴和关爱。

"木棉童飞"是针对无人陪伴儿童服务的一项增值服务，在家长托付无人陪伴儿童后，地服系统工作人员会全程护送儿童值机、登机，并拍下精彩瞬间及时上传系统。系统会向家长预留的手机号码发送短信和验证码，家长可通过南航微信公众号查看和下载孩子乘机的照片。

"心信相印"服务的对象是无人陪伴老人及儿童，南航通过短信、电话等方式向申请成功的特殊旅客家属传递所乘航班涉及延误的相关信息，为旅客提供更贴心、更暖心、更温馨的服务。

此外，售前、售中、售后的服务也是提升客户感知价值的重要环节。如售前及时向客户提供充分的关于产品的性能、质量、价格、使用方法和效果的信息；售中提供准确的介绍和咨询服务；售后重视信息反馈和追踪调查，及时处理和答复客户的意见，对有问题的产品主动退换，对故障迅速采取措施排除或者提供维修服务。

例如，上海大众启动"24 小时服务全国统一寻呼网络"，实现了服务支持功能的属地化——客户无论身处何处，不管车辆遇到什么问题，只要拨打服务电话，便可随时得到专业应急服务，这提升了客户感知价值和客户满意度。

<h3 align="center">案例链接：IBM 的服务价值</h3>

"IBM 就是服务!"是 IBM 一句响彻全球的口号。IBM 从客户的要求出发，帮助客户安装调试、排除故障、定期检修、培养技术人员，及时解答他们提出的各种技术问题，提供产品说明书和维修保养的技术资料，听取使用产品后的评价和意见等。IBM 通过提供多种多样的服务，使客户满意，从而建立起企业的信誉，营造了独特的 IBM 文化。

在众所周知的美国纽约华尔街停电事件中，当时证券交易所都关闭了，银行一片混乱。在这紧要关头，IBM 纽约分部的每个员工都忘我地工作，争取把客户的损失降到最低限度。在 25 个小时的停电期间，户外温度高达华氏 95 度左右，空调、电梯、照明一概没有，IBM 的员工不辞辛苦地攀爬一些高层大楼（包括一百多层的世界贸易中心大楼），带着各种急需的部件为客户维修设备。

另一个是费城信赖保险公司大楼失火事件。当时所有的导线被烧坏，计算机上的其他主要部件及设备也被破坏，IBM 立即调来服务小组，进行 24 小时不停顿的抢修，经过连续 3 天的抢修，终于使费城信赖保险公司业务恢复了正常，几乎没有耽误什么工作。

正是这种优质、及时的服务赢得了客户的满意，奠定了 IBM 繁荣兴旺的基础。

假如客户因为搬运问题而不方便购买，企业主动送货上门，就会使客户觉得自己得到了特殊的关心而满意。假如客户因为资金周转问题而不能及时支付购买产品的费用，企业通过分期付款、赊账的形式予以客户援助，那么客户就会因心存感激而满意。

（三）人员价值高于预期

优秀的人员在客户中享有很高的声望，对提高企业的知名度和美誉度，提高客户感知价值及客户满意度都具有重要意义。

例如，你走进家门口附近的一家超市，拿起一瓶醋看了看然后又放了回去，这时老板走过来告诉你："先生，您夫人平常买的是××牌子的醋，她是我们的老客户了，可以记账消费，而且都享受 9 折优惠，您只要签个名就可以拿走。"这家超市老板的人员价值就比较高，他首先认得自己的常客，并且认得她的丈夫，而且记得她一贯购买的品牌，不仅如此，还允许老客户记账消费。因为老板的人员价值超出了你的期待，你自然会对这家超市留下好印象。

企业可以通过培训和加强管理制度的建设来提高员工的业务水平，提高员工为客户服务的娴熟程度和准确性，从而提高客户感知价值，进而提高客户的满意度。例如，星巴克对员工进行深度的专业培训，使每位员工都成为咖啡方面的专家。他们被授权可以和客户一起探讨有关咖啡的种植、挑选和品尝等问题，还可以讨论有关咖啡的文化甚至奇闻、轶事，以及回答客户的各种问题。所以，客户在星巴克能够获得很高的人员价值。

（四）形象价值高于预期

企业是产品与服务的提供者，其规模、品牌、公众舆论等内在或外部的表现都会影响客户对它的判断。企业形象好，会给企业带来有利的社会舆论，为企业的经营发展创造一个良好的氛围，也能提升客户对企业的感知价值，从而提高其对企业的满意度，因此企业应高度重视自身形象的塑造。

企业形象的提升可围绕形象广告、公益广告、新闻宣传、赞助活动、庆典活动、展览活动等来进行。形象广告是以提高企业的知名度，展示企业的精神风貌，树立企业的美好形象为目标的广告。公益广告是企业为社会公众利益服务的非营利性广告或者非商业性广告，它通过艺术性的手法和广告的形式表现出来，营造一种倡导良好作风、提高社会文明程度的氛围或声势。公益广告具有极强的舆论导向性、社会教育性，是体现企业对社会、环境的关怀的一种最有效的表达方式，可以提升企业的形象。新闻宣传是企业将发生的有价值的新闻，通过大众传播媒介告知公众的一种传播形式。由于新闻宣传具有客观性、免费性、可信性等特点，所以对提高企业的知名度、美誉度十分有利。赞助活动是企业以不计报酬的方式，出资或出力支持某项社会活动或者某一社会事业，如支持上至国家、下至社区的社会活动，或支持文化、教育、体育、卫生、社区福利事业。赞助活动可使企业的名称、产品、商标、服务等得到新闻媒介的广泛报道，有助于树立企业热心社会公益事业、有高度的社会责任感等形象，从而提高企业的知名度和美誉度，赢得人们的信任和好感。庆典活动，如开业典礼、周年纪念活动、重大活动的开幕式和闭幕式等，由于其较为隆重能够引起社会公众的较多关注，因此，借助庆典活动的喜庆和热烈气氛来渲染企业形象，往往能够取得意想不到的效果。展览活动能通过实物、文字、图片、多媒体等展示企业的成就和风采，有助于增进公众和客户对企业的了解。

案例链接：星巴克不断提高客户总价值

星巴克的客户在柜台点完餐，可以先去找个位置稍加休息，也可以到旁边的等候区观看店员调制咖啡，等听到服务员喊自己后，就可以满怀喜悦地去端取。用品区有各式各样的调味品，如方糖、奶精、肉桂粉，以及一些餐具，可以自行拿取。

由于采用自助式的经营方式，来到店里的客户不会被迎面而来的"请问您需要什么"影响心情，自助服务还让客户摆脱了长长的等候队伍，减少了等候时间，并给了他们更多的控制权……

为了确保优势，星巴克一直以来从未放弃过在产品和服务中注入新的价值。根据口味、消费时尚、节气时令等的变化，星巴克在主力产品咖啡上的推陈出新让人应接不暇。

除此之外，星巴克在特色服务上的创新也一直没有懈怠，它在部分旗舰店设置了自动咖啡机，提高了服务速度；它向客户销售一种价值5～500美元的购物卡，将交易时间减少了一半；在美国本土，它建立星巴克快递公司，便于客户利用电话或网络预购饮料和点心；在世界市场上，它正逐步进行着将互联网服务引入咖啡店的尝试，目前在中国京津两地的部分星巴克咖啡店，人们已经开始了享受一边品尝咖啡一边无线上网的高雅的商务生活；甚至在一些地区如广州，星巴克正尝试在其二层开设一个约20平方米的高标准商务会议室。

（五）货币成本低于预期

合理地制定产品价格也是提高客户感知价值和客户满意度的重要手段。因此，企业定价应以确保客户满意为出发点，依据市场形势、竞争程度和客户的接受能力来考虑，尽可能做到按客户的"预期价格"定价，千方百计地降低客户的货币成本，坚决摒弃追求暴利的短期行为，这样才能提升客户的感知价值，提高客户的满意度。

例如，沃尔玛在与供应商的关系方面，绝对站在消费者采购代理的立场上，苛刻地挑选供应商，顽强地讨价还价，提出"帮客户节省每一分钱"的宗旨，提出了"天天平价、始终如一"的口号，并努力实现价格比其他商号更便宜的承诺，这无疑是沃尔玛成功的根本所在。

又如，美国西南航空把自己定位为票价最低的航空公司，公司的策略是在任何的市场环境下，都要保持最低的票价。按照传统的经商原则，当飞机每班都客满时，票价就要上涨，但西南航空不提价，而是增开班机，有时西南航空的票价比乘坐陆地的运输工具还要便宜。

企业还可以通过开发替代产品，以及使用价格较低的包装材料或者使用大包装等，不断降低产品的价格，降低客户的货币成本，从而提高客户感知价值和客户满意度。例如，出于人工成本、原料成本的考虑，多数国际大牌美妆选择在中国本土建立代工厂，这些代工厂在为国际大牌美妆代工多年后，已具备比较完善的生产研发体系。完美日记选择与国际大牌同一个代工厂，不仅能用大牌同厂为品牌做背书，提高消费者对产品的信任感，同时还能降低研发成本，加快产品更新迭代以满足日新月异的美妆市场消费需求。同时，对比同一生产商的大牌同品类产品，完美日记以相对较低的价格获取了一部分想要购买国际大牌的消费者。

当然，降低客户的货币成本不仅体现在价格上，还体现在提供灵活的付款方式和资金融通方式等方面。当客户规模较小或出现暂时财务困难时，企业向其提供延期付款、赊购这样的信贷援助就显得更为重要。

（六）时间成本低于预期

企业应在保证产品与服务质量的前提下，尽可能减少客户的时间成本，从而提高客户感知价值和客户满意度。

例如，世界著名的花王公司在销售其产品的商场中安装摄像头，以此来记录每位客户决定购买花王产品时所用的时间。"花王公司"根据这些信息改进了产品的包装和说明，对产品摆设进行重新布置以及调整产品品种的搭配，让客户可以在最短的时间内完成消费行为。经过产品的重新布置摆设和调整品种搭配，客户决定购买花王产品所用的时间比过去少了40秒。

又如，如果你是美国租车公司 Avis 的老客户，你乘飞机到达目的地后，不用做任何事情，就可直接到 Avis 在机场的停车场，这时你会发现钥匙已经插在车里面，你发动汽车就可以把它开走，只要在门口把你的证件给工作人员看一眼就可以了，没有任何多余的手续，根本不用到柜台去排队。这样周到的服务节省了客户宝贵的时间，降低了客户的时间成本，提升了客户的感知价值，也提高了客户的满意度。

又如，沃尔玛的经营项目繁多，包括玩具、服装、化妆用品、家用电器、肉类果蔬等，而且力求富有变化和特色，以满足客户的各种喜好，为的是推行一站式购物新概念——客户可以在最短的时间内以最快的速度购齐所有需要的商品。这种降低客户时间成本的购物方式，提升了客户感知价值，提高了客户满意度。

麦当劳在客户排队等候人数较多时，会派出服务人员为排队的客户预点食品。这样，当该客户到达收银台前时，将点菜单提供给收银员即可，从而提高了点餐的速度，同时，预点食品还能降低排队客户的不耐烦心理，增强了客户的忍受力，可谓一举两得。

又如，汇丰银行把部分分支机构改为昼夜银行业务中心，客户可以在自己方便的时候处理自己的账户，同时还建立起了电话及 e-banking 银行业务，方便客户利用电话和互联网随时随地方便地进行交易，节省了客户的时间成本。

（七）精力成本低于预期

降低客户的精力成本最常见的做法是给出承诺与保证。例如，汽车企业承诺永远公平地对待每一位客户，保证客户在同一月份购买汽车，无论先后都是同一个价格，这样今天购买的客户就不用担心明天的价格会更低了。

越注重安全性、可靠性的购买或者消费，承诺就越重要。例如，美容业推出"美容承诺"，并在律师的确认下，与客户签订美容服务责任书，以确保美容服务的安全性、无后遗症等。许多世界著名企业都对服务质量进行承诺，如新加坡航空公司、迪士尼和麦当劳，这些公司都对其服务质量进行全面承诺，为的就是降低客户的精力成本，提高客户感知价值和客户满意度。

此外，企业为了降低客户的精力成本，还可以为客户购买保险。例如，航空公司、旅行社、运输公司等为旅客或乘客购买保险，目的就是减少客户的购买风险，从而降低客户的精力成本和货币成本。在韩国的一些高层旅馆里，每个房间的床下都备有一条"救命绳"，该绳子坚韧结实，端部有金属环，当遇到火灾或其他险情，旅客来不及从房门撤出时，可用这条"救命绳"套在室内稳固的物体上，迅速从窗口滑下逃生。天有不测风云，人有旦夕祸福——有了这条"救命绳"，旅客就有了一定的保障。

另外，企业提供细致、周到、温暖的服务也可以降低客户的精力成本。如在为客户安装电器时，自己带上拖鞋和毛巾，安装好后帮客户把房间打扫干净，把对客户的打扰减少到最低限度……这些细节都充分体现了企业对客户的关怀、体贴和尊重，从而降低了客户的精力成本，能给客户留下美好的印象。

如果客户想到的企业都能给予，客户没想到的企业也能提供，这必然使客户感到企业时时刻刻对他的关心，从而会对企业满意。

例如，当我们到银行办理业务的时候，填写各种单据是一件非常头痛的事情，但招商银行就推出了窗口免填单服务——客户不再需要填写任何单据，只需要告诉窗口的服务代表自己想要办理的业务就够了，剩下的手续会由服务代表帮你完成。由于招商银行推出的免填单服务超出了客户的预期，客户自然会对招商银行满意。

此外，企业还要积极、认真、妥善地处理客户投诉，从而降低客户的精力成本。

（八）体力成本低于预期

如果企业能够通过多种销售渠道接近客户，并且为客户提供相关的服务，那么就可以减少客户为购买产品或者服务所花费的体力成本，从而提高客户感知价值和客户满意度。

对于装卸和搬运不太方便、安装步骤比较复杂的产品，企业如果能为客户提供良好的售后服务，如送货上门、安装调试、定期维修、供应零配件等，就会减少客户为此所耗费的体力成本，从而提高客户感知价值和客户满意度。

例如，商店为购买电冰箱、彩电、洗衣机、家具的客户提供送货上门服务，镜屏厂为客户免费运输、安装大型镜屏，解决运输、安装两大困难，这些都降低了客户的体力成本，超出了客户预期，从而提高了客户的满意度。

任务讨论

举例说明企业怎么做才能让客户满意。

习题

一、选择题（可能不止一个正确选项）

1. 影响客户满意的两个因素是（　　）。

    A. 客户感知价值和客户预期

    B. 客户的抱怨和忠诚

    C. 产品的质量和价格

    D. 产品的性能和价格

2. 以下属于影响客户满意的因素是（　　）。

   A. 客户预期　　　　　　　　B. 客户心情

   C. 客户性别　　　　　　　　D. 客户年龄

3. 以下属于影响客户预期的因素的是（　　）。

   A. 消费经历　　　　　　　　B. 企业的宣传

   C. 价格　　　　　　　　　　D. 包装

4. 如果企业善于把握客户预期，然后为客户提供超出预期的（　　），就能够实现客户满意。

   A. 感知价值　　　　　　　　B. 服务价值

   C. 产品价值　　　　　　　　D. 形象价值

5. 企业要让（　　）保持在一个恰当的水平，这样既可以吸引客户，又不至于让客户因失望而不满。

   A. 客户预期　　　　　　　　B. 客户感知价值

   C. 客户满意　　　　　　　　D. 客户心情

二、判断题

1. 客户预期越低就越容易满足。（　　）

2. 客户满意是企业持续发展的基础，是企业取得长期成功的必要条件。（　　）

3. 如果企业试图使客户预期低一些，那么包装、环境等有形展示也就应该好些、考究些。（　　）

4. 企业要提高客户的满意度，可以引导甚至修正客户对企业的预期。（　　）

5. 客户满意是一种心理活动，是客户的需求被满足后形成的状态，是客户的主观感受。（　　）

三、思考题

1. 什么是客户满意？

2. 影响客户满意的因素有哪些？

3. 如何让客户满意？

四、案例分析题：哈雷品牌的百年辉煌

从 1903 年第一辆哈雷摩托诞生到今天，100 多年来，哈雷经历了战争、经济衰退、萧条、罢工、买断和回购、国外竞争等种种洗礼，但它直面这些考验并善于把握这些考验所带来的市场机会，使其能绝处逢生又一春。

100 多年来，哈雷以其超凡的生命力和脱俗的竞争力，创造了让人目不暇接的世界摩托车制造行业一连串"唯一"——百年来唯一一家始终不离摩托车制造老本行的企业；唯一规模最大、生产时间最长的 V2 缸摩托车生产者；唯一一家把品牌

升华为图腾的超长寿企业……由于它浓缩了激情、自由、狂热的独特品牌个性，最终登峰造极地幻化为一种信仰、一种精神象征、一种品牌文化、一种生活方式，因此也创造了一个世界品牌的神话。

哈雷百年辉煌的一个主要因素是它从制造哈雷摩托车开始，就不仅仅致力于摩托车的设计与生产，同时也在精心营造一种独具特色的"哈雷文化"。一个世纪的沉浮，一个世纪的文化沉淀，孕育出丰富灿烂的哈雷文化——自由、神圣、美国精神、哈雷传统和男子气概等，一直作为哈雷品牌的精神要义，令无数的哈雷车迷为之倾倒，为之痴狂。

在哈雷文化中的每一个小群体都有共同的核心价值，但不同的群体由于其特殊的地位而对这一核心价值的诠释不尽相同。哈雷精神建立在一系列核心价值之上，其中个人自由尤为重要，它包括两个方面，即解放和特许，相应的有两个标志，即展翅的哈雷雄鹰和奔驰的哈雷骏马。展翅的哈雷雄鹰象征着美国的民主、政治的自由，体现着从各种限制中解放出来，包括汽车、办公室、时刻表、权威和各种关系，从工作和家庭中解放出来。

奔驰的骏马是一个暗喻，常常用在诗歌和小说之中，它来自于西部牛仔和西部的民间英雄，这突显了表现美国人文和价值取向的"牛仔精神"。因为哈雷是美国摩托车业唯一幸存的品牌，因此它也代表着美国。在哈雷文化中，美国主义也是一个重要的价值观。这种爱国主义色彩体现在诸多方面，如哈雷集会时的美国国旗、纹身和车体艺术等。此外，哈雷文化也很重视男子气概，这可以在诸多方面得到体现。他们宣扬的口号是："真男人穿黑色"等。

潜在于哈雷文化中的这些可以识别的精神或一系列的核心价值，获得了其所有成员不同程度的接受。这些精神和价值在产品或品牌以及消费者对其使用中得到了深刻体现，如哈雷公司始终坚持质量第一的信念，其对产品质量的要求是苛刻的，在工业化批量生产、追求规模效应的今天，哈雷公司仍然坚持手工工艺和限量生产，从而使每一辆哈雷车的品质都很过硬，给每一位车迷都留下坚固、耐用、物有所值的满足感。

奔放洒脱、彰显个性、张扬自我、崇尚自由，创造了一个将人性与产品融为一体的精神象征，树立了品牌文化的魅力。

学者冯国江分析说，哈雷文化从一个侧面记录了美国整整一个世纪从工业到科技、文化雄踞世界的历史。因此，骑哈雷摩托车就是对美国精神和美国文化的接纳与认同。对美国人来说，骑哈雷摩托车比遵守法律更能表达爱国精神，正是这样，哈雷摩托车让无数的车迷陶醉、倾倒。

案例思考题

1. 哈雷是怎样管理客户预期的？
2. 哈雷是怎样超越客户预期的？

3. 客户为什么会对哈雷摩托车满意？

实训

实训内容

介绍、分析××企业是如何把握客户预期的，如何让客户感知价值超出客户预期，从而实现客户满意的。

实训步骤

1. 教师布置实训任务，指出实训要点和注意事项。

2. 全班分为若干小组，采用组长负责制，组员合理分工、团结协作。

3. 收集相关资料和数据时可以进行实地调查，也可以采用第二手资料。

4. 小组内部充分讨论，认真研究，形成分析报告。

实训汇报

1. 小组需制作一份 3～5 分钟能够演示完毕的 PPT 文件在课堂上进行汇报，之后其他小组可提出质询，台上台下进行互动。

2. 教师对每组的分析报告和任务讨论情况即时进行点评和总结。

项目八

客户忠诚管理

【项目目标】
1. 理解什么是客户忠诚。
2. 了解影响客户忠诚的因素。
3. 掌握如何实现客户忠诚。

音频课导学

➡ 引 例

米粉圈

　　小米在官方网站中建立了小米社区，将有共同爱好、共同价值观的粉丝聚拢，通过同城会、"米粉"节等不断加强社区的活力与吸引力，并在小米社区平台引导粉丝进行内容创造，与核心的粉丝用户建立良好的互动关系，通过一系列的优惠措施以及良好体验带给核心粉丝更高的溢价。小米还通过微信平台对粉丝遇到的产品售后问题进行处理，以解决产品设计缺陷可能导致的粉丝流失问题。同时，小米在各大媒体社交工具上都保持零距离贴近客户，包括小米手机的创始人雷军在内的公司高层管理者每天都会亲自做一系列的客服工作，耐心解答客户的部分提问。总之，小米通过构建稳固的粉丝群，打造集群社区，得到了粉丝的认同与追随。

➡ 启 示

　　小米通过小米社区、同城会、"米粉"节等，与"米粉"建立了良好的互动关系，使"米粉"有了归属感，感到自己被重视、被尊重，因而提高了对小米的忠诚度。

任务一 客户忠诚概述

一、客户忠诚的含义

客户忠诚是指客户一再重复购买，而不是偶尔重复购买同一企业的产品或者服务的行为。

奥利弗认为，客户忠诚就是对偏爱产品和服务的深度承诺，是在未来一贯地重复购买并因此而产生的对同一品牌或同一品牌系列产品或服务的重复购买行为，而不会因市场情景的变化和竞争性营销力量的影响产生转移行为。

有学者把客户忠诚细分为行为忠诚、意识忠诚和情感忠诚，但对企业来说，如果只有意识忠诚或者情感忠诚，却没有行为忠诚，那么客户忠诚对企业就没有直接意义，企业能够从中获得多少收益是不确定的，而只有行为忠诚才能够给企业带来实实在在的收益。因此，企业不会排斥意识不忠诚、情感不忠诚，但是行为忠诚的客户——因为他们实实在在地、持续不断地购买企业的产品或服务，帮助企业实现赢利。不过，企业应当清醒的是，意识不忠诚、情感不忠诚的客户难以持久地保持行为忠诚。理想的"客户忠诚"是行为忠诚、意识忠诚和情感忠诚三合一，同时具备行为忠诚、意识忠诚和情感忠诚的客户是难能可贵的。

本书所指的客户忠诚主要指客户的行为忠诚。

二、客户忠诚的判断

客户是否忠诚一般可以用下面 6 个指标来判断。

（一）客户重复购买的次数

客户重复购买的次数是指在一定时期内，客户重复购买某种品牌产品或者服务的次数。一般来说，客户对某品牌产品或者服务重复购买的次数越多，说明其对这一品牌的忠诚度越高，反之则越低。有些企业为了便于识别客户和将客户纳入数据库管理，将客户忠诚量化为连续 3 次或 4 次以上的购买行为，但现实中不同消费领域、不同消费项目有很大差别。例如，有的产品或服务，我们一生中可能会消费几千次甚至更多，而有的产品或服务，我们一生中可能只能消费几次甚至一次。因此，不能一概而论，不能简单地用购买的次数来判断客户是否忠诚，更不能跨消费领域、跨消费项目进行比较，因为这样比较是没有意义的。

（二）客户对竞争品牌的态度

一般来说，对某种品牌忠诚度高的客户会自觉地排斥其他品牌的产品或服务。因此，如果客户对竞争品牌的产品或服务有兴趣并有好感，那么就表明他对该品牌的忠诚度较低，反之，则说明他对该品牌的忠诚度较高。

（三）客户对价格的敏感度

客户对价格都是非常重视的，但这并不意味着客户对价格变动的敏感度都相同。事实表明，对于喜爱和信赖的产品或者服务，客户对其价格变动的承受能力较强，即敏感度低。而对于不喜爱和不信赖的产品或者服务，客户对其价格变动的承受能力较弱，即敏感度高。因此，企业可以依据客户对价格的敏感度来衡量客户对某品牌的忠诚度。一般来说，对价格的敏感度高，说明客户对该品牌的忠诚度低；对价格的敏感度低，说明客户对该品牌的忠诚度高。

（四）客户对产品或者服务的质量事故的承受能力

任何产品或者服务都有可能出现各种质量事故，即使知名品牌的产品或者服务也很难避免。如果客户对该品牌的忠诚度较高，当出现质量事故时，他们会采取宽容、谅解和协商解决的态度，不会由此而失去对它的偏好。相反，如果客户对品牌的忠诚度较低，当出现质量事故时，他们会深感自己的正当权益被侵犯了，从而会产生强烈的不满，甚至会通过法律方式进行索赔。当然，运用这一指标时，要注意区别事故的性质，即区分是严重事故还是一般事故，是经常发生的事故还是偶然发生的事故。

（五）客户购买费用的多少

客户为某一品牌支付的费用占购买同类产品支付费用总额的比值如果高，即客户购买该品牌的比重大，说明客户对该品牌的忠诚度高，反之则低。

（六）客户挑选时间的长短

客户购买产品或者服务往往都要经过对品牌的挑选，但由于信赖程度的差异，对不同品牌的挑选时间是不同的。通常，客户挑选的时间越短，说明他对该品牌的忠诚度越高，反之，则说明他对该品牌的忠诚度越低。

三、客户忠诚的意义

（一）"忠诚"比"满意"更能确保企业的长久收益

"客户满意"不等于"客户忠诚"，如果企业只能实现"客户满意"而不能实现

"客户忠诚"，那么就意味着自己没有稳定的客户群，这样经营收益就无法确保，因为只有忠诚客户才会持续购买企业的产品或服务，才能给企业带来持续的收益。

假设某企业每年的客户流失率是 10%，每个客户平均每年带来 100 元的利润，吸收一个新客户的成本是 80 元。现在企业决定实施客户忠诚计划，将客户年流失率从 10%降低到 5%，该计划的成本是每个客户 20 元。我们可以分析这家企业客户终生价值的变化情况。每年流失 10%的客户，意味着平均每个客户的保留时间是 10 年，每年流失 5%的客户，意味着平均每个客户的保留时间是 20 年。在客户忠诚计划实施前，平均每个客户的终生价值为：10 年×100 元/年–80 元=920 元。在客户忠诚计划实施后，平均每个客户的终生价值为：20 年×（100 元/年–20 元/年）–80 元=1520 元。实施客户忠诚计划后，平均每个客户的终生价值增加了 600 元，也就是说，平均每个客户给企业创造的价值增加了 600 元。

（二）使企业收入增长并获得溢价收益

忠诚客户因为对企业信任、偏爱，不仅会重复购买企业的产品或者服务，还会放心地增加购买量，或者增加购买频率。忠诚客户还会对企业的其他产品连带地产生信任，当产生对该类产品的需求时，会自然地想到购买该企业的产品，从而增加企业的销售量，为企业带来更大的利润。

此外，忠诚客户会很自然地对该企业推出的新产品或新服务产生信任，愿意尝试新产品或新服务，因而他们往往是新产品或新服务的早期购买者，从而为新产品或新服务的上市铺平了前进的道路。

另外，忠诚客户对价格的敏感度较低、承受能力较强，比新客户更愿意以较高价格来接受企业的产品或服务，而不是等待降价或不停地讨价还价。由于他们信任企业，所以其购买贵重产品或者服务的可能性也较大，因而忠诚客户可使企业获得溢价收益。

（三）降低企业成本

1. 降低开发新客户的成本

随着企业间为争夺客户而展开的竞争日趋白热化，企业争取新客户需要花费更多的成本，如广告宣传费用、推销费用（如向新客户推销所需的佣金、推销人员的管理费用及公关费用等）、促销费用（如免费使用、有奖销售、降价等），还有大量的登门拜访以及争取新客户的体力成本、时间成本和精力成本……因此，企业开发新客户的成本非常高，而且这些成本还呈不断攀升的趋势。例如，由于电视广告费用不断上涨，企业若要维持原有的广告份额，就必须不断增加广告费用。所以，对于许多企业来说，最高的成本就是开发新客户的成本。

然而，比起开发新客户，留住老客户的成本要相对低很多，特别是客户越"老"，其维系成本越低，有时候定期地回访或者听取他们的抱怨就能留住他们。即使是激活一位中断购买很久的"休眠客户"的成本，也要比开发一位新客户的成本低得多。美国的一项研究表明，企业吸引一个新客户要付出 119 美元，而维系一个老客户只需要 19 美元，也就是说，获得一个新客户的成本是维系一个老客户的成本的 5～6 倍。

总而言之，如果企业的忠诚客户多了，客户忠诚度提高了，就可以减少开发新客户的压力和支出。

2. 降低交易成本

交易成本主要包括搜寻成本（即为搜寻交易双方的信息所产生的成本）、谈判成本（即为签订交易合同所产生的成本）、履约成本（即为监督合同的履行所产生的成本）3 个方面，支出的形式包含金钱、时间和精力的支出。

由于忠诚客户比新客户更了解和信任企业，加之忠诚客户与企业已经形成一种合作伙伴关系，彼此已经达成一种信用关系，所以交易的惯例化可使企业大大降低搜寻成本、谈判成本和履约成本，从而最终使企业的交易成本降低。

3. 降低服务成本

一方面，企业服务忠诚客户的成本比服务新客户的成本要低很多。例如，在客户服务中心的电话记录中，新客户的电话往往要比忠诚客户多得多，这是因为新客户对产品或者服务还相当陌生，需要企业多加指导，而忠诚客户因为对产品或者服务几乎了如指掌，所以不用花费企业太多的服务成本。

另一方面，企业由于了解和熟悉忠诚客户的预期和接受服务的方式，所以可以更容易、更顺利地为忠诚客户提供服务，并且可以提高服务效率和减少员工的培训费用，从而降低服务成本。

（四）降低经营风险并提高效率

据统计，如果没有采取有效的措施，企业每年要流失 10%～30%的客户，这样造成的后果是企业经营的不确定性增强了，风险也增加了。

而忠诚的客户群体和稳定的客户关系，可使企业不再疲于应付因客户不断改变而带来的需求的变化，有利于企业制订长期规划，集中资源去为这些稳定的、忠诚的客户提高产品质量和完善服务体系，并且降低经营风险。

同时，企业能够为忠诚客户提供熟练的服务，不但意味着效率会提高，而且失误率也会降低。此外，忠诚客户易于亲近企业，能主动向企业提出改进产品或服务的合理建议，从而提高企业决策的效率和效益。

（五）使企业获得良好的口碑效应

随着市场竞争的加剧，各类广告信息的泛滥，许多人面对大量眼花缭乱的广告难辨真假，感到无所适从，对广告的信任度在大幅度下降。而"口碑"是比当今"满天飞"的广告更具有说服力的宣传，人们在进行购买决策时，往往越来越重视和相信亲朋好友的推荐，尤其是已经使用过产品或消费过服务的人的推荐。例如，万科成功销售的房产就有相当比例得益于原有客户的口碑。

忠诚客户是企业及其产品或服务的有力倡导者和宣传者，他们会将对产品或服务的良好感觉介绍给周围的人，主动地向亲朋好友和周围的人推荐，甚至积极鼓动其关系范围内的人购买，从而帮助企业增加新客户。

美国有一项调查表明，一个高度忠诚的客户平均会向 5 个人推荐企业的产品和服务，这不但能节约企业开发新客户的费用，而且可以在市场拓展方面产生乘数效应。一个以欧洲 7000 名客户为调查对象的报告表明，60%的被调查者购买新产品或新品牌是受到家庭或朋友的影响。

可见，忠诚客户的正面宣传是企业难得的免费广告，可以使企业的知名度和美誉度迅速提高。通过忠诚客户的口碑，企业还能够塑造和巩固良好的企业形象。

（六）使客户队伍壮大

假设有 3 家公司，A 公司的客户流失率是每年 5%，B 公司的客户流失率是每年 10%，C 公司的客户流失率是每年 15%，再假设 3 家公司每年的新客户增长率均为 15%。

那么 A 公司的客户存量将每年增加 10%，B 公司的客户存量将每年增加 5%，而 C 公司的客户存量则是零增长。

这样一来，7 年以后 A 公司的客户总量约翻一番，14 年后 B 公司的客户总量也约翻一番，而 C 公司的客户总量将始终不会有实质性的增长。

可见，客户忠诚度高的企业，能够获得客户数量的增长，从而壮大自身的客户队伍。

（七）为企业发展带来良性循环

随着企业与忠诚客户关系的延续，忠诚客户带来的效益呈递增趋势，这样就能够为企业的发展带来良性循环——客户忠诚的企业，发展速度快，发展前景广阔，可使企业员工树立荣誉感和自豪感，有利于激发员工士气；客户忠诚的企业获得的高收入可以用于再投资、再建设、再生产、再服务，也可以进一步提高员工的待遇，进而提升员工的满意度和忠诚度；而忠诚员工一般都是熟练的员工，工作效率高，可以为客户提供更好的、令其满意的产品或者服务，这将更加稳固企业的客户资源，进一步强化客户的忠诚；客户忠诚的进一步提高，又将增加企业的收益，给企业带来更大的发展，从而进入下一个良性循环……

总而言之，客户忠诚能确保企业的长久收益、使企业收入增长并获得溢价收益、降低企业成本和经营风险，并提高效率、获得良好的口碑效应，并壮大客户队伍、为企业发展带来良性循环。可以说，忠诚客户的数量决定了企业的生存与发展，忠诚的质量，即忠诚度的高低，反映了企业竞争能力的强弱。

任务讨论

举例说明如何判断客户是否忠诚。

任务二 影响客户忠诚的因素

一、客户是否满意

从上一章介绍的客户满意的意义中我们知道，客户的忠诚和客户满意之间有着千丝万缕的联系。一般来说，客户的满意度越高，客户的忠诚度就会越高；客户的满意度越低，客户的忠诚度就会越低。可以说，客户满意是推动客户忠诚的最重要因素。但是，客户满意与客户忠诚之间的关系又没有那么简单，它们之间的关系既复杂，又微妙。

（一）满意则可能忠诚

满意使重复购买行为变得简单易行，同时也使客户对企业产生依赖感。统计结果表明：一个满意的客户，6 倍于一个不满意的客户更愿意继续购买企业的产品或服务。

根据客户满意的状况，客户忠诚可分为信赖忠诚和势利忠诚两种。

1. 信赖忠诚

当客户对企业及其产品或服务完全满意时，往往表现出对企业及其产品或服务的信赖忠诚。信赖忠诚是指客户在完全满意的基础上，对使其受益的一个或几个品牌的产品或者服务情有独钟，并且长期、指向性地重复购买。信赖忠诚的客户在思想上对企业及其产品或服务有很强的精神寄托，注重与企业在情感上的联系，并寻求归属感。他们相信企业能够以诚待客，有能力满足客户的预期，对其失误也会持宽容的态度。当发现企业的产品或服务存在某些缺陷时，他们能谅解企业并且主动向企业反馈信息，而不影响再次购买。他们还乐意为企业做免费宣传，甚至热心地向他人推荐企业，是企业的热心追随者和义务宣传员。

信赖忠诚的客户在行为上表现为指向性、重复性、主动性、排他性购买。他们想购买一种曾经购买过的产品或者服务时，会主动去寻找原来向他们提供过这一产品或服务的企业。有时因为某种原因没有找到所忠诚的企业，他们也会搁置需求，直到所忠诚的企业出现。他们能够自觉地排斥"货比三家"的心理，能在很大程度上抗拒其他企业提供的优惠和折扣等诱惑，而一如既往地购买所忠诚的企业的产品或服务。信赖忠诚的客户是高依恋度的客户，他们的忠诚最可靠、最持久。他们是企业最为宝贵的资源，是企业最基本、最重要的客户，是企业最渴求的客户，他们的忠诚也表明企业现有的产品和服务对他们是有价值的。

2. 势利忠诚

客户对企业及其产品或服务不完全满意，只是对其某个方面满意时，往往表现出对企业及其产品或服务的"势利忠诚"。例如，有些客户是因为"购买方便"而忠诚；有些客户是因为"价格诱人"而忠诚；有些客户是因为"可以中奖""可以打折""有奖励""有赠品"等而忠诚；有些客户是因为"流失成本太高"——流失后或者风险更大，或者实惠变少，或者支出增加等而忠诚……

总之，"势利忠诚"是客户为了能够得到某个（些）好处或者害怕有某个（些）损失，而长久地重复购买某一产品或服务的行为。一旦没有了这些好处和损失，他们也就不再"忠诚"，很可能会转向其他更有好处的企业。可见，"势利忠诚"是"虚情假意"的忠诚，势利忠诚的客户对企业的依恋度很低，他们很容易被竞争对手"挖走"。因此，企业要尽可能实现客户的"信赖忠诚"，但是，如果实在无法实现客户的"信赖忠诚"，可以退而求其次追求实现客户的"势利忠诚"，因为这种忠诚比较容易实现，同样能够给企业带来利润，值得企业重视。

（二）满意也可能不忠诚

一般来说，满意的客户在很大程度上会是忠诚客户，但实际上他们之间并不像人们所想象的那样存在着必然的联系。许多企业发现，有的客户虽然满意，但还是离开了。《哈佛商业评论》报告显示，在对产品满意的客户中，仍有65%～85%的客户会选择新的替代品，也就是说满意并不一定忠诚。

满意也可能不忠诚的原因大概有：客户没有因忠诚而获得更多利益、客户对企业的信任和情感不够深、客户没有归属感、客户的转换成本过低、企业与客户联系的紧密程度低、企业对客户的忠诚度低、员工对企业的忠诚度低、客户自身的因素（如个人客户想换"口味"丰富自己的消费经历，或者企业客户的采购主管、采购人员、决策者离职等）。

（三）不满意则一般不忠诚

一般来说，要让不满意的客户忠诚的可能性是很小的，如果不是无可奈何、迫不得已，不满意的客户是不会变得忠诚的。例如，客户不满意企业污染环境，或不承担社会责任，或不关心公益事业等，就会对企业不忠诚。又如，企业对客户的投诉和抱怨处理不及时、不妥当，客户就会对企业不忠诚。一个不满意的客户迫于某种压力，不一定会马上流失、马上不忠诚，但条件一旦成熟，就会不忠诚。

（四）不满意也有可能忠诚

不满意的客户也可能忠诚，这种忠诚分为两种，一种是"惰性忠诚"，另一种是"无奈忠诚"。

1．"惰性忠诚"

"惰性忠诚"是指客户尽管对产品或者服务不满，但是由于本身的惰性而不愿意去寻找其他供应商或者服务商。对于这种客户，如果其他企业主动出击，还是容易将他们"挖"走的。

2．"无奈忠诚"

"无奈忠诚"是指在卖方占主导地位的市场条件下，或者在不开放的市场条件下，客户尽管不满却因为别无选择，找不到其他替代品，不得已只能忠诚。例如，市场上仅有一个供应商，在这样垄断背景下，尽管不满意，客户也别无选择，因为根本没有"存有二心"的机会和条件。

虽然"惰性忠诚"和"无奈忠诚"能够给企业带来利润，企业可以顺势、借势而为，但是，企业切不可麻痹大意、掉以轻心，因为不满意的忠诚是靠不住的、很脆弱的，一旦时机成熟，这类不满意的客户就会毫不留情地流失。

从以上的分析来看，客户忠诚很大程度受客户满意的影响，但这种影响不是绝对的，满意的客户也并不一定忠诚，因为可能没有忠诚的动力或者压力。所以，企业要想实现客户忠诚，除了让客户满意外，还得考虑影响客户忠诚的其他因素，并且采取相应的措施。

二、客户因忠诚能够获得多少利益

追求利益是客户的基本价值取向。调查结果表明，客户一般也乐于与企业建立长久关系，其主要原因是希望因忠诚而得到优惠和特殊关照，如果能够得到，他们就会与企业建立长久关系。如果老客户没有得到比新客户更多的优惠和特殊关照，那么他们的忠诚就会被抑制，这样老客户会流失，新客户也不愿成为老客户。因此，企业能否提供忠诚奖励将影响客户是否持续忠诚。

然而，当前仍然有许多企业总是把最好、最优惠的条件提供给新客户，甚至有的企业利用大数据"杀熟"，而使老客户的待遇还不如新客户，这其实是鼓励"后进"，打击"先进"，这是一个倒退，将大大损害客户忠诚度。"衣不如新，人不如故"，一个人如果对待一个有十年交情的老朋友还不如对待新结识的朋友好，那么谁会愿意和这样的人做长久的朋友？其实，新客户的"素质"是个未知数，你不知道最后他们会带来什么，而老客户伴随着企业历经风雨，是企业的功臣。如果一个企业连老客户都不珍惜，那又怎能令人相信它会珍惜新客户呢？再新也终会变旧，企业切不可喜新厌旧，否则只会让老客户寒心，受伤害的他们将不再忠诚而会流失。而新客户看到老客户的"下场"，也会望而却步，因为老客户今天的境遇或"下场"就是新客户明天的境遇或"下场"。

所以，企业要让老客户得到更多的实惠，享受更多的奖励，这样才会激励客户对企业忠诚。当然，利益要足够大，要能够影响和左右客户的选择。

三、客户的信任和情感

（一）信任因素

由于客户的购买存在一定的风险，客户为了避免和减少购买过程中的风险，往往倾向于与自己信任的企业保持长期关系。市场上确实有一些企业只追求眼前利益，"一切向钱看"，不顾及客户的感受，但这种企业是不可能得到客户的信任的，而没有得到客户信任的企业肯定得不到客户的忠诚。研究显示，信任是构成客户忠诚的核心因素，信任使重复购买行为变得简单易行，同时也使客户对企业产生依赖感。

例如，衣蝶百货是一家百分之百只卖女性衣服的专卖店，服务策略是用周到的服务来创造令人感动的体验。例如，她们的洗手间会给人喜出望外的体验，里面有高品质的护肤乳液和香精。洗手台旁有专职的服务人员将清洁工作做得非常到位，没有水渍。为了防止马桶坐垫不卫生，衣蝶百货为客户提供了自动胶膜，还提供卫生棉。由于衣蝶百货站在女性的角度来提供服务，方便了在外购物的女性们，从而赢得了很多的忠诚客户。

（二）情感因素

如今，情感对客户忠诚的影响越来越大，这是因为企业给予客户利益，竞争者也同样可以为客户提供类似的利益，但竞争者难以攻破在情感深度交流下建立的客户忠诚。

企业与客户一旦有了情感交融，就会使客户与企业之间从单纯的买卖关系升华为休戚相关的伙伴关系。当客户与企业的感情深厚时，客户就不会轻易"背叛"企业，即使受到其他利益的诱惑也会掂量掂量其与企业的感情的分量。

加拿大营销学教授杰姆·巴诺斯通过调查研究指出，客户关系与人际关系有着许多一样的基本特征，包括信任、信赖、社区感、共同目标、尊重、依赖等内涵。企业只有真正站在客户的角度，给客户以关怀，与客户建立超越经济关系之上的情感关系，才能赢得客户的心，赢得客户的忠诚。

四、客户是否有归属感

假如客户感到自己被企业重视、尊重，有很强的归属感，就会不知不觉地依恋企业，因而忠诚度就高。相反，假如客户感觉自己被轻视，没有归属感，就不会依恋企业，忠诚度也就低。

例如，星巴克最忠诚的消费者每月去星巴克店的次数高达 18 次，因为他们把星巴克当作一种除居家场所和办公场所之外的第三场所，他们可以在星巴克体验到在别的地方无法体验的情调和氛围，他们还能从星巴克的服务中感受到某种情谊和归属感，甚至能够从服务中获得某种精神上的提升。

又如，穷游网保持网友忠诚依靠的是其丰富、实用的旅游咨讯和服务，以及良好的社区氛围。穷游网将后台加工制作的集成式攻略单列为一个板块，将网友生成的攻略和网友间的问答互动一起放入了论坛板块。论坛里面，游客只能浏览帖子，不能回复。而注册网友拥有自己的主页，可以发帖、上传照片、回复等，也可以给其他网友发私信。注册网友在穷游网上免费得到了其他网友提供的旅游信息，然后在自己亲身体验之后又回穷游网来分享自己的旅游经历。如此这样的循环往复，穷游网从而吸引了众多网友对穷游网持续关注与忠诚。

五、客户的转换成本

转换成本指的是客户从一个企业转向另一个企业会面临的障碍或增加的成本，是客户为更换企业所需付出的各种代价的总和。

转换成本可以分为以下 3 类：一是时间和精力上的转换成本，包括学习成本、时间成本、精力成本等；是经济上的转换成本，包括利益损失成本、金钱损失成本等；是情感上的转换成本，包括个人关系损失成本、品牌关系损失成本。相比较而言，情感上的转换成本比另外两类转换成本更难被竞争对手模仿。

转换成本是避免客户不忠诚的缓冲力，如果客户从一个企业转向另一个企业，会损失大量的时间、精力、金钱、关系和感情，那么，即使目前他们对企业不是完全满意，也会三思而行、慎重考虑，不会轻易"背叛"企业。

例如，企业实行累计优惠计划，频繁、重复购买的忠诚客户就可以享受奖励，而如果客户中途"背叛"、放弃就会失去即将到手的奖励，并且原来积累的利益也会因转换而失效，这会激励客户对企业保持忠诚。

但是，企业必须认识到引导胜于围堵。如果企业仅仅靠提高转换成本来维系客户的忠诚，而忽视为客户创造价值和利益，那将会置客户于尴尬和无奈的境地。尽管企业可能因此出现一时的门庭若市、兴隆与红火，但是一旦情况有变，终将导致门庭冷落和客户流失。

六、企业与客户联系的紧密程度

我们知道，如果两个物体的接触面非常光滑，摩擦因数很小，那么这两个物体彼此就很容易"滑溜"；相反，如果两个物体的表面粗糙，摩擦因数很大，那么这两个物体就不那么容易"开溜"。这个时候，"摩擦阻力"成了"牵挂"。

经验表明，客户使用一家企业的产品越多，对这家企业的依赖就越强，流失的可能性就越小，就越可能忠诚。例如，360安全公司通过在线智能升级系统，及时为使用其产品的客户进行升级，并且使客户可免费下载一些软件，从而增强了客户对其的依赖性。

我们还知道，如果企业与客户之间的关系不是表层的关系，而是深层的、高级的关系，相互渗透的关系，那么两者分开就不是件容易的事了。

企业可与客户通过交叉持股或者双方共同成立合资、合伙或合作企业等形式，建立双方共同的利益纽带，你中有我，我中有你，这样彼此就不容易分开了。

另外，企业还要注意与客户的合作关系是否紧密，提供的产品或者服务是否渗透到客户的核心业务中间，产品或者服务是否具有显著的独特性与不可替代性——如果是，客户对企业的依赖程度就高，忠诚度也就高；反之，客户对企业的依赖程度就低，那么一旦发现更好更合适的企业，客户便会毫不犹豫地转向新的企业。

总而言之，如果企业对客户来说是可有可无的，那怎么能够奢望客户对企业忠诚？相反，如果客户的生存与发展离不开企业，那么客户想不忠诚都不行。

例如，当今人们手机上的App太多已经成为一个"痛点"，如果一个App可以集合多个功能显然会赢得人们的青睐。美团App就集合了团购、外卖、打车、单车、酒店、订票、快驴等诸多功能，简直是"生活百科全书"，也就是说，吃、住、行都能用美团App，不知不觉中，许多人都离不开美团App，渐渐忠诚于美团了。

七、企业对客户的忠诚度

忠诚应该是企业与客户之间双向的、互动的，企业不能追求客户对企业的单向忠诚，而忽视了自身对客户的忠诚。正像宜家提出的那样："通过给予忠诚来获得忠诚。"

案例链接：苹果以自己的忠诚换取客户的忠诚

苹果规定每一个应用开发者和应用开发商都必须重视用户的隐私，必须保护好用户的数据信息，不能保留用户数据的任何备份，在用户不再使用这款App的时候，必须要把用户的数据删得一干二净。否则，一经发现有保留用户数据的行为，Store将直接把这款App下架，且不会再一次上架。

苹果保护客户的隐私，塑造了良好的企业形象，从而赢得了客户的忠诚。

假如企业对客户的忠诚度高，一心一意地为客户着想，不见异思迁，能够不断为客户提供满意的产品或者服务，就容易获得客户的忠诚。

相反，假如企业喜新厌旧、见异思迁、朝秦暮楚，不能持续地为客户提供满意的产品或服务，那么客户的忠诚度就会降低。

八、员工对企业的忠诚度

研究发现，员工的忠诚度与客户的忠诚度之间呈正相关的关系。这是因为，一方面，只有忠诚的员工才能愉快、熟练地提供令客户满意的产品和服务；另一方面，员工的忠诚度会影响客户对企业的评价，进而影响其对企业的忠诚度。

此外，有些客户之所以忠诚于某家企业，主要是因为与之联系的员工表现出色，如专业、高效、娴熟以及能与他们建立良好的私人关系。因此，如果这个员工离开了这家企业，客户就会怀疑该企业是否仍能满足他们的需要，尤其是在一些特别依赖员工个人能力的企业，名医、名师、名厨等特殊员工的忠诚对客户忠诚的影响尤其显著。

九、客户自身因素

以下6种客户自身因素也会影响客户忠诚。

（1）客户遭遇某种诱惑。

（2）客户遭遇某种压力。

（3）客户需求出现转移。

（4）客户搬迁、成长、衰退、破产。

（5）客户的重要联系人离职、退休等。例如，客户的采购主管、采购人员、决策者离职等都会导致虽然满意但不忠诚。

（6）有的客户由于信念、性格等，习惯见异思迁，要让这样的客户忠诚，显然是非常困难的。

以上这些因素是客户本身具有的，是企业无法改变的客观存在。

总而言之，影响客户忠诚的因素有客户是否满意、客户因忠诚能够获得多少利益、客户的信任和情感、客户是否有归属感、客户的转换成本、企业与客户联系的紧密程度、企业对客户的忠诚度、员工对企业的忠诚度、客户自身因素等。客户忠诚有时是单一因素作用的结果，有些是多个因素共同作用的结果。

任务讨论

举例说明影响客户忠诚的因素。

任务三　如何实现客户忠诚

从对以上影响客户忠诚的因素的分析中我们知道，企业必须削弱一切妨碍和不利于客户忠诚的因素，强化和推动有利于客户忠诚的因素，双管齐下，就能实现客户忠诚。具体来说要做到以下几点。

一、努力实现客户完全满意

客户越满意，忠诚的可能性就越高，而且只有最高等级的满意才能带来最高等级的忠诚。可见，企业应当努力实现客户满意，甚至完全满意。

例如，施乐公司在进行客户满意度的评估时发现，不仅满意与再购买意愿相关，而且完全满意的客户的再购率是满意客户的再购率的 6 倍。为了实现客户完全满意，施乐公司承诺客户在购买后的 3 年内如果有任何不满意，保证为其更换相同或类似的产品，一切费用由公司承担。这样就确保了相当多的客户愿意持续忠诚于施乐公司。

至于实现客户满意的策略已经在上一章进行了阐述，此处不再赘述。

案例链接：联邦快递追求客户完全满意

早期，联邦快递将客户的满意度和服务表现定义为准时送达包裹所占的比率。而后，该快递公司通过多年的客户投诉记录分析，发现准时送达只是客户满意的一个标准，还有其他因素影响客户满意。联邦快递总结出使客户满意应该避免的 8 种服务失败：送达日期错误；送达日期没错，但时间延误；发运遗漏；包裹丢失；对客户错误通知；账单及相关资料错误；服务人员表现不佳；包裹损坏。

所以，联邦快递制定了两个宏伟的目标：每一次交流和交易都要达到百分之百的客户满意，处理每一个包裹都要百分之百的达到要求。联邦快递员工每天都分别跟踪 12 个服务质量指标，以从总体上衡量客户的满意度，另外，公司每年都要进行多次的客户满意度调查。多数服务机构在衡量客户满意度时，会将"有些满意"和"完全满意"的比例合二为一，但联邦快递却不这样。正是坚持了这样的服务标准，联邦快递成为美国历史上第一个在成立后的最初 10 年里销售额超过 10 亿美元的公司。

联邦快递追求客户完全满意的做法换来的是客户对联邦快递的高度忠诚。

二、奖励客户的忠诚

我们知道，如果能够让某人从做某事中得到好处，那么，他自然就会积极主动地去做这件事，而用不着别人引导或监督。

同样的道理，企业想要赢得客户忠诚，就要对忠诚客户进行奖励，奖励的目的就是让客户从忠诚中受益、得到激励，从而使客户在利益驱动下忠诚（哪怕是虚假忠诚、势利忠诚）。

（一）如何奖励

1. 财务奖励

财务奖励的代表形式是频繁营销计划，它最早产生于 20 世纪 70 年代初，也被称为"老主顾营销规划"，指向经常或大量购买的客户提供奖励，目的是促使现有客户对企业忠诚。财务奖励的形式主要有折扣、积分、赠品、奖品等优惠和好处，企业以此来表示对老客户的关爱，奖励他们重复购买。

例如，有家餐厅将客户每次用餐后结账的账目记录在案，自然，总账目金额大的客户都是该餐厅的常客。到了年终，餐厅将纯利润的10%按客户总账目金额的比例向客户发放奖金。这项"利润共享"策略的实施，使得该餐厅天天客满。

美国一家公司为了把它的咖啡打入匹茨堡市场，向潜在客户邮寄了一种代金券，使客户每购一听咖啡凭代金券可享受35%的折扣，又在每听咖啡中附一张折价20美分的代金券，这样，客户不断地被这种优惠所刺激，从而对该公司保持长久的兴趣。

又如，航空公司推出"里程奖励"活动，对乘坐班机的乘客进行里程累计，当累积了一定公里数时，就奖励乘客若干里程的免费机票。

由于获得新客户要比留住老客户的成本高得多，因此，企业总是希望能够拥有越来越多的老客户，并且通过老客户吸引更多的新客户。为此，企业可给老客户更多的优惠，从而与老客户发展长期的客户关系。比较典型的做法是通过建立会员制给会员一定的优惠价格——一般来说，会员不仅一次性支出的会费远小于以后每次购物所享受到的优惠，还可享受其他特殊服务，如定期收到新到货品的样式、性能、价格等资料，以及享受送货上门的服务等。

例如，阿里巴巴推出了88VIP会员活动，用户只需要支付88元就可以获得天猫、饿了么、优酷、飞猪、淘票票等产品的会员权益，而单独开通这些平台的会员，则一共需要626元，而且淘气值低于1000的用户，要支付888元才能开通该会员。用户成为88VIP会员后，在购物的时候，一想到自己是淘宝会员，可享受一定的购物权益，就会先想到在淘宝上购买。对阿里巴巴来说，88VIP会员还可以打通天猫、饿了么、优酷、飞猪、淘票票等产品的用户，实现用户共享。

案例链接：开市客会员的忠诚

开市客是美国知名的连锁会员制仓储量贩店，成立以来即致力于以最低价格给会员提供高品质的品牌商品，其盈利主要来自会员费收入——开市客所有商品的价格比其他零售店至少低15%，然而要想在这里购物，顾客必须交纳45～100美元不等的年度会员费。

顾客交了这笔费用成为会员后，如果经常来开市客购物，就会觉得会员费交得实在是太值了。因为他们只要多买一些优价、优质的商品就赚回来了。另外，开市客还允许会员携多位亲友一同购物，并提供分单结账服务，来实现口碑传播，扩大会员基数。并且，绝大多数顾客都选择继续交纳会员费，续费的比例达到了惊人的86%，而企业60%的利润也来自这些会员费。

此外，实行以旧（产品）折价换新（产品）也能够起到奖励忠诚的作用。例如，华为为 Mate40 系列推出老用户福利，以旧换新最高补贴 3000 元。又如，苹果的旧产品经上门评定或拿去苹果专卖店进行评定后，会有对应的折算价格，折算价格就是客户购买新机的减免价格。如此一来，苹果的老客户就会更愿意继续购买苹果的产品，并不断更新换代，循环往复。

2. 其他配套奖励

这里的其他配套奖励是指特权、优待、机会、荣耀等财务奖励以外的奖励。

（1）为了提高分销商的忠诚度，企业可以采取以下措施。

授予分销商独家经营权。如果分销商能够成为大企业或知名产品的独家经销商或者代理商，分销商就可以树立在市场上的声望和地位，从而提高积极性和忠诚度。

（2）为分销商培训销售人员和服务人员。特别是当企业的产品技术性强，推销和服务都需要一定的专门技术时，这种培训就显得更加重要。如福特公司在向拉美国家出售拖拉机的过程中，为其经销商培训了大批雇员，培训内容主要是拖拉机和设备的修理、保养和使用方法等。此举使福特公司加强了与其经销商的关系，增强了经销商在拖拉机维修方面的能力，也迅速增加了拖拉机的销量。

（3）为分销商承担经营风险。如某企业明确表态，只要分销商全心全意地经营本企业的产品，就保证不让其亏本；在产品涨价时，对已开票还没有提走的产品不提价；在产品降价时，对分销商已提走但还没有售出的产品，按新价格用红字冲销。这样分销商就等于吃了定心丸，敢于在淡季充当蓄水池，提前购买和囤积，使企业的销售出现淡季不淡、旺季更旺的局面。

（4）向分销商提供信贷援助。如允许延期付款、赊购，当分销商规模较小或暂时出现财务困难时，这种信贷援助就显得更为宝贵。

（5）企业还可出资做广告，也可以请分销商在当地做广告，再由企业提供部分甚至全部资助，以及提供互购机会，即向分销商推销产品又向分销商购买产品。

（二）奖励计划的弱点

（1）未能参与奖励计划的客户可能对企业产生不满。

（2）企业之间的奖励计划竞争使客户享受到越来越多的优惠，客户预期会越来越高，因而企业为了迎合客户预期所投入的奖励成本也会越来越高。

（3）奖励计划操作简单，很容易被竞争者模仿。如果多数竞争者都加以仿效，奖励计划就会趋于雷同，使企业提高了成本却不能形成相应的竞争优势，从而导致奖励计划成为企业的负担。但是，企业又不能轻易中断这些奖励计划，因为一旦中断就会产生竞争劣势。于是，企业面临一个恶性循环：奖励计划——初显成效——大量仿效——失去优势——新的奖励计划……企业成本不断上升，但成效甚微，最多也只是获得虚假忠诚、势利忠诚的客户。

（三）奖励时要注意的问题

（1）客户是否重视本企业的奖励。如果客户对奖励持无所谓的态度，那么企业就不必花"冤枉钱"。

（2）不搞平均主义，要按忠诚度高低、重复购买次数来区别奖励。

（3）不孤注一掷，要细水长流。即要注重为客户提供长期利益。因为一次性的奖励不仅不能使客户忠诚，还浪费了大量的财力，即使奖励有效，竞争者也会效仿跟进。因此，企业要考虑自己是否有能力对客户持续进行奖励，能否承受奖励成本不断上升的压力，否则就会出现尴尬的局面——坚持下去，成本太高；取消奖励，企业信誉受影响。

（4）奖励是否真诚，如奖励力度是否足够大、奖励形式是否可以选择、领取奖励是否方便等。

例如，乐购"俱乐部卡"的积分规则十分简单易懂，客户可以从他们在乐购消费的数额中得到 1%的奖励，每隔一段时间，乐购就会将客户累计的奖金换成"消费代金券"，邮寄到客户家中。这种方便、实惠的积分卡吸引了很多家庭。据乐购自己的统计，"俱乐部卡"推出的头 6 个月，在没有任何广告宣传的情况下，就取得了17%左右的"客户自发使用率"。为此，乐购的"俱乐部卡"被很多商业媒体评价为"最善于使用客户数据库的忠诚计划"和"最健康、最有价值的忠诚计划"。

三、增强客户的信任与感情

（一）增强客户的信任

一系列的客户满意会产生客户信任，长期的客户信任会有利于客户忠诚。因此，企业要持续不断地增强客户对企业的信任，这样才能获得客户对企业的忠诚。

有些企业试图通过"搞关系""走后门"来"搞定"客户，但事实上，客户清楚，"搞关系""走后门"都带有赤裸裸的目的，凡事若始以利始，便难以义终。所以，"搞关系""走后门"无法获得客户信任，无法获得长期而稳定的客户关系。

那么，企业怎样才能增加客户的信任呢？（1）要牢牢树立"客户至上"的观念，想客户之所想，急客户之所急，解客户之所难，提供的产品与服务要能够满足客户的需要。（2）要提供广泛并值得信赖的信息（包括广告），当客户认识到这些信息是值得信赖并可接受的时候，企业和客户之间的信任就会逐步产生并得到强化。（3）要针对客户可能遇到的风险，提出保证或承诺并切实履行，以减少客户的顾虑，从而赢得客户的信任。（4）要尊重和保护客户的隐私，使客户有安全感，进而产生信赖感。（5）要认真处理客户投诉，如果企业能够及时、妥善地处理客户投诉，就能够赢得客户的信任。

例如，"为客户创造最大的营运价值"是沃尔沃始终追求的目标。在每做一笔销售时，沃尔沃的工作人员都要为用户量身定做一套"全面物流解决方案"，算运费、算路线、算效率，甚至算到油价起伏对赢利的影响。精诚所至，金石为开，这样客户当然会将信任的眼光投向沃尔沃，并成为其忠诚的客户，沃尔沃得到的回报是节节攀升的赢利。

又如，美团外卖作为国内知名的网上订餐平台，精心挑选了众多优质外卖商家，为客户提供快速、便捷的线上订外卖服务。美团外卖还制定了《美团点评餐饮安全管理办法》，为了鼓励更多客户曝光不良商家，还给予客户相应的现金红包奖励，同时与社会各界广泛合作、共同管理，并承诺为所有与餐饮安全相关的投诉在24小时内提供解决方案。此外，美团外卖规定配送人员要持有健康证明，衣帽整洁，不能直接接触餐品；配送箱清洁，配送过程中不能把餐品与有害物品一起存放和配送；同时保证餐品安全所需的温度、湿度，美团外卖一系列的努力换来了客户的信任，也提高了客户的忠诚度。

（二）增强客户的感情

联邦快递的创始人弗雷德·史密斯（Fred Smith）有一句名言："想称霸市场，首先要让客户的心跟着你走，然后才能让客户的腰包跟着你走"。因此，企业在与客户建立关系之后，还要努力寻找交易之外的关系，如加强与客户的感情交流和感情投资，这样才能巩固和强化企业与客户的关系。那么如何增强客户对企业的情感呢？

1. 积极沟通，密切交往

企业应当积极地与客户进行定期或不定期的沟通，了解他们的想法和意见，并邀请他们参与到企业的各项决策中，让客户觉得自己很受重视。对于重要的客户，企业负责人要亲自接待和登门拜访，努力加强双方的情感联系，并且发展联盟式的客户关系。在客户的重要日子（如生日、结婚纪念日、职务升迁日、乔迁之日、子女上大学时、厂庆日等），采取恰当的方式予以祝贺，如寄节日贺卡、赠送鲜花或礼品等，让客户感觉到企业实实在在的关怀就在身边。

例如，乔·吉拉德在他经销汽车的十多年间，每个月给客户寄一张不同款式的、像工艺品那样的精美卡片，为此他每月要寄出1.3万多张卡片，而客户会将这些卡片长期保存，并视吉拉德为亲密的朋友。

此外，企业可以邀请客户参加娱乐活动，如打保龄球、观赏歌舞、参加晚会等，过节时举行客户游园会、客户团拜会、客户酒会、客户答谢会等显示客户特殊地位的活动，与客户一起喝喝茶、唱唱歌，再为客户读一封热情洋溢的感谢信，也可以增进客户对企业的友情、强化关系。

例如，MaBelle钻饰是香港利兴珠宝公司推出的大众钻饰品牌，自成立以来已经在香港开设了46间分店，成了深受时尚人士青睐的钻饰品牌。MaBelle经常为"VIP

俱乐部"会员安排与钻饰无关的各种活动，如母亲节为妈妈们准备了"母亲节 Ichiban 吗咪鲍翅席"，情人节为年轻情侣筹办浪漫的"喜来登酒店情人节晚会"，为职业和兴趣相近的会员安排"酒店茶点聚餐"，以及在节假日为年轻会员安排"香港本地一日游"。香港的生活节奏非常快，人们学习工作很紧张，人际交往比较少，这些活动不但给会员提供了难忘的生活体验，而且还帮助他们开拓交际圈，通过俱乐部结识了不少朋友。很多会员参加过一些活动后，不但自己成了 MaBelle 的忠诚客户，而且邀请自己的亲友也加入 MaBelle 的俱乐部。

2. 超越期待，雪中送炭

萨姆·沃尔顿常对员工说："让我们以友善、热情的态度对待客户，就像在家里招待客人一样，让他们感觉到我们时刻都在关心他们的需要。"

生活中我们常说"将心比心，以心换心"，企业与客户之间特别需要这种理解与关心。当企业为处于危困之中的客户"雪中送炭"，那么就很可能为自己培养了未来的忠诚客户。

如今，客户对酒店的要求越来越高，尤其是老客户，他们不希望每次用餐都要重复回答"喝点什么酒""吃些什么菜""需要什么烟"这样的问题。因为这会使老客户感到自己是酒店的陌生人，心中自然不快。如果酒店能够对老客户的需求都记得一清二楚，那么就会使老客户有"在家的感觉"，也就能够提升老客户的满意度和忠诚度。

新加坡东方大酒店实施了一项"超级服务"计划，就是让服务员尽可能地满足客户的需要，不管是否属于其分内的事。有一天，酒店的咖啡厅来了 4 位客人，他们一边喝咖啡，一边拿着文件在认真地商谈问题，但咖啡厅的人越来越多，嘈杂的人声使得这 4 位客人只好大声说话。受过"超级服务"训练后的服务员觉察到这一点，马上向客房部打电话，询问是否有空的客房可以借给这 4 位客人临时使用，客房部立即答应提供一间。当这 4 位客人被请到这间免费的客房，并知道这是为了让他们有一个不受干扰的商谈环境时，他们对这样好的"超级服务"感到难以置信。事后他们在感谢信中写道："我们除了永远成为您的忠实客户之外，我们所属的公司以及来宾，将永远为您做广告宣传。"

案例链接：华为的"客户心"

通信产业会因为技术标准、频率波段不同，衍生出不同的产品，一个电信商为了满足消费者，可能需要用到 3 种技术标准，采购 3 套不同的机台，而机台的安装与后续维修费用甚至高过购买机台的费用。从制造商的角度看，其当然希望客户买更多套产品，以赚取越多服务费——这个算盘谁都会打，但华为走了一条逆向的路：我来帮客户省钱！反过来站在电信商的角度思考，华为主动研发出把 3 套标准整合进一个机台的设备，帮客户省下了较多的费用。

一般企业派四五个工程师到客户端驻点就算是大手笔，华为却可以一口气送上一组12人的团队，与客户一起讨论、研发出最合适的产品。若产品出问题，即使客户远在非洲，华为也是一通电话立刻派工程师到现场，与客户一起解决问题，不像其他企业为了节省成本而使用远端视频遥控。

"你们脑袋要对着客户，屁股要对着领导"，这是任正非反复对底下人说的话。他认为，大部分公司会腐败，就是因为员工把力气花在讨好主管，而非思考客户需求上。因此，他明文禁止上司接受下属招待，并强调："客户才是你的衣食父母，你应该把时间力气放在客户身上！"

总之，企业只有通过理解、体贴客户，人性化经营，真心付出、以诚相待，才能增强客户的信任与情感，才能与客户建立长期的友好的关系。

四、建立客户组织

建立客户组织可使企业与客户的关系正式化、稳固化，使客户感到自己有价值、受欢迎、被重视，而产生归属感。客户组织能使企业与客户之间的关系由短期关系变成长期关系，由松散关系变成紧密关系，由偶然关系变成必然关系，因而有利于企业与客户建立超出交易关系之外的关系。

例如，上海益民商厦设立了"客户假日俱乐部"，每周六举办产品知识讲座，内容包括计算机、黄金珠宝、皮革等产品的性能、使用和保养等知识，受到了客户的欢迎。商厦还设立了"老客户联谊会"，建立了老客户档案，经常为老客户寄送产品信息资料，过节时还邀请他们参加聚会，并听取他们的意见，从而牢牢地"拴住"了一大批忠诚客户。

又如，国外一家著名的化妆品公司组建了客户俱乐部，规定：老客户每年可以免费美容若干次，购买产品可以享受优惠，介绍新客户参加俱乐部还可获得一定的奖励。因此，该公司形成了一支规模庞大的忠诚客户队伍。

再如，张裕公司（以下简称"张裕"）发现国内葡萄酒高端客户正在逐步增长和成熟，认为有必要先人一步发现这些高端客户，然后通过提供高品质的产品、个性化服务与文化附加值来留住他们。张裕·卡斯特VIP俱乐部就是为了实现这一目标而设立的，它是国内首个由葡萄酒厂商创办的高级酒庄俱乐部，旨在长期为高端红酒消费群提供专业的会员服务及专有交流空间。体验式营销是俱乐部最大的特色之一，近百名来宾在张裕·卡斯特酒庄首席国际品酒顾问的指导下，一边欣赏葡萄酒的色泽和清亮度，一边轻摇酒杯，学着俯身贴鼻，让葡萄酒的香味扩散至全身，亲身体验葡萄酒文化的熏陶。除了会员关系管理、一对一体验式的会员活动这些常规服务外，张裕·卡斯特VIP俱乐部还拥有一本会员刊物《葡萄酒鉴赏》，能为读者提供葡萄酒鉴赏指导，同时提供个性化服务以及文化附加值。张裕的发言人表示，个性化服务与文化附加值是目前国际上通行的葡萄酒营销模式，张裕就是要趁其他品牌在中国展开"真刀实枪的竞争"前尽快与国际接轨，并抢先占据在中国的葡萄酒文化的创造者和引领者的地位。

海尔在全国 50 多个城市成立了海尔俱乐部，凡购买海尔产品总量达到会员资格要求的客户都可以成为海尔俱乐部的会员。海尔俱乐部依据客户贡献的不同将会员分为准会员、会员、金卡会员，并规定不同会员享有不同的权利。海尔通过俱乐部这种特殊的渠道对客户进行感情投资，如每年给会员过生日，会员可享受延长保修期 5 年的待遇，会员可应邀参加俱乐部定期组织的文体活动等。事实表明，海尔俱乐部增进了海尔与客户的感情交流，使海尔的企业文化与品牌形象深入人心，不仅提高了会员的忠诚度，而且在促使准会员向会员发展的过程中使客户关系增值。

美国哈雷摩托车公司在建立客户俱乐部后，每年向会员提供一本杂志（介绍摩托车知识、报道骑乘赛事）、一本旅游手册，并且提供紧急修理服务、保险项目等。俱乐部还经常举办骑乘培训班和周末骑车大赛，并向度假会员廉价出租本公司的摩托车，这些措施都大大提高了会员对公司的忠诚度。

五、提高客户的转换成本

一般来讲，如果客户在更换品牌或企业时感到转换成本太高，或客户原来所获得的利益会因为更换品牌或企业而损失，或者将面临新的风险和负担，那么客户就会尽可能不转换，这样就可以加强客户的忠诚。

（一）提高客户转换的时间成本、精力成本

例如，软件企业一开始为客户提供有效的服务支持，包括提供免费软件、免费维修保养及事故处理等，并帮助客户学习如何正确地使用软件。那么，一段时间以后，客户学习软件使用方法所花的时间、精力将会成为转换成本，使客户在别的选择不能体现明显的优越性时自愿重复使用该企业的软件，成为忠诚客户，而不会轻易转换。

相对其他办公软件，WPS 的操作更加简单易懂，如 PPT 有智能美化的功能，可实现一键排版，即使是毫无使用基础的客户也可以轻松高效地做出精美的 PPT。若客户想要转换到其他办公软件，需要较高的学习成本。WPS 自带"稻壳儿模板"服务，拥有海量优质的原创 Office 素材模板及办公文库、职场课程、H5、思维导图等资源，可在线一键生成 PPT、海报、表格等。稻壳儿还能依托 AI 技术，提供智能化办公场景工具，如语音助手、语音批注、拍照扫描、一键美化等智能服务，极大地提升了工作效率。此外，WPS 的云空间服务，支持云端同步存储文件，能够实现计算机、手机等多设备协同办公，一个账号可以随时随地阅读、编辑和保存文档，还可将文档共享给工作伙伴。同时，"稻壳儿模板"服务也支持"三端一站一平台"，在 WPS 计算机端、安卓端、iOS 端，使文件端到端转换无障碍。

（二）提高客户转换的财务成本

例如，航空公司的贵宾卡、超市的积分卡等，都可以提高客户的转换成本，因为客户一旦转换就将损失里程奖励、价格折扣等利益，这可以使客户尽量避免转换而尽可能忠诚。

案例链接：COSTA 的打折卡

当你走进 COSTA 咖啡店点了一杯 36 元的拿铁咖啡，掏出钱包准备付款时，服务员会告诉你："先生，这杯价格 36 元的咖啡，你今天可以免费得到。"

服务员接着说："你办理一张 88 元的打折卡，这杯咖啡今天就是免费的了。并且这张卡全国通用，你在任何时候到 COSTA 消费，都可以享受 9 折优惠。"

调查表明，70%左右的客户会购买这张打折卡。此策略可谓一箭双雕！

一是提高客户的第一次消费单价。对客户来说，咖啡的价格是 36 元，办一张打折卡 88 元，送一杯咖啡，然后用这张卡以后还可以持续享受折扣，挺好的。但是，真实的情况是客户多花了 53 元，因为打折建立在消费的基础上，客户不消费，这张卡对客户没有任何作用，就算客户消费那也是给 COSTA 持续贡献利润。

二是锁住。当客户响应了 COSTA 的主张之后，就获得了一张打折卡。在办卡的一瞬间，其实 COSTA 已经锁定了客户的消费。由于 COSTA 与星巴克定价接近，当客户下一次要喝咖啡的时候，因为有这张打折卡，他基本不会考虑星巴克。

（三）提高客户转换的情感成本

例如，当客户购买了一定数额的产品并成为企业的会员后，客服人员定期通过电子邮件、电话、手机短信等方式和客户联系并建立私人关系，这种私人关系无疑增加了客户的情感转换成本。

此外，如果客户参与了企业的产品定制，企业则在增加客户的满意度的同时，也增加了客户的情感投入，即增加了转换成本，因而能够提高他们的退出障碍，从而有效地阻止客户流失。

案例链接："米粉"因参与而忠诚

增强客户参与感是提升客户的黏度和忠诚度的重要手段。雷军曾经说过："从某种程度上讲，小米贩卖的不是手机，而是参与感。"

小米手机不仅将用户视为产品的使用者，在小米手机的开发者眼中，粉丝也极有可能成为小米手机的开发者，因此，在产品的设计中，小米创新性地引入了用户参与机制，给予发烧友用户参与产品创造和改进的机会，并且积极收纳海量的用户意见进行产品设计和更新，与粉丝一起做好手机。

在小米手机论坛上，我们每周都能读到数千篇用户反馈的帖子，其中不乏来自粉丝的深度体验报告和心得。在部分重要功能的设计和确定上，小米的工程师们充分挖掘并利用隐藏在论坛中强大的粉丝力量，通过网络问卷调查及投票的方式征询用户的意见。在小米每周更新的功能中，有1/3来源于"米粉"。小米借助微博、微信和论坛的力量，使粉丝与手机开发者进行零距离互动，在娱乐化的互动过程中增强了粉丝对产品和品牌的信任。

另外，小米从产品研发、营销、传播、服务各个环节充分激发粉丝的自组织参与和创造，先推出手机开发论坛，招募100个智能手机发烧友参与功能研发，再以这100个种子用户为中心逐步向外扩充，招募1000个测试用户、1万个体验用户，进行新功能的测试体验和反馈，再带动10万忠实粉丝和百万千万普通粉丝的口碑营销和持续消费。

小米以"和'米粉'做朋友"为己任，一方面以论坛为平台聚集粉丝参与开发和传播，不断激发和满足粉丝的需求，不断升级产品以保持粉丝的参与热度；另一方面，充分利用社交互动进行营销，实时响应粉丝反馈，为粉丝提供精细化服务体验，强化粉丝对小米品牌的参与度、认同感和忠诚度，从而使小米品牌在智能手机中异军突起。

小米这种让终端消费者参与到产品设计过程的做法，使得"米粉"们因自身的参与而加深了对小米的牵挂和忠诚。

当然，企业还可以通过股权投资或者与客户签订合作协议或合同来提高客户的转换成本，如此，一般情况下客户将不会轻易违约、流失、断交。

案例链接：京东的客户忠诚

京东在用户消费后会给予京豆、京享值，以此在经济和服务权益方面奖励忠诚客户。京豆是京东用户在京东网站完成购物、评价、晒单等相关活动情况下获得的优惠，京豆仅可在京东网站使用。京豆可用于支付京东网站订单、兑换指定优惠券及生活福利等权益。京享值是根据用户近365天在京东的账户价值、消费价值、活跃价值、小白信用及信誉分等方面综合计算得出的分值；分值每日更新，每日结算近365天分值。随着京享值分值的不断提升，用户可享受的服务权益也不断增加。用户通过完善账户信息、多购物消费、经常参与评价晒单、转发分享及回答提问等途径也可以提升京享值，如用户账号暂停使用，京东将取消该用户账号内与京豆相关使用权益，这同时也加大了用户的转换成本。

京东自营物流，提高了用户的转换成本。京东自营物流于2010年推出了"211限时达"极速配送服务——当日上午11:00前完成交易下单，当日即可送达；夜里11:00前完成交易下单，次日15:00前送达，京东的快速配送服务在一定程度上增加了用户的转换成本，同时，京东推出的送货上门服务，解决了最后一公里难题，使用户网购取货更为便利，也提高了用户的退出壁垒。

积极履行社会责任，赢得公众好感。京东于 2017 年推出了以"物爱相连"为主题的"京东公益物资募捐平台"，创造了"一键捐赠、物资直送"的全新公益模式，同时，京东在新冠肺炎疫情期间也积极履行社会责任，开放京东物流，为武汉等地提供救援物资运输服务，除此之外，京东也捐赠了新冠肺炎抗疫资金以及各类医疗物资……这些行为也都赢得了公众的好感，有利于形成并维持用户的忠诚。

六、加强业务联系提高不可（易）替代性

（一）加强业务联系

加强业务联系是指企业渗透到客户的业务中，双方形成战略联盟与紧密合作的关系。假如企业能够向客户提供更多、更宽、更深的服务，如为客户提供生产、销售、调研、管理、资金、技术、培训等方面的帮助，就能与客户建立紧密的联系，从而促进客户忠诚。

1. 服务支持

以零售终端客户为例，企业可以通过以下两个方面来促进零售终端客户的忠诚，一是向终端提供销售支持，包括：向终端提供广告支持，如提供产品展示陈列、现场广告和售点促销等助销支持；向零售终端客户提供人员支持，派驻促销，驻点促销（某些店）；向终端提供销售工具和设备的援助，如免费提供货架等；及时送货，保证货源，随时掌握终端的库存，并且补货及时；协助终端将产品上架，并做好理货和维护的工作；及时退换货，调整终端的滞销库存；做好售后服务，及时、主动地处理好客户的抱怨与投诉；经常与终端沟通，及时解决他们在销售中遇到的困难和问题。二是向零售终端提供经营指导，如在店铺装潢、商品陈列、计划库存、提升销量、节省费用、增加利润、广告策划和促销方面，给予终端指导和辅导；针对终端经营中的问题提出合理化建议，从而帮助终端增强销售力和竞争力，提高整体经营水平。

宝洁的成功在很大程度上得益于其"助销"理念——帮助经销商开发、管理目标区域市场。宝洁提出了"经销商即办事处"的口号，就是要全面"支持、管理、指导并掌控经销商"。宝洁每开发一个新的市场，原则上只物色一家经销商（大城市一般 2～3 家），并派驻一名厂方代表，厂方代表办公场所一般设在经销商的营业处。肩负着全面开发、管理该区域市场的重任，其核心职能是管理经销商及经销商下属的销售队伍，此外，宝洁还会不定期派专业销售培训师前来培训，内容涉及公司理念、产品特点及谈判技巧等各个方面。宝洁通过"助销"行动密切了与经销商的关系，也使经销商对宝洁更加忠诚。

2．提供增值服务

企业如果能够为客户提供量身定制的服务来满足客户的特殊要求，也能够达到实现客户忠诚的目的。

例如，乐购为对健康很重视的客户，特别推出了"瘦身购物车"。这种购物车装有设定阻力的装置，客户可自主决定推车时的阻力，阻力越大消耗的热量就越多。推车购物过程中，客户手臂、腿部和腹部的肌肉都会得到锻炼，相当于进行了一定时间的慢跑或游泳。购物车上还装有仪器，可测量使用者的脉搏、推车速度与时间，并显示推车者消耗的热量。这种"瘦身购物车"的造价是普通购物车的 7 倍，但它受到了客户的热烈欢迎，因为客户得到了其他商场没有提供的"健身服务"。

小米投资了 270 多家生态链企业，并且不断地跨界，尝试新的服务领域——第一圈层是手机周边商品，基于小米手机已取得的市场影响力和庞大的活跃用户群，手机周边是小米有先天优势的圈层，如耳机、音箱、移动电源等；第二圈层是智能硬件，小米投资孵化了多个领域的智能硬件产品，如智能化的空气净化器、净水器、电饭煲等传统白色家电，也投资孵化了无人机、平衡车、机器人等极客互融类智能玩具；第三个圈层是生活耗材，如毛巾、牙刷、旅行箱、跑鞋和背包等。小米通过投资生态链不断地加强与客户的业务联系，在一定程度上增强了客户对小米的忠诚。

又如，金山办公的 WPS 软件自带思维导图、流程图、屏幕录制等办公功能，集合了开会、设计、文件管理、数据分析等众多办公应用功能，同时，WPS 与许多其他领域的办公软件达成合作，内置多种强大应用，让其自身的功能越来越庞大，如 WPS 与 Wind 智能数据合作后，可直接在表格文件中导入实时开盘价、成交量等金融数据；WPS 与万方、PaperPass 等查重机构合作，可直接在应用中查重。WPS 企业版可以为企业提供电子公告、企业邮箱、电子投票、电子考勤、日程提醒、网络文件柜、远程协助、群发文件传输等功能。企业邮箱还可以轻松实现邮件的收发、提醒和预览，不让用户错过任何一封重要邮件。企业员工可以使用共享空间在线办公，实时更新共享文件，使团队成员始终保持同步，还能通过链接向用户和合作伙伴快速分享文件，也可以随时随地访问云端文件，轻松实现移动办公。总之，金山办公的 WPS 软件满足多种办公场景，并且与其他领域的办公软件合作，加强对用户不同业务场景的渗透，也加强了与用户业务的联系，从而大大提升了用户的忠诚度。

（二）提高不可（易）替代性

假如企业凭借自身的人才、经验、技术、专利、秘方、品牌、历史、文化、关系、背景等为客户提供独特的、不可（易）替代的产品或者服务，就能够增强客户对企业的依赖性，从而实现客户忠诚。

例如，B 站（哔哩哔哩）在诞生之初就以弹幕闻名，并引领了弹幕这种独特潮流。相比于其他视频网站动辄 60 秒～90 秒的广告，在 B 站观看视频的过程更加"顺畅痛快"，客户也非常接受和认可 B 站没有广告的特点，这有利于增强客户对 B 站的忠诚。

再如，"IBM 就是服务"这句话从国外传到了国内，事实上 IBM 确实存在差异于竞争对手的绝对竞争优势：IBM 全球服务部不仅可为客户提供基于软硬件维护和零配件更换的售后服务，更重要的是还能提供诸如独立咨询顾问、业务流程与技术流程整合服务、专业系统服务、网络综合布线系统集成、人力培训、运维服务等信息技术和管理咨询服务，从而满足客户日益复杂的需求，正是这种服务实现了客户对 IBM 的忠诚。

北京第一机床厂有许多客户来自南方的乡镇企业，这些企业员工由于个人原因，从机床的使用到维护，从生产工艺到流程都不适应，从而使厂里提供的数控机床不能发挥作用。针对此情况，北京第一机床厂采用了全过程维护、套餐式服务的模式，不但为购买机床的乡镇企业提供周到的售前、售后服务，还把份外的事情也划入自己的服务范围——帮助企业培训操作、维修人员，帮助企业设计工艺流程、加工程序，并制定各种操作规程，大大提高了客户的使用效率，增强了使用效果。这种支持服务，不但使产品自身的问题随时得到解决，也相应强化了双方的关系，赢得了大批老客户的忠诚拥护，又吸引了许多新客户。

又如，阿里巴巴于 2014 年正式推出天猫国际平台，直接向国内消费者提供进口商品。天猫国际有效地整合了海外卖家与国内买家的信息，解决了双方语言障碍的问题，以及传统海淘中支付不安全、无售后保障等问题。世界知名的百货公司和免税商店，如梅西百货、麦德龙、惠氏、花王、资生堂等全球知名零售商均在天猫入驻，并且大多数企业和天猫国际签署了独家的战略合同，这意味着天猫国际拥有其他平台无法得到的货源。在天猫国际入驻的商家大部分可以为客户提供 7 天无理由退换货的服务，如果有客户需要退换商品，可以直接从保税区发货，具有很强的时效性。而且平台还为客户提供运费险，如果客户有退换货的需要，则可由平台承担退换货的大部分或全部运费，客户无须或只需承担少部分邮寄费用。天猫国际承诺所有需退换商品均为国内退货，为客户解决了传统海淘中售后无保障的难题。显然，这些独特的服务促进了客户对天猫国际的忠诚。

案例链接："利乐"通过促进客户的成长实现客户忠诚

在利乐看来，其提供给客户的是整体的解决方案，而不仅仅是设备或者包装材料，是"More than the package"（远远大于包装），甚至不仅仅是服务。为了给客户提供解决方案，利乐提供给客户的增值服务是非常全面的，客户们买到的也不仅仅是"利乐"的产品和服务，而是一种"成长素"——拥有"利乐"，就拥有成长。

例如，利乐在中国市场采用了先进的关键客户管理系统，其技术设备专家、包装设计人员、市场服务人员甚至财务经理都会与客户紧密联系，共同深入生产和市场一线，在设备引进、产品开发、技术培训、市场信息收集、营销体系构建、新品上市的全过程中积极投入，帮助客户发展壮大。难怪在中国液态奶常温无菌纸包装市场上，"利乐"是绝对的老大，市场份额可能达到95%。

利乐的设备都是成套销售的，而且价格很高。客户若购买一套利乐枕式液态奶生产线，一次性需投入几百万元人民币，这对一个乳品企业而言是一个很大的投资项目，因而利乐的先期发展较慢。利乐经过调查发现，很多相关企业对这种设备及产品包装相当感兴趣，只是觉得一次性投资太大，资金上有困难。

针对这一情况，利乐提出了"利乐枕"的设备投资新方案：客户只要拿出20%的款项，就可以安装成套设备投产。而在以后的4年中，客户只要每年订购一定量的包装材料，就可以免交其余80%的设备款。这样客户就可以用这80%的资金去开拓市场或投资其他项目。利乐这一投资方案一经推出，客户就迫不及待地争先签订合同，从而使利乐迅速扩大了市场份额，成了众多牛奶生产厂家的投资首选。厂家由于减少了投资额，可以有大量资金来开拓市场、投放广告、积极参与公益活动、引导消费，使消费者很快接受了"利乐枕"这种包装形式。利乐这一设备投资方案既赢得了客户和消费者，同时也提升了企业形象。

就是这样，"利乐"在输出一流产品的同时，也在输出企业文化、管理模式、运营理念，深度介入了上下游客户的业务，与客户一起打造共同的核心竞争力，并且无偿地为客户提供全方位的服务，更关键的是，利乐通过自身的资源和组织的第三方资源，为每一个客户在战略决策、营销决策方面给予服务和建议，从而使"利乐"与客户的关系从交易关系变为合作伙伴关系，使一次性客户变成长期忠诚的客户。"利乐"正是在帮助和促进客户成长的同时，达到了实现客户满意的目标，获得了客户的认可，加强了客户对自己的依赖，从而创造和培植了一批对自己有持续需求的忠诚客户，使自己获得了更大的发展。

七、以自己的忠诚换取客户的忠诚

企业不应当忽视自己对客户的忠诚，而应当以自己的忠诚换取客户的忠诚。

例如，麦德龙以现购、自运著称，主要特点是进销价位较低，现金结算，勤进快出，客户自备运输工具。麦德龙考虑到中国市场的情况，决定其服务对象是中小型零售商、酒店、餐饮业、工厂、企事业单位、政府和团体，即主打团体消费，不为个人客户提供服务。麦德龙之所以不面向个人客户，是因为其一条宗旨是"给中小型零售商竞争力"，既然已经为中小型零售商提供了服务，按照利益共享的原则，个人客户应由中小型零售商负责提供服务。由于麦德龙充分考虑了中小型零售商的利益，忠诚于中小型零售商，所以也赢得了中小型零售商的完全满意和忠诚。在麦德龙的帮助下，它们增强了与大型超市竞争的能力。中小型零售商壮大了，自然增加了对麦德龙的需求，这样双方相得益彰，形成双赢的格局。

又如，花旗银行和汇丰银行对客户的忠诚也是有口皆碑的。在拉丁美洲发生债务危机，多国金融局势动荡不安时，花旗银行不但没有停止所涉及国家的业务，反而积极支持这些国家度过危机。汇丰银行则注意在客户业务刚起步时就给予积极支持，这虽然承担了较大的风险，但客户一旦成功便会对汇丰银行保持特有的忠诚。

案例链接：粉丝服务者

某主播对自身的定位是"粉丝服务者"，她始终把粉丝的利益摆在第一位，会亲自试用所有产品，觉得产品好才会推荐给粉丝，团队还会为粉丝争取接近出厂价的价格。至于直播间卖什么，也是粉丝说了算。当产品通过层层筛选上了直播间后，主播则会在粉丝面前再次试用。一件产品首播后是否有返场，唯一的依据也来自粉丝反馈。

该主播在一次直播中引导销售了上万单水果，由于运输途中气温回升，粉丝收到快递后发现有的水果变质了。主播团队火速与商家沟通，但商家认为气温回升属于不可控因素，一时沟通无果。最后，主播告诉粉丝，损失全都由她的团队来承担。

我们知道，终端门店承载着客户引流、样品展示、现场体验、需求挖掘、方案沟通和确定等功能，但从 2020 年 2 月起，由于受到新冠肺炎疫情的影响，终端门店门庭冷落，受到重大冲击。就在这个时候，许多生产厂商、卖场平台、电商平台纷纷伸出援手，帮助终端门店克服困难——红星美凯龙对自营商场的相关商户免除一个月租金及管理费，欧派家居花费 10 亿元补贴经销商，金牌橱柜宣布承担全国零售经销商一万多名员工一个月的工资……危难时刻见真情，这些同舟共济、共渡难关的做法密切了双方的关系，终端门店客户无疑会投桃报李，以自己的忠诚作为回报。

知识链接

为客户打伞

初春的一天上午，胡雪岩正在客厅里和几个分号的大掌柜商谈投资的事情。这时，外面有人禀告，说有个商人有急事求见。前来拜见的商人满脸焦急之色，原来他在最近的一次生意中栽了跟头，急需一大笔资金来周转。为了救急，他拿出自己全部的家产，想以非常低的价格转让给胡雪岩。

胡雪岩不敢怠慢，让商人第二天来听消息，自己连忙吩咐手下去打听是不是真有其事。手下很快就赶回来，证实商人所言非虚。胡雪岩听后，连忙让钱庄准备银子。因为对方需要的现银太多，钱庄里的又不够，于是胡雪岩又从分号急调大量的现银。第二天，胡雪岩将商人请来，不仅答应了他的请求，还按市场价来购买对方的家产，这个数字大大高于对方转让的价格。那个商人惊愕不已，不明白胡雪岩为什么连到手的便宜都不占，竟坚持按市场价来购买。

胡雪岩拍着对方的肩膀让他放心，告诉商人，自己只是暂时帮他保管这些抵押的资产，等到他挺过这一关，可以随时来赎回，只需要在原价基础上多付一些微薄的利息就可以。胡雪岩的举动让商人感激不已，商人二话不说，签完协议之后，对着胡雪岩深深作揖，含泪离开了胡家。

胡雪岩的手下可就想不明白了。胡雪岩微微一笑，说："你肯为别人打伞，别人才愿意为你打伞。那个商人的家产可能是几辈人积攒下来的，我要是以他开出的价格来买，当然很占便宜，但人家可能就一辈子翻不了身。这不是单纯的投资，而是救了一家人，既交了朋友，又对得起良心。谁都有雨天没伞的时候，能帮人遮点雨就遮点吧。"

众人听了之后，久久无语。后来，商人赎回了自己的家产，也成了胡雪岩最忠实的合作伙伴。在那之后，越来越多的人知道了胡雪岩的义举，对他佩服不已。胡雪岩的生意也好得出奇，无论进入哪个行业，总有人帮忙，总有越来越多的客户来捧场。

八、加强员工忠诚的管理

一方面，只有满意的、忠诚的员工才能愉快地、熟练地提供令客户满意的产品和服务，从而使客户忠诚。另一方面，员工的流失会影响客户的忠诚。为此，企业一方面要通过培养员工的忠诚实现客户忠诚，另一方面要通过制度避免因员工流失造成客户流失。

（一）通过培养员工的忠诚实现客户忠诚

1. 寻找优秀的员工并加强培训

企业应寻找那些特质、潜力、价值观与企业的制度、战略和文化一致，才识兼备、工作能力强的员工。此外，企业应培训员工树立"以客户为中心""客户至上"的理念，使每位员工都认识到他们的工作如何影响客户和其他部门的人员，从而又最终影响客户的忠诚和企业的生存，并给予相关知识和技能的培训与指导。

2. 建立有效的激励制度

首先，企业要尊重员工的合理要求，充分满足员工的需要，舍得在员工的个人发展上投资，及时解决员工遇到的问题，从而不断提高员工的满意度。

其次，企业要充分授权，即企业要赋予员工充足的权利和灵活性，从而使员工感到自己受重视、被信任，进而增强其责任心和使命感，激发其解决生产、服务等各环节的问题的创造性和主动性，使每个员工都群策群力、同心同德，共同想办法实现客户忠诚。

最后，企业要建立有助于促使员工努力留住客户的奖酬制度。

例如，美国的一家信用卡企业 MBNA 就建立了这样一种奖酬制度，员工收入的 20%是与客户维护有关的奖金。这种奖酬制度激励了员工与客户进行有效的沟通，促使该企业在过去几年中留住了许多试图终止业务关系的客户。

又如，华为不上市，而是把 98.6%的股权开放给员工，除了不能表决、出售、拥有股票之外，股东可以享受分红与股票增值的利润。此外，华为将每年所赚取的净利几乎百分之百分配给股东，有的员工一年就拿 120 万元股利。在华为，刚入职的员工工作 2～3 年就具备配股分红资格。华为有 "1+1+1" 的说法，也就是员工的起初工资、奖金、分红比例是相同的，但随着年资与绩效增长，分红与奖金的比例将会大幅超过工资。所以，华为的员工会把自己当成老板，待得越久，领的股份与分红越多，不会为了追求短期业绩目标而牺牲客户利益，而是会想尽办法服务好客户，让客户愿意长期与之合作，形成一种正向循环。

3. 不轻易更换为客户服务的员工

彼此熟悉就会亲切，如果一个员工在服务客户的岗位上待的时间长了，不仅可以了解客户的兴趣与需求，而且能够给客户带来亲切与温暖。

例如，Au Bon Pain 的一家法国咖啡饼屋连锁店的经理加里·阿伦森只雇佣愿意每周工作 50～60 小时的人（这一行业中每位员工平均每周的工作时间是 40 小时），他为员工多工作的 10～20 小时付了加班工资，为的是希望每天光顾的大部分客户能够见到同一张面孔，即让同一个服务员为他服务。正是这样，该店的许多服务员能够记住 100 多位老客户的名字和喜好，因此该店的客户 "回头率" 非常高。

（二）通过制度避免因员工流失造成客户流失

虽然熟悉的员工能给客户带来亲切感，但 "成也萧何，败也萧何" ——客户熟悉的员工离职可能会造成客户流失。为此，企业可通过实施扩大客户与企业接触面的制度，减少客户对企业员工的依赖，途径如下。

1. 轮换制度

轮换制度即每隔一段时间更换与客户联系的员工，这样当某个员工离职时，能保证仍有客户熟知的员工为之服务。例如，麦肯锡公司就采用了咨询师轮岗制，公司每次会派不同的咨询师同客户接触和谈判，从而保证客户与公司多个咨询师的接触，并把新咨询师同客户的接触当作从不同视角发现问题的机会，因此，客户也不会对咨询师轮换产生疑问。在这种情况下，如果一个咨询师离职，客户还可以同公司的其他咨询师继续合作，而不会产生客户流失现象。但是，员工轮换不宜过于频繁，因为如果客户还没来得及与员工建立良好的合作关系，这个员工就被调离，客户就会怀疑企业到底是否能够为他提供连续的服务。

2. 以客户服务小组代替 "单兵作战"

团队可以削弱单个员工对客户的影响，从而降低员工流失导致客户流失的可能性。客户服务小组可采取多种形式，如客户服务小组可以由跨部门的人员组成，也可以由同一部门不同级别的人组成。当然，企业采用客户服务小组的形式要确保每个成员输出信息的一致性，自相矛盾的信息或缺乏团队精神都会让客户怀疑客户服务小组的成员能否胜任他们的角色。

3. 通过数据库在企业内部实现客户资源的共享

企业要把各个员工掌握的客户信息在企业内部共享，同时建立知识共享的企业文化，为员工创建一种开放的工作环境，并组织一些交流活动，如员工经验交流会等，让员工可以自由沟通、分享信息，从而在企业内部共享客户资源。这样，就不会出现由于某一员工的离开而造成客户流失的情况，任何员工都能在其他员工的基础上发展与客户的关系。

以上策略在实现客户忠诚上所起的作用和效果会因行业的不同、企业的不同、客户的不同而不同，企业在实际工作中应当灵活应用。

任务讨论

举例说明企业怎么做才能让客户忠诚。

习题

一、选择题（可能不止一个正确选项）

1. 当客户对企业及其产品或服务不完全满意，只是对其中某个方面满意时，往往表现出对企业及其产品或服务的（　　　）。

    A. 势利忠诚   B. 信赖忠诚

    C. 惰性忠诚   D. 无奈忠诚

2. （　　　）是指在卖方占主导地位的市场条件下，或者在不开放的市场条件下，尽管客户不满却别无选择，找不到其他替代品，不得已，只能忠诚。

    A. 势利忠诚   B. 信赖忠诚

    C. 惰性忠诚   D. 无奈忠诚

3. 信赖忠诚的客户在行为上表现为（　　　）。

    A. 指向性   B. 重复性

    C. 主动性   D. 排他性

4. 客户是否忠诚可以从（　　　）判断。

    A. 客户重复购买的次数

    B. 客户对品牌的关注度

    C. 客户对产品质量事故的承受能力

　　D．客户对价格的敏感度

5．影响客户转换成本的因素有（　　）。

　　A．时间成本　　　　　　　　B．精力成本

　　C．经济成本　　　　　　　　D．情感成本

二、判断题

1．客户满意与否不会对客户忠诚产生影响。　　　　　　　　　（　　）

2．忠诚客户一定来源于满意客户，满意客户一定是忠诚客户。　（　　）

3．维持老客户的成本大大高于吸引新客户的成本。　　　　　　（　　）

4．客户忠诚能为企业节约服务成本。　　　　　　　　　　　　（　　）

5．忠诚客户的数量决定了企业的生存与发展，忠诚度的高低决定着企业竞争能力的强弱。　　　　　　　　　　　　　　　　　　　　　　　　（　　）

三、思考题

1．什么是客户忠诚？

2．影响客户忠诚的因素有哪些？

3．实现客户忠诚的策略有哪些？

四、案例分析题：小熊在线的客户经营术

　　小熊在线信息系统咨询公司（以下简称"小熊在线"）的生存哲学很明确：留住客户的心。

　　小熊在线的创始人兼 CEO 张睿是一个"怪人"，怪就怪在和很多互联网老板相比，他既没有马云、郭凡生等人的侃侃而谈，也没有李彦宏、丁磊等人的雄才伟略，但他却有自己的原则：不接受大规模融资，只接受几个熟识的朋友给一些赞助。很难想象在这样一个浮躁的年代，这样一个"烧钱"的行业，张睿能以"零成本"做起一个网站，并且延续至今发展成为国内最好的资讯门户网站之一，他的秘诀是什么？

　　"当时的域名和空间都是别人给的，我基本上没花什么钱，但却倾注了很多的心血。"张睿说。正因为如此，在以后的时间里，不管有多少风险投资来找他谈融资问题，也不管多少公司向他表达过并购的意向，他始终不为所动。

专业用户的聚集地

　　大多数资讯网站都会增设 IT 资讯以外的其他论坛，如交友论坛、闲聊论坛等，还有一些靠更新社会及娱乐新闻来吸引大众眼球。

　　与此不同的是，小熊在线有 40 多个分论坛，但在这里你找不到交友论坛也找不到大众娱乐新闻。小熊在线的专业吸引了大批专业人士的青睐。假如你的计算机出问题了或你希望有人为你推荐数码相机，只要你把问题贴到论坛上，不超过 5 分钟肯定有人回复。从不会让你有受冷落的感觉，这也是小熊在线经常在线人数超过3000 人的一个重要原因。

　　小熊在线 90%以上的用户都是 IT 专业人士。张睿向《当代经理人》记者表示，

论坛是一个个人参与度很强的平台，小熊在线不是欢迎所有的用户，而是欢迎那些对硬件等产品感兴趣的用户，小熊在线与其他资讯网站的不同就在这里。其他网站可以通过设置论坛来吸引大众用户群的关注，而小熊在线只希望聚集专业人群。

小熊在线论坛65%以上的发帖是关于硬件类的讨论。在广大用户与版主的共同维护下，这里已经成了新产品、新技术、新经验的发源地。

除此之外，小熊在线还通过论坛发起过多次献爱心的捐助活动。例如，2004年一名退伍军人做肝脏移植手术，小熊在线通过论坛发起并筹集了6万元的捐款；在2004年年底印度洋海啸事件中，小熊在线共筹集了3万元的款项捐献给海外。

省钱的"一站式"服务

"小熊在线"可以为用户省很多钱。在用户选择产品时，小熊在线会把与产品相关的信息先筛选一遍，筛选出对用户有价值的产品信息并呈现给用户参考及放心使用。

例如，用户要买一款价格在3000元左右的数码相机，小熊在线会告诉用户能够选择的种类有哪些；多少钱可以买到以及在哪里可以买到；如果用户在外地，小熊在线还会提供一些用户所在地的相关产品信息。

小熊在线还会为外地用户提供最快捷的服务，如有的用户想买某品牌的某款数码相机，而此款相机只在北京才能买到，用户只要将产品需求信息贴到网上，小熊在线便会在最短的时间内为用户买到最便宜的相机。小熊的这种无距离式服务得到了大批外地（北京以外）用户的好评。

无距离式的服务为小熊在线积累了大批的用户，于是小熊在线电子商城在用户的企盼中诞生了，该商城使用户不仅可以得到自己想要了解的资讯，同时也可以方便地购买到自己想要的产品，免去了解完产品信息后再花时间选购产品的不必要时间。最重要的是，小熊在线电子商城的产品真的是物美价廉，一位经常光顾商城的用户对《当代经理人》记者说。

目前，电子商场已经建立了一套完善的服务体系，即从产品价格查询——产品评测讨论区——购买的"一站式"服务体系。用户只要轻轻一点感兴趣的产品，就能得到所有产品信息，如与其他产品的比较，具体价格是多少，网上的价格是多少，线下的价格是多少，网上商铺的信誉度如何，哪些线下商店卖这款产品，网友、用户对这款产品的评价和使用体验，等等。这种"一站式"的服务方式为小熊在线留住了更多的用户。

电子商务部门负责人张凉说，来小熊在线电子商场购物的网友大都是抱着对小熊在线的信任来的，他们觉得在小熊在线买东西放心，每年电子商城的销售额超过2000万元，但是小熊在线并没有拿这个作为赢利点，电子商城赚的钱刚刚够电子商城十几个员工的工资。

留住年轻的心

小熊在线除了做好线上服务，为用户提供更多的方便以外，还通过丰富的线下活动来留住客户的心。对于小熊在线来说，校园活动已经成为其标志之一，如今"校园经济"已经成为新的经济增长点，但与现代商业下的"校园经济"不同的是，小熊在线时刻维护着自有的纯真和率直。

小熊在线通过举办校园音乐大赛、校园创意大赛等活动吸引了一批年轻的用户，小熊在线举办的音乐大赛为无数热爱音乐的学生提供了一个展示自己的平台。"我们宿舍的人几乎天天都要到小熊在线的网站上看看有没有新的活动"一位北京大学的学生对《当代经理人》说。当然，利用各种活动的举办，小熊在线在校园里赚足了人气，被称为学生谈论的热门网站之一。

小熊在线具有多年的校园活动经验，成功筹办过多场大型的校园巡展、DIY 大赛等活动，积淀了深厚的校园情节。每次原创音乐大赛通过正规、强大的媒体和音乐公司发掘校园原创歌曲精品，透过"音乐"这个主题为学生们提供一个展示自我的舞台。

小熊在线对潮流的把握，对当代大学生生活的关注，抓住了很多年轻的心。

案例思考题：

小熊在线实现客户忠诚的策略有哪些?

实训

实训内容

介绍、分析××企业采取了哪些有效措施来实现客户忠诚。

实训步骤

1. 教师布置实训任务，指出实训要点和注意事项。
2. 全班分为若干小组，采用组长负责制，组员合理分工、团结协作。
3. 收集相关资料和数据时可以进行实地调查，也可以采用第二手资料。
4. 小组内部充分讨论，认真研究，形成分析报告。

实训汇报：

1. 小组需制作一份 3～5 分钟能够演示完毕的 PPT 文件在课堂上进行汇报，之后其他小组可提出质询，台上台下进行互动。
2. 教师对每组的分析报告和任务讨论情况即时进行点评和总结。

模块四
客户关系的挽救

　　客户关系在建立阶段、维护阶段都随时可能破裂。如果企业没有及时采取有效措施，就可能造成客户永远流失。

　　相反，如果企业能够及时采取有效措施，就有可能使流失客户"浪子回头"，与企业"破镜重圆""重归于好"，从而使破裂的客户关系得到修复。

　　客户关系的挽救是企业修复破裂的客户关系、挽回流失客户的过程。

客户流失管理

【项目目标】

1. 了解客户流失的原因。
2. 熟悉对待不同流失客户的态度。
3. 掌握挽回流失客户的策略。

音频课导学

引 例

UPS 挽回流失客户

UPS 曾发生过一次 15 天的停运事故，从而导致大量的客户流失，一时间有 150 万忠诚客户转向了联邦快递等其他快递公司。遭受沉重打击的 UPS 意识到，必须立即挽回这些流失客户。UPS 迅速组织人员给这些流失客户打电话，召开面对面的沟通会，向他们道歉，告诉他们业务已经恢复正常，并且保证不会再出现类似情况。UPS 还发表了致歉信，同时在运费上给客户一定的折扣来抚慰受损失的客户。欣喜的是，这些措施很快取得成效，许多流失客户回来了，在事故过去的一年内，UPS 的利润竟然提升了 87%。

启 示

从 UPS 挽回流失客户的案例中，我们看到，面对客户流失，如果企业采取积极的行动，调查客户流失的原因，并且采取行之有效的措施，那么大部分流失客户是可以被挽回的。

任务一　客户流失的原因

客户流失是指客户由于种种原因不再忠诚，而转向购买其他企业的产品或者服务的现象。

随着企业生产力和经营水平的不断提高，市场上雷同、相近、相似的产品与服务越来越多，竞争品牌之间的差异越来越小，客户因改变品牌所承受的风险也大大降低，因此，当前许多企业普遍存在客户易流失的特点。

客户流失的原因除了有企业自身的原因外，还有客户本身的原因。

一、企业的原因

影响客户流失的因素与影响客户忠诚的因素是一样的，这些因素正面作用的结果就是实现客户忠诚，负面作用就导致客户流失。

（一）客户不满意

产品或服务的质量没有达到标准或者经常出现故障时，就容易导致客户流失。例如在通信行业中，当其他通信企业给客户提供越来越多的功能，网络覆盖范围不断扩大，接通率提高，掉线率下降。而本企业提供的通信服务却存在着在很多地方打不通或者经常掉线等问题，那么客户的抱怨就会不断增加。又如，有的客户在 ATM 上进行操作时不慎使借记卡被吞，或者遇到 ATM 吐出假币、残币时，联系客服问题不能迅速得到解决。但是当 ATM 出钞失误，多吐出钞票时，联系客服后银行工作人员却火速赶到 ATM 网点解决——这样的对比不免会让客户心生寒意。

企业的服务态度或服务方式存在问题时，也容易导致客户流失。例如，员工服务意识淡薄、傲慢，对客户冷漠、粗鲁，表情僵硬，或者对客户表现出不屑，不尊重客户，不礼貌，缺乏耐心，对客户的咨询不予理睬，对客户的提问和要求表示烦躁；服务僵化、被动，工作效率低下，没有迅速、准确地处理客户的问题，对客户的投诉和抱怨处理不及时、不妥当。上述问题致使客户利益受损时，客户就会寻求其他的企业。

客户感觉受骗上当时，也容易流失。例如，企业在广告中过分夸大宣传产品的某些性能，造成客户预期落空，或者企业对客户做了某种承诺而没有兑现，使客户的预期没有得到满足。如有的商场承诺包退包换，但是一旦客户提出退换要求，商场总是找理由拒绝，这就会造成客户流失。

企业的产品或服务落伍时，也容易导致客户流失。任何产品或服务都有自己的生命周期，若企业不能进行产品或服务的创新，客户自然就会另寻他路，这也是导致客户流失的重要因素。

某知名公司是为数不多的百年汽车品牌之一。然而，就是这样一家以品质著称的百年老店，在 2019 年却引发了巨大的舆论海啸——在西安、兰州两位车主坐引擎盖上维权之后，很多潜在的客户选择观望、犹豫甚至转投其他品牌。

此外，客户不满企业的行为，如破坏或污染环境，不关心公益事业，不承担社会责任等，或者企业出现震荡或波动等，也会造成客户流失。

案例链接：凯瑟琳因不满意而流失

凯瑟琳一直以来都是澳洲某最大、历史最悠久的银行的忠实客户。有一年她收到了银行寄来的通知信件，告诉她可以到墨尔本分行领取新的信用卡。但是她已经在悉尼定居 8 年，期间她起码通知了银行四次，要求更改地址信息，将服务转到悉尼分行。

她拨通了银行通知信件上的服务电话，询问是否可以将墨尔本分行的信用卡寄到悉尼分行，但服务人员表示无能为力，告诉她必须自己打电话或者传真到墨尔本分行。凯瑟琳告诉服务人员她在过去几年间已经好几次要求墨尔本分行修正资料，这次不应该再浪费她的时间和金钱了，因为这是银行延迟处理造成的错误。此时，服务人员开始有点不耐烦："但这件事我无能为力。"于是凯瑟琳要求与其上司通话，没想到服务人员竟然直接挂断电话。凯瑟琳二话不说直接到那家银行，终止了自己的账户，转到街角的另一家小银行去了。

在这件事发生数月之后，凯瑟琳突然对投资房地产产生了兴趣，便打电话给这家小银行询问相关的贷款方案。由于当时不方便亲自走一趟，所以她只是简单地在电话里介绍了她的资产、债务和收入情况。那时她其实只是想收集相关的信息，了解一下房地产投资市场而已。

服务人员礼貌地告诉她，她将会在 24 小时之后得到想要的资讯。果然如服务人员所承诺的，凯瑟琳在一天后接到来电，银行服务人员告诉了她一个远远超出她预期之外的贷款金额，并说明了计算方式："希望您不介意，我向几家市内的房地产公司查询了符合您条件的方案，并以此计算出了最符合您需求的金额。"作为这家小银行的客户，凯瑟琳感到十分愉快，并决定以后所有的银行业务都在这家原本不起眼的小银行办理，因为他们的服务态度给了她对其忠诚的理由。

（二）其他原因

例如，客户从忠诚中所获得的利益较少，客户对企业的信任和情感不够，客户没有归属感，客户觉得自己被轻视，客户的转换成本较低，企业与客户联系不够紧密，客户对企业的依赖程度低，跳槽员工带走客户，以及企业自身对客户不忠诚等，也会导致客户流失。

二、客户的原因

有些客户流失的情况是客户本身造成的。例如，有的客户因为需求转移或消费习惯改变而退出某个市场；有的客户对企业提供的服务或产品根本就不在乎，转向其他企业不是因为对原企业不满意，而是因为自己想换"口味"，想尝试一下其他企业的产品或者服务，或者只是想丰富自己的消费经历；有的客户由于搬迁、成长、衰退甚至破产而转向其他企业，或由于客户的采购主管、采购人员离职等原因而流失。

任务讨论

举例说明客户流失的原因。

任务二　如何看待客户流失

一、客户流失会给企业带来很大的负面影响

企业流失一位重复购买的客户，不仅会失去这位客户可能带来的利润，还可能损失与受流失客户影响的其他客户交易的机会，因为流失客户可能传播不利的言论，动摇和瓦解"客心"，此外，还可能极大地影响企业对新客户的开发。

当企业与客户的关系破裂，客户流失成为事实的时候，企业如果不能尽快、及时地恢复客户关系，就可能造成客户永远流失，而这些流失客户很可能成为企业的竞争对手的客户，壮大竞争对手的客户队伍。而一旦竞争对手由于客户增多，生产服务规模扩大，成本得以下降，就会对企业产生威胁。因此，企业不能任客户流失。

客户流失，尤其是"好客户"流失如同将企业釜底抽薪，让其多年投入客户关系中的成本与心血付诸东流。就像摩擦力损耗着机械系统的能量那样，客户流失不断消耗着企业的财力、物力、人力和企业形象，给企业造成的伤害是巨大的。

二、有些客户的流失是不可避免的

新陈代谢是自然界的规律。企业的客户也有一个新陈代谢的过程，特别是在今天的市场上，在各种因素的作用下，客户流失的代价越来越小，客户流失的可能性越来越大，客户关系在任一阶段、任一时点都可能出现倒退，无论是新客户还是老客户，都可能流失。此外，对于客户本身的原因造成的流失，企业是很难避免的，是企业无法改变的。

因此，虽然很多企业提出了"客户零流失"的目标，但是这个一厢情愿的目标其实不太切合实际。幻想留住所有客户是不现实的，就算能够做到，成本也会相当高，甚至得不偿失——因为企业的产品或者服务不可能完全得到市场上所有客户的认同，企业不可能留住市场上所有的客户！所以，企业应当冷静看待客户流失，确保客户流失率控制在一个较低的水平即可。

三、流失客户有被挽回的可能

客户挽回是指企业通过积极的努力促使已经流失的客户回心转意、重新成为企业的忠诚客户的行动。

有一种看法认为客户一旦流失便会一去不复返，再也没有挽回的可能——这种看法是片面的。

研究显示，向每 4 个流失客户销售中会有 1 个可能成功，而向潜在客户和目标客户销售每 16 个才有 1 个成功。这其中的原因主要是，一方面，企业拥有流失客户的信息，他们过去的购买记录会指导企业如何才能将其挽回，而对潜在客户和目标客户，公司对其的了解要少得多，面对他们可能不知所措；另一方面，流失客户毕竟曾经是我们的客户，对企业有了解、有认识，只要企业下足功夫，纠正引起客户流失的失误，他们很有可能回归。可见，争取流失客户回归要比争取新客户容易得多，而且只要流失客户回归，他们就可能继续为企业介绍新客户。

四、挽回流失客户是非常重要的

假设公司有 1000 名客户，每年的客户忠诚度是 80%（算是比较高的了），那么，第二年留下来的客户就是 800 名，第三年就是 640 名，第四年就是 512 名。也就是说，4 年后，只有约一半的客户还保持忠诚！多可怕！

可见，挽回流失客户的工作多么重要！在客户流失前，企业要防范客户流失，极力维护客户的忠诚，而当客户关系破裂、客户流失成为事实时，企业不应该坐视不管，而应当重视他们，积极对待他们，尽力争取挽回他们，促使他们重新购买企业的产品或者服务，与企业重新建立稳固的合作关系。

例如，当年美国第一银行总裁库雷召集了 300 多名员工开会，说他收到许多不满意客户的来信，他指示从现在开始要致力于取悦、维系客户。为了实现这个目标，第一银行开始针对流失客户询问一些问题，包括为何离开、有什么要求。银行将收集到的信息整理后，制订了一个行动方案并开始执行，同时经常检查流程，以符合客户日益变化的需求。8 年后，第一银行的客户流失率在行业中最低，大约每年只有 5%，而其他银行刚超过 10%。在没有多做额外工作的情况下，美国第一银行的产业排名由第 38 名上升到第 4 名，利润增加了 16 倍。

➡ **知 识 链 接**

如何及时发现客户流失

客户数据库中的最近一次消费、消费频率、消费金额等几个重要指标可帮助企业及时发现即将流失的客户——当客户最近一次消费离现在很远，而消费频率或消费金额也出现显著萎缩时，这些客户很可能即将流失或者已经流失。

🔘 任务讨论

如何看待客户的流失。

任务三　区别对待不同的流失客户

由于不是每一位流失客户都是企业的重要客户，所以如果企业花费了大量时间、精力和费用，留住的只是无法使企业赢利的客户，那就不值得了。

因此，在资源有限的情况下，企业应该根据客户的重要性来分配用于挽回客户的资源，挽回的重点应该是那些流失的"好客户"，这样才能实现挽回效益的最大化。

针对不同的流失客户，企业应当采取的基本态度如下。

一、对流失的"关键客户"要极力挽回

一般来说，流失前能够给企业带来较大价值的客户，被挽回后也将给企业带来较大的价值。因此，挽回给企业带来较大价值的关键客户应是挽回工作的重中之重——这类客户是企业的基石，失去他们，企业轻则会产生重大的损失，重则伤及"元气"。所以，企业要不遗余力地在第一时间将流失的"关键客户"挽回，而不能任其流向竞争对手，这也是企业必须做和不得不做的事情。

二、对流失的"普通客户"要尽力挽回

普通客户的重要性仅次于关键客户，而且普通客户还有升级为"关键客户"的可能，因此，企业对流失的"普通客户"要尽力挽回，使其继续为企业创造价值。

三、对流失的"小客户"可见机行事

由于"小客户"价值低、数量多且很零散，因此，企业对这类客户可顺其自然。如果挽回他们不用很吃力，或者是举手之劳，则可以试着将其挽回。

四、彻底放弃根本不值得挽回的劣质客户

例如，以下几种流失客户就根本不值得挽回。
不可能再给企业带来利润的客户；
无法履行合同约定的客户；
无理取闹、损害了员工士气的客户；

需求超过了合理的限度，妨碍企业对其他客户服务的客户；

声望太差，与之建立业务关系会损害企业形象和声誉的客户。

总之，对有价值的流失客户，企业应当竭力、再三挽回，最大限度地争取与他们"破镜重圆"，"重归于好"；对不再回头的客户也要安抚好，使其无可挑剔、无闲话可说，从而有效地阻止他们发表负面评价而对企业造成不良影响；而对没有价值甚至是负价值的流失客户，则持放弃的态度。

任务讨论

企业应当区别对待不同的流失客户吗？

任务四 挽回流失客户的策略

客户关系的建立、维护都需要打"组合拳"，需要一系列组合策略，各策略缺一不可；而客户关系的挽救则可以从"点"上着眼——找出客户流失的原因及关系破裂的症结，然后对症下药，有针对性地采取有效的挽回措施。

一、调查原因

如果企业能够深入了解、弄清客户流失的原因，就可以获得大量珍贵的信息，发现自身经营管理中存在的问题，进而采取必要的措施，及时加以改进，从而避免其他客户再流失。相反，如果没有找到客户流失的原因，或者需要很长的时间才能找到流失的原因，企业就不能及时采取有效措施加以防范，就会不断"得罪"现有客户，最终使他们流失。因此，企业要在第一时间积极地与流失客户联系，了解流失的原因，弄清问题究竟出在哪里，并虚心听取他们的意见、看法和要求，让他们感受到企业对他们的关心。

例如，IBM 就非常重视流失客户，当一个客户流失时，IBM 会尽一切努力去了解自己在什么地方做错了——是价格太高、服务不周到，还是产品不可靠等等。IBM 不仅和那些流失客户谈话，而且要求相关的营销人员写一份详细的报告，说明原因并提出改进意见，并且采取一切办法来恢复客户关系，从而降低客户的流失率。

又如，某显微扫描公司是为医院化验室生产自动化微生物化验设备的专业公司。20 世纪 90 年代初，公司发现有些客户流失了，为此，公司要求销售人员与每一个流失客户交谈，了解他们流失的根本原因。调查结果表明，问题出在客户既怀疑公司医疗设备的可靠性，又对公司的售后服务不满意。公司虚心听取了流失客户的意见，重新研制了新型医疗设备，提高了化验的精确性，缩短了化验的时间，并完善了售后服务。通过短短两年的努力，许多流失的客户又重新回到了公司。该公司不仅在市场上确立了领先的地位，而且经济收益也明显提高了。

案例链接：某软件公司客户流失的原因

某软件公司采取项目开发与服务方式，提供物流软件的项目服务，经过多年的市场开发，拥有了一定的客户群。公司通常针对客户的需求特点，进行二次技术开发，确保软件安装成功及试运行稳定，同时，公司也提供培训客户的软件管理或操作人员的服务，使其能够正常使用软件系统。

由于软件技术在不断发展与完善，客户系统也需要不断升级换代。根据客户系统的特点以及安装年限，该公司也需要适当收取一定的升级或换代费用。但在升级换代过程中，公司发现原有客户中，18%的客户的系统已被竞争对手的系统所替代，35%的客户不做升级换代的考虑，16%的客户放弃使用该系统方案，只有12%的客户愿意接受升级或换代服务。

面对这种局面，公司大吃一惊，是什么造成了这样的状况呢？于是，公司成立了调研小组进行专项问题调查。调查发现，主要问题在于大部分客户的系统管理员或操作员因使用不当或操作维护技术较差，造成系统不稳定、不适用。同时，公司售后服务支持量加大，服务常常不及时或脱节，以致系统经常出现瘫痪现象，数据丢失屡有发生。而且一旦发生这种情况，系统管理员或操作员因担心自己的责任问题，也将所有过失推在产品身上，造成客户对产品不信任。

为了改变这种局面，公司出台"贴心大行动"，针对客户的系统管理员或操作员，进行常年技能培训，着重培养与增强实际问题解决能力。同时，针对各地区的技术支持要求，与当地的软件服务商合作，成立技术服务队，为客户的系统问题提供技术支持等等。

"贴心大行动"提高了客户的回头率，使公司重新获得了客户的信任。在这一基础上，公司的软件升级换代工作顺利进行，也使客户系统在新技术的支持下更稳定、更好用。

二、对症下药

"对症下药"即企业要根据客户流失的原因制定相应的对策，以挽回流失客户。企业只有充分考虑流失客户的利益，并站在流失客户的立场上，对不同原因的流失客户有针对性地采取有效措施才能挽救破裂的客户关系。

例如，针对价格敏感型客户的流失，企业应该参照竞争对手的定价策略，甚至采取略低于竞争对手的价格，这样流失的客户自然而然会自己回来。针对喜新厌旧型客户的流失，企业应该在产品、服务、广告、促销上面多进行创新，从而将流失客户吸引回来。

例如，海底捞是一家大型直营品牌餐饮。2020年4月初，"开启报复性消费"

的顾客发现，海底捞恢复堂食之后涨价，且菜量变少，如半份血旺从 16 元涨到 23 元，自助调料增至 10 元一位，小酥肉变为 50 元一盘……许多客户委屈地表示不会再去海底捞消费。海底捞涨价事件在网络上发酵近一周，2020 年 4 月 10 日，海底捞火锅官方微博发布致歉信，申明海底捞门店此次涨价是公司管理层的错误决策，伤害了海底捞顾客的利益，即日起国内各地门店菜品价格恢复到 2020 年 1 月 26 日门店停业前标准，海底捞由于反应及时，总算挽回了流失客户。

案例链接：达美乐客户挽回管理

达美乐是全世界最大的比萨连锁餐厅之一。2009 年 2 月，达美乐爆出重大丑闻，一位员工在自拍视频中，将"被污染"的芝士混入比萨中，并且将该比萨以外卖方式送出……视频曝光后，点击率迅速超过百万，愤怒的客户们开始大肆攻击达美乐的食品安全问题，达美乐的品牌形象瞬间倒塌。

2010 年，达美乐管理者的帕特里克不仅没有封锁消息，遏制丑闻传播，反而反其道行之，以极端方式花巨资租下纽约时代广场的巨幕，实时播放该视频、鼓励人们"吐槽"达美乐。一时间，不管是竞争者还是媒体、客户，几乎人人都在大谈特谈达美乐。短短几天内，达美乐就收到了超过 3 万张真实的比萨照片，各种段子、图片，各种小视频也是花样百出……大家欢乐的"吐槽"，竟使得达美乐成为最火的现象级话题，品牌关注量不断飙升。

达美乐通过鼓励"吐槽"的方式，获得了众多有关客户流失原因的信息，除了原先的导火索危机事件，其他主要原因可以概括为：比萨款式常年一成不变，款式少，缺乏新意；线上下单流程较烦琐；比萨送到时口感已经不好；外包装不够结实等等。

于是，达美乐弃用了 49 年的比萨配方，顺势推出"比萨改造计划"，开辟专门的数据通道，收集客户意见，并邀请专业人士和客户评论比萨，提出建议，以便厨师们能第一时间得到第一手的客户反馈。围绕快速下单这一"触发点"，达美乐先后推出了车载屏幕内嵌、短信披萨表情包、OK 语音自动下单系统，以及数字按键一键下单等 12 种快捷下单的方式。达美乐还改进了产品的外包装和外卖设备，如比萨饼外带的瓦楞纸盒、输送带式的烤箱和带式的电热包。为了达到最佳效果，达美乐开发了各种黑科技，如采用无人驾驶的摩托车送餐，采用自动驾驶的无人机和直升机送餐，甚至还开发了能一边开车一边做比萨的专用配送车，一切只为让客户在 30 分钟内吃到新鲜出炉的热比萨。

通过一系列大刀阔斧的基于客户体验的整改，达美乐流失的客户又回来了。

企业要根据实际情况，参照流失客户的要求，提出具体解决方案，并告诉他们正是基于他们的意见，企业已经对有关工作进行了整改，以免类似的问题再次发生。如果流失客户仍然对解决方案不满意，企业可以问问他的意见，向他们讨教；如果解决方案得到流失客户的认可，企业就要抓紧实施。企业的诚意会给流失客户留下很好的印象，他们会觉得企业很重视他们提出的问题，是真心实意地想解决问题，这样企业就可以打动他们，促使流失客户回头。

任务讨论

举例说明企业挽回流失客户的策略。

习题

一、选择题（可能不止一个正确选项）

1. 客户不（　　　）是客户流失的重要原因。
   A. 满意　　　　　　　　　　B. 关注
   C. 忠诚　　　　　　　　　　D. 沟通

2. 影响客户流失的因素有（　　　）。
   A. 客户从忠诚中所获得的利益较少
   B. 客户对企业的信任和情感不够
   C. 客户转换成本
   D. 企业与客户的联系不够紧密

3. 企业对流失的（　　　）要极力挽回。
   A. 关键客户　　　　　　　B. 普通客户
   C. 小客户　　　　　　　　D. 劣质客户

4. 企业对流失的（　　　）要尽力挽回。
   A. 关键客户　　　　　　　B. 普通客户
   C. 小客户　　　　　　　　D. 劣质客户

5. 企业应彻底放弃根本不值得挽回的（　　　）。
   A. 关键客户　　　　　　　B. 普通客户
   C. 小客户　　　　　　　　D. 劣质客户

二、判断题

1. 对流失的不可能再带来利润的客户，不必将其挽回。　　　　　　（　　　）
2. 对流失的小客户，如果挽回他们不用很吃力，则可以试着将其挽回。
   　　　　　　　　　　　　　　　　　　　　　　　　　　　　（　　　）
3. 客户本身的原因造成的流失，是企业无法改变的和无可奈何的。（　　　）
4. 影响客户流失的因素与影响客户忠诚的因素是不一样的。（　　　）
5. 企业要针对不同的流失客户采取不同的态度。（　　　）

三、思考题

1. 客户流失的原因有哪些？

2. 如何区别对待不同的客户流失？

3. 怎样挽回流失客户？

四、案例分析：伊利挽回流失客户

三聚氰胺事件使客户对奶粉业产生了信任危机，奶粉业的巨头伊利深深地陷入此次事件的泥淖，流失了许多客户。那么，伊利是怎么挽回流失客户的呢？

第一，实施"三清理"，即严格清理所有的原料供应环节可能出现的问题；严格清理库存产品，凡是有问题的库存产品一律销毁，绝不流入市场；严格清理市场，从市场上全面收回不合格的产品，绝不让一件有问题的产品留在市场上。

第二，实施"三确保"，即确保所有的产品都必须经过本企业和国家质检部门的严格检测后再出厂；确保严格对原奶收购环节进行检测；确保奶农利益。通过实施"三确保"，伊利保证了生产环节的产品质量，确保了销售的每一批产品都是合格的。

第三，实施"抓两头"，即抓原奶和出厂。在原奶收购环节，伊利将所有的检测前置到收奶环节，提高了检验水平；在出厂环节，配备了高精度的检测仪器进行检测。

第四，率先推出 24 小时生产网络直播平台，对于从奶牛饲养到机械挤奶、从产品灌装到出库流通的生产过程，使客户均可通过视频看到。

第五，开展"放心奶大行动""天天都是开放日，人人都是监督员"活动，邀请上万名消费者以及质检专家、媒体走进伊利工厂，亲眼见证原奶验收、无菌处理、无菌灌装和入库出库等环节的操作流程。

伊利一系列对症下药的措施得到了消费者和零售商的积极回应，客户们重新树立了对伊利的信心，许多流失客户纷纷回头，表示愿意再次信任以及购买伊利产品。

案例思考题：

1. 伊利公司为了挽救破裂的客户关系做了哪些努力？

2. 从伊利公司挽救破裂的客户关系的努力中我们能够得到什么启示？

实训

实训内容

介绍、分析××企业客户流失的原因，以及企业采取了哪些有效措施挽回流失客户。

实训步骤

1. 教师布置实训任务，指出实训要点和注意事项。

2. 全班分为若干小组，采用组长负责制，组员合理分工、团结协作。

3. 收集相关资料和数据时可以进行实地调查，也可以采用第二手资料。

4. 小组内部充分讨论，认真研究，形成分析报告。

实训汇报

1. 小组需制作一份 3～5 分钟能够演示完毕的 PPT 文件在课堂上进行汇报，之后其他小组可提出质询，台上台下进行互动。

2. 教师对每组的分析报告和任务讨论情况即时进行点评和总结。

综 合 实 训

XX 企业的客户关系管理研究

实训内容：

1. 客观且全面地介绍一家企业管理客户关系的做法。

2. 分析并评价该企业管理客户关系的做法的得与失。

3. 为该家企业管理客户关系提出改进意见或建议。

实训步骤：

1. 教师布置实训任务，指出实训要点和注意事项。

2. 全班分为若干小组，采用组长负责制，组员合理分工、团结协作。

3. 收集相关资料和数据时可以进行实地调查，也可以采用第二手资料。

4. 小组内部充分讨论，认真研究，形成分析报告。

实训汇报：

1. 小组需制作一份 20 分钟左右能够演示完毕的 PPT 文件在课堂上进行汇报，之后其他小组可提出质询，台上台下进行互动。

2. 教师对每组分析报告和任务讨论情况即时进行点评和总结。

参 考 文 献

[1] 夏永林，顾新. 客户关系管理理论与实践[M]. 北京：电子工业出版社，2011.

[2] 邬金涛，严鸣. 客户关系管理[M]. 北京：中国人民大学出版社，2014.

[3] 谷再秋，潘福林. 客户关系管理[M]. 北京：科学出版社，2013.

[4] 王广宇. 客户关系管理方法论[M]. 北京：清华大学出版社，2004.

[5] 苏立国. 利乐：为客户创利，与客户同乐[J]. 企业改革与管理，2008（07）：44-45.

[6] 刘萍. 小熊在线的客户经营术[J]. 当代经理人，2006（10）.

[7] 林木. 成功营销：让客户主动上门[J]. 大经贸，2005，000（011）：76-77.

[8] 李铁君. 拜访客户，百事施展"天龙八步"[J]. 经理日报，2004（1）.

[9] 袁昀. 泰国东方饭店的客户服务. 市场营销案例—借势营销[M]. 呼和浩特：远方出版社，2006.

[10] 林景新. 别让无效客户分流广告费[J]. 销售与市场，2004，000（052）：61-62.

[11] 边长勇. 招商银行走到高端客户背后[J]. 当代经理人，2005，000（001）：74-75.

[12] 朱虹. 论出版社客户的选择[J]. 出版发行研究，2007，11（11）：31-31.

[13] 王逸凡. 宜家：卖家具，更卖生活[J]. 连锁与特许，2007（6）.

[14] 薛海波，王新新. 创建品牌社群的四要素：以哈雷车主俱乐部为例[J]. 经济管理，2008（3）.

[15] 王唤明. "星巴克"的"星级"体验[J]. 中国市场，2007（33）.

[16] 邵景波，宁淑慧. 基于金字塔模型的客户关系资产管理[J]. 中国软科学，2005（4）.

[17] 沈沂. 管理你的低价值客户[J]. 21世纪商业评论，2008（5）.

[18] 张会莉. 无法抗拒的"哈根达斯"[J]. 经贸世界，2003（6）.

[19] 郑锐洪，王丽芳. 宝洁的"助销模式"[J]. 经营与管理，2005（12）.